新世紀叢書

當代重要思潮・人文心靈・宗教・社會文化關懷

閒暇與無聊

暇と退屈の倫理学

日本新生代知名哲學家
國分功一郎
Koichiro Kokubun

方瑜 譯

從巴斯卡、史賓諾莎、盧梭、馬克思、尼采
范伯倫、海德格、羅素、阿多諾、漢娜・鄂蘭
高伯瑞、史文德森……談人類自由的本質

閒暇與無聊

【目錄】本數總頁數416頁

因此，盡量利用事物並從中取樂（當然，不能做到令人噁心的地步，因為那就一點快樂也沒有了）才是聰明人。

我這是說，聰明人會藉由節制飲食之樂、香嗅之味、綠蔭之美、裝飾之華，以及音樂、運動、戲劇諸如此類的東西來調養自己，而且誰都能善用這些而不傷害到他人。因為人體由極多不同本性的部分所組成，而各部分又經常需要新鮮多樣的補給，所以整個身體就能同樣適用於出自身體本性的一切事物，是以心靈也能同樣適於理解諸多事物。

——史賓諾莎《倫理學》

※譯按：本段譯文摘自五南文庫譯本《倫理學》，二〇一〇年出版，邱振訓譯

增補新版前言

我們生活在不斷的妥協之中。

不只是放棄自己想做的事，或對該做的事情視而不見如此而已。這是怎麼一回事？何以至此？有哪裡不對，不，沒這回事……。當發生讓我們會這麼想的事情時，「算了，就這樣吧！」對自己這麼說，甚或是，刻意對自己這麼說而生活著。

這本書，便是在抗頡妥協的狀況下所寫就。將自己所感受到的、曖昧不明的、尚未成形的「什麼」具體化的過程，需要這種對抗。

當然，對抗妥協並非樂事。不過，也有重大的鼓勵與寬慰。因為在書寫過程中我理解到，把自己當成對手，其實是許多人共通的問題；不僅如此，甚至對人類來說，這是過去這一萬年以來恆常存在的問題。

我用「閒暇與無聊」此一詞彙來統稱這個問題。本書則是企圖面對與處理這個問題的過程記錄。問題當然不可能解決。而且還有數個提問也就這樣原封不動沒有處理。此次的增補新版，便是針對這些殘留下來的疑問所提出的試論，並收錄〈傷與命運──《閒暇與無聊》新版寄語〉一文。

本書雖是哲學書籍，但其寫作方式，會讓即便不是學習哲學的人，只要有直視面對自身疑問或是獨立自主思考的想法，也能夠清楚明瞭地讀到最後。實際上，自初版問世以來，已經有許多讀者通讀本書了。

而所謂本書是一本哲學書籍指的是，這是一本處理特定議題的書籍。所謂的哲學，便是發現問題、並創造發想出應對這個問題的概念的作業與行為。過去的哲學家們，也發現了各式各樣的問題，並發想出應對這些問題的新概念與理論。本書也在試圖創造出新的概念。

人生確實就只是不斷重複的妥協。但是，有時人們也會起身對抗妥協。而哲學在此抗衡之際，便是重要的根據地。因為理解問題出在哪裡、要解決與面對這些問題具備哪些概念是必要的，能夠讓人遠離「算了，就這樣吧！」的念頭。

筆者在寫作本書過程中，體驗到哲學就是這樣的一門學問。我也衷心期待各位讀者在閱讀本書的過程中，能夠經歷相同的體驗。

二〇一五年二月
國分功一郎

※日文版編按：本書為二〇一一年十月朝日出版社所發行之同名書籍之增補新版。附錄之論文則是為本書所新作。

前言

這是數年前的事。

我與喜歡歌舞伎町的法國友人一起在那個區域信步閒晃。沒有進去任何一家店而漫無目的地閒逛了一個小時左右。

與同一個在路上攬客的人第二次碰到。是個稍微看得出有點疲倦、臉上表情溫柔且體型略胖的年輕男子，親切地問我們「在找什麼樣的店？」。我們只是在找可以慢慢喝酒好好聊天的地方，所以略作停留交談以後便和這位小哥分開了。

走太多路有點累了，沒辦法只好進了一家酒吧。

牆上的電視放映著英國的足球比賽。八成是家運動酒吧吧。

開始喝起啤酒來的時候，從電視的方向一直傳來一些噪音。戴眼鏡的短髮男子一邊看足球一邊騷動著。他看來應該比我還稍稍年長吧。

他隨著比賽的進行情緒起伏，還發出極大聲量。射門未中便大聲表達自己的失望，球員們運球有所前進斬獲便歡聲雷動。

不可思議的是他看起來一點也不開心。他的聲音明確地傳達到周圍人們的耳中。該怎麼說呢，那是一種包含著「希望別人看自己」訊息的聲音。自己非常熱中於足球比賽——他正全力地向周圍傳達這個訊息，在我眼中看來是這麼一回事。

我並沒有將這件事告訴同行的友人。這不過是我自己的感覺罷了。這既不是一件能夠被證明的事情，而且當時也無法將那種感受順暢地用語言表達出來。

已經是十五年前的事了。

我從某個基金會得到留學獎學金，準備要到法國史特拉斯堡去留學。

因為身邊沒有有留學經驗的人可以商量，完全是瞎子摸象。連對方大學要求提出的書面資料指的是什麼都不知道，非常煩惱。

此時，聽說有彙整對留學有所幫助資訊的中心，我懷著像是抓住最後一根稻草一樣的心情前往。

詳細的事情已經不復記憶，但當時我想這種留學資訊中心，應該蒐集了許多國外大學的簡介等資料。

當時我連該申請什麼科系都毫無頭緒。雖然自己沒來由地覺得自己對哲學思想等領域有興趣，但本科系主修政治學的我可否到哲學系所去，自己是毫無自信的。

結果大學的簡介七零八落聊勝於無，幫不上什麼忙。嘆了口氣，眼前所見讓人提不起勁來，從另一邊的櫃台則傳來話語聲。資訊中心確實有提供預約制的留學諮商服務，也許說有幫助指的是這一部分吧，於是我繼續坐著隱隱約約地聽著諮商的內容。

我前面坐著的女性是看起來約莫與我同年的女學生。女學生正跟坐在她對面的女性諮商員說話。諮商員看起來很困擾的樣子。

女學生正在跟諮商員說她對美術領域有興趣。但不是要去念藝術大學，也不是要自學美術相關事物，也沒有特別欣賞的藝術家，就只是「對美術有興趣」而已。

諮商員已經數度跟女學生說「已經超過我們約定的諮商時間了……」，不過因為下一個諮商對象遲到還不見人影，沒辦法只好持續談下去。

我印象深刻的是，這女學生幾乎什麼都沒說。什麼都沒說卻又執拗地要一直諮商下去，實在非常奇怪。她執著到這種程度，到底所求為何？

諮商終於結束了。更像是諮商員死拖活拉結束這場諮商的感覺。諮商員向這位女學生重複說了好幾次，這種延長時間的諮商是例外中的例外。

女學生的表情看起來既不像是陰霾散去，也不像是失望，就這麼直挺挺不動脖子地從座位上站起來，又這麼直挺挺地走了出去。

我在史特拉斯堡大學的哲學系留學一年後，回到日本寫完了碩士論文。之後進了博士班，課程結束後，這次要到巴黎留學。這是二〇〇〇年的事情。

在巴黎留學期間，我聽到某個日本電視節目的事。以介紹在經濟高度成長期經手各式各樣困難工作或專案的沒沒無聞領導者，或是在背後支持這些領導者的人們為內容的這個節目，當時在中高齡的男性族群中受到熱烈的支持。

留學期間有好幾次短暫回國的機會，當時實際看過這個電視節目，非常理解有許多中高年男性會支持這個節目的理由。而我自己也內心激動不已地看著節目所傳遞的故事。

但是，這個節目的主題曲，不知為何總讓人覺得不搭調。這首歌的內容說的是雖然完成了值得讚許稱頌的工作，但卻毫不起眼沒有留下任何印象便消失無蹤的人們的故事。演唱的歌者其實我是很喜歡的，可以說是粉絲。但不知為何這首歌本身，以及這首歌的使用方式讓人覺得不討喜。當時我並不清楚自己這麼覺得的理由。

我想是留學結束回國那一年的事情。電視上播出了這個節目的特別版。其中有一幕是這樣的，從公司屆齡退休、年約六十世代的男性們，奮力地合唱著這首歌。

我悲從中來。然後，理解到這首歌、這首歌的使用方式為什麼讓人感到不舒服了。

我寫這本書的時候，經常想起在至今為止的人生中所碰到——不，擦身而過的——許多人的事情。我之所以能夠如此鮮明地記得他們的事情，毫無疑問地，是因為自己與他們有某些相似之處。

這本書是為了找出我自身煩惱的答案而寫的。展示自己的思考歷程是怎麼一回事、像一張畫般描繪出自己的答案，讓各位讀者可以自行判斷，並且希望知道大家的意見。

記錄下這個想法，以為本書的開端。

※編按：自序章起，作者註釋以①、②、③……標記，文字請參見本書三三一頁起的內容。譯註則以❶、❷、❸標記，隨頁附註。

序　章

什麼是「喜好」？

人類的歷史中有著各式各樣的對立，繼而從中產生了無法盡數的悲劇。但是，人類以更豐富的生活為目標不斷努力這一點，我想也可以認為是事實。人們之所以和社會中的不正當或不便利對抗，是為了要讓社會成為一個更好的地方；即便稍微有些漂亮話的成分，這種想法確實是存在的。

但是，這裡存在著不可解的反論。人類應該是以更富饒的生活為目標，但若目標達成卻反而會有人因此而不幸的反論。

英國的哲學家羅素（Bertrand Russell, 1872-1970）在一九三〇年出版了《幸福的征途》（中文版或譯作《幸福之路》，英文原書名 *The Conquest of Happiness*）一書，其中有以下敘述。現在西歐各國的年輕人得不到發揮自身才能的機會，因此容易陷於不幸。相對於此，東洋諸國並無這個問題。此外，在共產主義革命還是進行式的俄國，其年輕人大概是世界上最幸福的。因為那是一個應該被打造出來的新世界……。①

羅素所說的其實非常簡單。

在二十世紀初葉的歐洲，有許多事情已經是完成式了。因此接下來非得需要年輕人花工夫創建的新世界什麼的已經不存在了。繼而年輕人也就無事可做了。**因此**他們是不幸的。

相對於此，在俄國或東洋諸國，在歷史進程上接下來是必須打造新社會的階段，大環境裡還殘留著年輕人必須奮起努力解決的問題。**因此**在這些地區的年輕人是幸福的。

他所說的並非難以理解。在使命感燃燒下埋頭於某項工作是很美好的。若能如此，能夠身在這種美好狀況中的人應該是「幸福」的。反過來說，非身處此種美好狀況、沒有值得獻身的工作的人們，也許可以說是「不幸」的。

但，不覺得有哪裡怪怪的嗎？真的是這樣嗎？

為了矯正某些社會的不公不義而有人挺身而出，理應是為了讓這個社會變得更好、更富饒。若是如此，社會變得更好更富足之後，人們應該會感到欣喜。不過若是根據羅素的說法，則並非如此。藉由人們的努力讓社會變得更好更富有之後，人們反而變得無事可做而陷於不幸之境。

如果羅素說的是對的，那麼也未免太蠢了吧。人們努力讓社會變得富足豐饒，但這個目標一旦實現，卻反而有人因此而不幸。若是如此，也就沒有必要努力讓社會變得更好更富足了；社會裡的不公不義就這麼留著即可，也不需要以豐足為目標，讓大家都持續過著悲慘的生活就好了。為什麼？因為若是矯正不公不義的企圖得以實現，結果人們反將落入不幸的狀況。

為什麼會演變成這種情形？難道沒有哪裡怪怪的嗎？

沒錯，羅素所敘述的狀況不是不能理解。但，還是有哪裡怪怪的。而且，把這件事說得像是理之必然的羅素，果然也有哪裡不太對勁。

若如同羅素所述，要主張無法從外部被給予值得埋頭的工作的人們是不幸的，而這個事態只會讓人束手無策。當然，我們一定會覺得「哪裡怪怪的」。

人類的發展是以富足為目標。但為什麼富足無法帶來喜悅？以下接續的各項考察研究，皆是環繞著這個單純的問題而開展出來。

※

人類為什麼不因富足而感到喜悅？先試著針對「富足」進行簡單的考察。

國家或是社會若變得富饒，生活於其中的人們便會有餘裕。此處所說的餘裕至少有兩個意思。

第一當然是金錢經濟層面上的餘裕。人們會取得超過自己生活所需的金錢財富。辛苦賺來的錢不會全部都用在維持生存上。

另外一層意義，則是時間上的餘裕。社會若變得富足，人們為了生存所進行的勞動將不會佔掉所有的時間。繼而，人們會得到什麼都不用做也沒關係的時間，亦即「閒暇」。

那麼，延續這種邏輯繼續思考。富有國家的人們過去將這些餘裕用在哪裡？現在又如何運用這些餘裕？

「在尚未富裕之前一直希望可以但無法如願的、自己的喜好上」，大概會得到如此的答案。確實如此。所謂金錢與時間上都無餘裕的生活，所有的行動都是為了生存所需，就是這樣的一種生活狀態。除了能夠延續生命與生存以外的事情幾乎不存在。因此，變得能夠過著有餘裕生活的人們，把這些餘裕，用在尚未富裕之前一直希望可以但無法如願的、自己的某項喜好上，會這麼想也是理所當然的。

那麼，這一次我們試著提出這樣的問題吧。所謂「喜好」是什麼？想做也無法如願的事情到底是什麼？而現在生活在具有相當富裕程度的國家／社會中的人們，又會把這些餘裕拿來做什麼？

這麼一問，便無法像剛剛那樣簡單地得到答案了。當然，「喜好」是什麼會因為個人差異而有所不同，而且到底有多少人能夠斷定什麼是自己的「喜好」？

週六打開電視的話，充斥著宣傳第二天若是有時間、金錢上的餘裕，希望把這些餘裕花在上頭的娛樂活動的節目。看了這些節目，去節目推薦的地方，消費金錢與時間。那麼，這些人是在從事自己的「喜好」嗎？這是「一直希望但無法如願」的事情嗎？

從「喜好」這個說法應該有很多人會聯想到「興趣」這個詞彙。所謂興趣又是什麼？查閱字典，興趣原本是「從某項事物中感受到美或是趣味，**是某個人特有的感受方式**」（黑體字乃筆者強調）之意（《大辭泉》），轉而引申為指稱「讓個人可以享受的事物」。

但現在有將「興趣」目錄模組化供人選擇，提供所需商品的公司。電視廣告中，小孩子大了、育兒階段告一段落，先生也在家中，扮演大概是那個年紀的家庭主婦的女明星叨念著「不過，興趣也是要花錢的」。在間不容髮的這一刻，「沒這回事！」的旁白立即竄出。只要從目錄中選出自己的「興趣」，就能夠立刻買到相應所需商品的宣傳廣告。

那麼，從目錄中選出所謂「某個人特有的感受方式」又是怎麼一回事？

※

近期過世的經濟學家高伯瑞（John Kenneth Galbraith, 1908-2006），在二十世紀中期，一九八五年所著的《富裕社會》（*The Affluent Society*）一書中有著這樣的敘述。

現代人變得無法靠自己意識到自己想做的事情。必須藉由廣告或是業務員的話術、拼湊組合資訊後才開始清楚自己的欲望是什麼。自己想要的東西是什麼，得靠廣告商告訴自己這種事態的發展，十九世紀初葉的思潮是全然無法想像預測的。②

經濟應該與消費者的需要連動，或甚而由消費者需求主導經濟走勢的「消費者主權」邏輯長期支配著經濟學的發展，因此高伯瑞曾自述自己的想法受到經濟學家們強烈的抵抗。③換言之，消費者認為某些事物是必要的此一事實（需求）一開始便存在，察知需求的生產者繼而生產物品（或說商品、供給），這個需求先於供給的過程因而被認為是經濟的基礎。

根據高伯瑞的想法，這不過是經濟學者的一廂情願罷了；因此他提出了以下的內容。在高度消費社會——即高伯瑞所稱「富裕社會」——中，供給的發生先於需求。不，更準確地說，是供給端操作出需求。換言之，生產者告訴消費者「你想要的其實是這個哦」，並讓消費者產生購買的欲望。

時至今日，高伯瑞的學說主張任誰看來都是不證自明的。消費者能夠自由決定自己欲望這件事，大概沒有人會相信。欲望是依存在生產之上的，生產會創造出、能夠藉由生產而滿足的欲望。

所以，「喜好」乃以消費者心中自由決定的欲望為基礎，是根本談不上的。我的「喜好」，可能是生產者從自己方便的角度，透過廣告或其他手段而創造出來的。若非如此，為什麼星期日該做什麼是由星期六的電視節目告訴我們？為什麼興趣是從目錄中擇選出來？④

也可以這麼說吧。在「富裕社會」，換言之，在有餘裕的社會中，餘裕確實會被這些取得的人用在「喜好」上。但是，這裡所說的「喜好」，並非**一直希望可以但無法如願的事物**。

問題來了。原本我們每個人，在得到餘裕之後，真的有想實現或達成什麼嗎？

※

稍微試著打開一下視野。

二十世紀資本主義的特徵之一，便是被稱為文化產業的此一領域的巨大化。二十世紀的資本主義，將文化視為新的經濟活動領域來看待。

固然截至當時為止，文化或藝術也是無法與經濟分割的。即便是藝術家，也不可能不食人間煙火當神仙的，所以會接受貴族委託繪製肖像畫、作曲。藝術無法特別獨立於經濟秩序之外。

不過時至二十世紀，隨著文化領域廣泛地以大眾為受眾大開門戶，迎合大眾的作品策略性地產出並經由大量消費賺取利益的手法得以確立。而藉由此種手法賺得利益的產業則稱之為文化產業。

關於文化產業有為數眾多的研究，大量研究中亦最為有名的著作之一，便是霍克海默（Max Horkheimer, 1895-1973）與阿多諾（Theodor W. Adorno, 1903-1969）在一九四七年所著之《啟蒙的辯證》⑤。

阿多諾與霍克海默在著作中有以下敘述。在文化產業具有支配性的現代，消費者的感性這種東西，已經預先被包含在製作過程中了⑥。

這是什麼意思呢？因為他們是哲學家，利用了哲學的概念來說明這個狀況。試著針對其研究稍加詳細說明。

他們所利用的，是十八世紀德國哲學家康德（Immanuel Kant, 1724-1804）的哲學理論。康德所思考的問題是人類的認識論此種構造為何可行？人類如何認識世界？人類已經預先有了幾個認識世界的概念，這是康德的想法。人類不是直接照單全收世界原來的樣貌，而是預先有了幾個模型／模式（概念），以套用這些模式的方式來理解世界的運作秩序。

舉例而言，靠近柴火便會感覺到熱。此時人會得到「**因為**火焰是熱的，所以靠近就會覺得熱」這樣的認知。之所以會用「因為」，是由於人類已經先抱持著模式（概念）。在上述狀況，是將原因與結果連接在一起的因果關係此種概念。正因為因果關係這種模式已經先存在於腦中，人才會得到「**因為**火焰是熱的，所以靠近就會覺得熱」這樣的認知。

若是沒有此種概念，知道柴火正在燃燒的知覺，以及熱這種感覺就無法連結在一起。單純只會有「啊，柴火正在燃燒」的知覺，以及「啊，怎麼臉有點熱」這樣的感覺而已。

人類不會只是單純接受世界的樣貌。而是會將世界投射到每個人自己的模式之中，用主觀方式加以理解。十八世紀的哲學家康德是這麼想的。而對於人類，我們當然可以期待每個人都有這樣的主體性，康德是這麼認為的。

阿多諾與霍克海默所說的，其實是康德認為理所當然的事情，現在變得不那麼理所當然了。被期待應該具備的人類主體性，不是由人類自身，而是轉而成為由產業／經濟結構事先預備好，或說，「被」預備好。產業與經濟結構在主體會用什麼方式認知某項事物這一點上先發制人，將事先決定好的認知方式端到主體面前。

當然，熱的東西要讓人感受不到熱是不可能的，也無法讓人把白的東西看成黑的。這是理所當然。但若不是熱或白這樣的性質，而是「開心愉快」又會如何？伴隨著「這是會讓人開心愉快的東西哦」的印象，提供「讓人開心愉快的事物」。例如在電視上，播送著「享受」某項娛樂的藝人的影像。讓第二天觀眾可以使用自己的金錢與時間，也同樣地「享受」這項娛樂。我們藉此過程得到「喜好」、使用金錢與時間，而提供這些商品／服務的產業則從中獲取利益。

※

「喜好」已經不再是一直希望但無法如願的事物了。當然，到底是否真有這樣的希望或願望也很令人起疑。因為有實現願望餘裕的人們，現在是被文化產業賦予所謂的「喜好」。

若是如此，該如何是好？

現在藉著阿多諾與霍克海默之口所說明的問題已經不是新鮮事了。甚至可以說，是分析大眾社會的社會學書籍必然會提到的陳腔濫調主題。不過，本書想要處理這樣一個陳腔濫調的主題。

隨著資本主義的全面展開，起碼至少先進國家的人們變得豐足富有，因此得到了餘暇（即有閒）。但是，得到餘暇的人是如何使用它的，我們並不清楚。**我們不知道什麼是令人開心愉快的**。我們不知道自己的喜好是什麼。

這讓資本主義有機可乘。文化產業是將既有的娛樂、對產業／經濟結構方便的娛樂提供給人們。過去大多說的是搾取勞動者的勞動力，現在則不如說是搾取勞動者的餘暇。極度的資訊化趨勢已讓「高度資訊化社會」幾乎成為完全不需要的死語，而在網路普及的今日，搾取閒暇已成為牽動資本主義發展的莫大力量。

為何閒暇會被搾取？因為人們是很討厭無聊的。人們雖然得到了餘暇，卻又不知道把它用到哪裡去。這樣下去，閒暇是會讓人發悶無聊的。因此委身於被給予的娛樂和事先準備或預備好的快樂，並得到安心感。那麼，該如何是好？為什麼人身在閒暇中會感到無聊？而更基本的問題，所謂的無聊是什麼？

因此，產生了**在閒暇中應該如何生存，該如何面對無聊**這樣的問題。《閒暇與無聊》想要叩問的便是這些問題。

※

《閒暇與無聊》這本書的嘗試絕非是孤單的。提出同樣疑問的思想家過去已然存在，時間為十九世紀後半。這位思想家便是英國的社會主義者莫里斯（William Morris, 1834-1896）。

莫里斯是發起英國早期社會主義運動的思想家之一。當時的社會主義者／共產主義者，思考著該如何掀起革命。現在也許很難想像，但對他們而言，社會主義革命／共產主義革命全然是絕對務實而實際的。二十世紀初期，在俄羅斯確實發生了革命。

關於莫里斯最有趣的一點，不僅是社會主義的理念，還在於他與其他以革命為志向的社會主義者的想法有些微不同。他們所想的是如何掀起革命，何時、如何，使得勞動者蜂起參與革命？這些事情佔據了這些社會主義者的腦袋。

相對於此，莫里斯談的是搞不好明天就會發生革命，而思考著**革命發生了以後應該怎麼辦**。

在一八七九年的演講〈民眾的藝術〉中，莫里斯是這麼說的。

革命會像夜晚的盜賊一樣突然來臨。革命會在我們還沒注意到的時候上門。如果說等到革命實際發生之際，會更加受到民眾的歡迎；那個時候我們應該做什麼？至今人類忍耐著挨過了痛苦的勞動，而當這個狀況將有所改變的時候，我們除了每日的勞動以外該如何看待生活？⑦

沒錯，該如何看待生活？身處得到餘裕的、有閒暇的社會中，我們除了每天的勞動以外，到底要將目光朝向何處？

莫里斯所思考的是社會主義革命發生之後的社會。時至二十世紀末，雖然社會主義／共產主義體制完全破綻百出，但這一點也無損於莫里斯所提出問題的價值。更有甚者，不如說這個問題在心中激起了許多反響。得到「富足社會」的現在，我們除了每日的勞動以外要如何看待生活？結果，不過是把眼光投向文化產業所提供的「娛樂」而已，不是嗎？

※

莫里斯是這樣回答這個問題的。

若是革命真的來臨，我們將得到自由與閒暇。這個時候重要的是，要**如何妝點這樣的生活**。

這個答案未免太精采了吧。莫里斯所思慮的是，當得到閒暇後，妝點這樣有閒的生活一事。

現在應該也有用消費社會所提供的各項奢侈品來掩飾生活的人們吧。所謂生活在「富裕社會」中的人們，會取得潤飾生活的奢侈品。

其實這也正是莫里斯無論如何都想解決的問題。莫里斯對於經濟持續發展的英國社會與生存於其中的人們，其生活竟然毫無妝點一事抱持著強烈的不滿。

伴隨著工業革命而來的大量生產品，充斥在當時英國社會的生活之中。不管到何處，眼目所見盡是相同的物品、相同的廢物。莫里斯對於這些大量製品遮蓋了民眾的生活一事感到無法忍耐。演講題目〈民眾的藝術〉展現出莫里斯的強烈意志，認為藝術應該從專屬於特權階級的狀況被解放出來，民眾的生活中必須包含藝術元素的。

換言之，莫里斯思考著與消費社會所提供的奢侈不一樣的奢侈。

實際上，莫里斯推動了所謂美術工藝運動（Art & Craft Movement）。他自己原本就是一位設計師。與友人們合夥創立公司，以提供根植於生活之中的藝術品，以及賦予日常生活中所實際使用的各項物品藝術價值為目標。人們在閒暇的時間中，能夠以具藝術性的方式妝點自我生活的社會，才是莫里斯所認為的「富裕社會」，除此之外沒有能夠稱為擁有餘裕的社會。⑧

莫里斯所製作出來的工藝品淪為有錢人的玩意兒，對於讓藝術進入民眾的生活中毫無幫助，也有如此的批評聲音。這樣的批評並沒有錯。但是，莫里斯的思考方向給了我們重大的線索與啟示。

耶穌曾經說過：「人不能只靠麵包過活。」

吉本隆明❶對這句話有以下詮釋：人雖然不能光靠麵包過日子，但同時耶穌也承認若是沒有麵包，那連日子都沒得過。⑨

若順著莫里斯的思想脈絡繼續發展，我們大概可以有以下結論吧。

人若沒有麵包活不下去。但是，**不應該只靠麵包過日子**。我們不能只追求麵包，也應該追求玫瑰。生活不能沒有玫瑰的妝點。

※

還有另一個要加上的重要論點。

之前提過，文化產業將事先決定好認知途徑的娛樂，以合乎產業邏輯與方便的方式持續提供給人們。我們接受了，並且「享受」這些娛樂。

但是，人類不是那樣的笨蛋。哪裡不對勁、這不是真實的，這不是真貨的心情是一定有的。有令人開心愉快的事物，自己也應該很享受。但就是有哪裡不對勁，讓人無法信服。哲學家楚朋絲葛（Alenka Zupančič, 1966-）曾有過一段非常發人深省、也讓人十分不安的敘述。讓我們稍加說明來介紹其理論。

在近代我們將各式各樣的價值觀加以相對化。至今咸信為真的這個價值觀、那個價值觀，不論何者其實立論基礎都很薄弱，而令人可以對其有無限懷疑與挑戰。

其結果如何？相較於過去近代咸信為真的價值觀，除了「沒有比生命更具尊嚴的事物」此一理論，其他什麼也提不出來。這個理論是正確的。但是，也因為太「正確」，因而無人能夠提出反論，不過就是這樣的一個理論。這實在無法激勵人心，也無法讓人起而行。因此，反倒是回歸到國家或民族這些「傳統的」價值觀還比較有魅力。

不過，不僅如此。人們想擁有激勵自己、讓自己能夠起而行的動力。可是，在世間通用的理論並不具有這樣的力量，也因此會對於受到刺激或鼓勵的人產生羨慕之情。舉例來說，希望能夠為了大義而殉死的激進派或狂熱信徒們。人們對於這些族群，懷抱著既恐懼又羨慕的心情。⑩

老覺得自己可有可無。想要找到讓自己全心投入的「什麼」。想投身於讓自己賭上性命也要達成的重大使命。不過，這樣的使命卻無處可尋。也因此對於為了大義名份，奉獻自己生命也不覺可惜的人們感到羨慕。

沒有人會承認。但都意識到內心深處存在著這樣的情緒。

在筆者所知範圍內，沒有能夠平心靜氣接受這樣衝擊性論調的學者或主張者。楚朋絲葛的書於二〇〇〇年出版，出版時間之所以晚了一年，也許就是因為出版這麼不加修飾的言論是不

❶ 1924-2012，日本詩人、評論家。自文學至宗教、政治，評論與論述範圍廣泛。作家吉本芭娜娜為其次女。

被允許的。沒錯，二〇〇一年就是那件「恐怖攻擊」發生的年份。⑪

楚朋絲葛確實十分敏銳。不過，若我們由《閒暇與無聊》的觀點觀之，應該還可以添加上另外一個要素。那就是會對「殉死於大義」一事感到羨慕的，是那些為閒暇與無聊而煩惱著的人。為了填飽肚子需要掙扎拚命的人，並不會對於獻身於大義的人有所憧憬。

當缺乏活著的感覺、生命的意義不存在，充滿了做什麼都無妨或是無事可做的失落感，這樣活著的時候，人們渴望著讓自己「全心投入」、「埋首其中」的事物。所謂殉死於大義，正是這種欽羨渴求的對象中，一種終極的極限型態。而《閒暇與無聊》一書，也必須回應這樣的渴望欲求。

※

先簡述本書的章節構成。

最初的第一章，將琢磨成為本書出發點之閒暇與無聊的相關論點。並闡明閒暇與無聊是構成所有問題的基礎。

第二章到第四章主要從歷史觀點與見解來處理閒暇與無聊的問題。第二章以特定人類學假說為基礎來討論史前時代，探究成為問題的無聊的起源。第三章則主要就經濟史觀點檢討歷史上的閒暇與無聊，關注主張有閒的反論地位，不僅是有閒，並將考察範圍擴及至餘暇。第四章則舉出消費社會的問題，討論現在的閒暇與無聊。

第五章至第七章是以哲學理論探討閒暇與無聊的問題。第五章將介紹海德格的無聊論。第六章則在生物學領域中，尋找從批判角度考察海德格無聊論的線索。第七章則彙整統合前述章節的見解為基礎，實際架構出「閒暇與無聊的倫理學」。

本書是希望各位讀者通解而寫成，因此順帶附加之討論、龐雜的理論與引用文章等，幾乎都以註解的形式加以呈現。因此在這個時間點，**不讀註解也無妨**。還想知道得更詳細的讀者，之後再回頭參照詳讀註解，加深理解。除此之外，有日文翻譯之外語文獻，事先聲明基本上以最大程度利用既有之譯本文字為原則；將不另行參照原著與調整現有譯文。

第一章

閒暇與無聊的原理論

去獵兔子的人們到底想要什麼？

所謂原理，指的是成為所有議論出發點的基礎想法。在以「閒暇與無聊的原理論」為題的本章中，所要追求的是思考閒暇與無聊相關問題的出發點。

那麼該往何處尋求此一出發點呢？無論是什麼樣的主題，大抵都有人進行過相關討論。這些先驅的思考若能做為參考，便十分有效率。在此我們也試著這麼做吧。

做為考察閒暇與無聊相關議題者，本書想要優先列出的是十七世紀法國的思想家巴斯卡（Blaise Pascal, 1623-1662）的論點。

近年所出版之無聊論中，包含挪威哲學家史文德森（Lars Svendsen, 1970-）的著作《最近比較煩：一個哲學思考》❶。這是一本非常優秀的書，後文亦會有參照之處，而史文德森所稱「關於無聊論，早期的偉大理論家」便是巴斯卡。他認為巴斯卡的分析令人意想不到是十七世紀的著作，而具有高度的當代性。①

讀過就會明白，巴斯卡的分析確實非常精闢。就因為未免太精闢了，讀了甚至讓人有點生氣。到底是怎麼回事？實際來看一下巴斯卡的分析吧。

巴斯卡其人

再提一次，巴斯卡是十七世紀法國的思想家。十六歲的時候便發表「圓錐曲線論」❷，是位早熟的天才數學家；此外，他也是經過兩次「改宗」而決意獻身於信仰的宗教思想家。

話雖如此，令其名廣為人知的還是《沉思錄》（或譯《思想錄》）這本著作，尤其是其中「人類是會思想的蘆葦」一節。即便不知道任何巴斯卡的事蹟，聽過「人是一根會思想的蘆葦」這句話的人應該不在少數。「人類只不過是一根蘆葦，是自然界最脆弱的東西。然而他是一根能思考的蘆葦。」②

如果光讀思考的蘆葦這一節，也許會認為巴斯卡真是一位信奉人文主義的思想家吧。八成是一位相信人類的力量，熱血且溫柔的人物。

若實際閱讀《沉思錄》全書，這樣的印象便煙消雲散了。巴斯卡可是個厲害的毒舌諷刺家，甚而有把全世界都當笨蛋的狀況。而這種毒舌挖苦最具代表性的內容，當屬本書想要拿來做為「閒暇與無聊」考察出發點的、關於「消遣」的分析了。

人類不幸的原因

針對無聊與消遣進行思考的巴斯卡，其出發點是如下的想法：

❶ 繁體中文版由商周出版社於二〇〇九年出版。

❷ 後亦稱為「巴斯卡定理」。

人類的不幸或諸如此類的煩惱，不論何者其實都是因為人類沒辦法老老實實地待在房子裡所導致的。要是可以乖乖待在房子裡就好了，卻做不到。為此沒事找事地給自己添了不幸。

巴斯卡的思考邏輯如上。若是生活溫飽無虞的人，滿足於此就好了。不過愚蠢的人們無法就此心滿意足，乖乖地待在房子裡。所以才特地跑出去社交反倒累積壓力，沉迷賭博損失錢財。

若是只有這樣也罷，人類最大的不幸還不止於此。擁有巨大財富的人，特地支付高價購買軍職，跑到海邊或是要塞的防衛線讓自己身歷險境（在巴斯卡的時代，軍職與司曹審判的職位是可以買賣的）。當然也有因此丟掉性命的。要說為什麼要特地去幹這些事，都是因為沒辦法老老實實地待在屋子裡的緣故。③

無法好好待在房子裡，換言之，若是一個人在房子裡就無事可做、坐立難安，然後就無法忍耐，再換言之，便是**感到無聊**。

他把人類如此的命運稱之為「悲慘」。若是因為「沒辦法好好待在房子裡」這種很沒營養的理由而招致不幸，確實人類沒有比這更「悲慘」的了。

去獵兔子的人想要的不是兔子

接著往下說。從這裡開始是巴斯卡的分析有趣的地方。

人類因為耐不住無聊才會找消遣。沉迷賭博、發動戰爭，或找個榮譽職來幹。光是這樣我們還能理解。但人類悲慘之處並不僅止於此。

愚蠢的人們，不過是因為耐受不住無聊而尋求消遣的慰藉，而且還相信自己所追求的東西之中真的有幸福存在，（這才是人類最悲慘的地方）巴斯卡如是說。

這是怎麼一回事？看看巴斯卡所舉狩獵的例子吧。④

狩獵是一件非常麻煩的事情。得著重裝備，在山中終日來回行走；不見得會馬上碰到目標中的獵物。順利發現獵物的話，便要奮起直追。最後也不確定是否抓得到獵物，讓人憂喜不定。

針對這些熱中狩獵的人們，巴斯卡有些壞心眼的念頭。若是有要去獵兔子的人在場，要試著這麼做。一邊問對方「要去獵兔子嗎？若是這樣，這個給你」，然後把兔子交到對方手上。

那麼，會演變成什麼狀況？

要去打獵的人臉色一定會非常難看。

為什麼要去獵兔子的人，**明明得到了被自己當成獵物目標的兔子**，卻面露不快之色？

答案很簡單。因為去獵兔子的人想要的並不是兔子。

什麼是狩獵？巴斯卡是這麼說的。所謂的狩獵，是為了追逐就算自己買或有人送也根本不想要的兔子，終日竭力來回奔跑的過程。人們想要的並非獵物。為了要消除無聊、為了要找消遣，乃至要對人類悲慘的命運視而不見，所以才去打獵。

去狩獵的人所想要的，除「讓自己的思緒遠離不幸的狀態，追求讓自己分心的熱鬧或騷動」⑤之外無他。話雖如此，沒用的人類卻相信當獵物到手之時會得到真正的幸福。相信**不論是買是送都根本不想要的兔子到手**的時候，會得到真正的幸福。

針對賭博，巴斯卡也有相同的論述。假設有個每天都賭博玩一下，不無聊地過日子的人，「以不賭博為條件，每天早上都把他一天能夠賺到的錢無償地交到他手上。若是如此，你會讓這個人陷入不幸。」⑥當然，這是因為每天賭博的人其目的並不是想要賺錢之故。

欲望的原因與欲望的對象

試著用一般的口語將巴斯卡的敘述加以公式化。應可將其以「欲望的對象」與「欲望的原因」之間的區別來進行說明。

所謂「欲望的對象」，指的是想做什麼、想要什麼此種情緒所針對的對象；而「欲望的原因」，指的是在人的心理層面引起想做什麼、想要什麼念頭的事物。

若將狩獵兔子代入，會得到下列結果。以獵兔子為例，「欲望的**對象**」是兔子，確實想要

欲望的對象	兔子
欲望的原因	想得到消遣

打獵的人的情緒**所針對的對象是兔子**。

但是，實際上此人並**不是因為想要兔子才去狩獵的**。對象不是兔子也無妨。因為他想真正要的是「讓自己的思緒遠離不幸的狀態，追求讓自己分心的熱鬧或騷動」。換言之。兔子雖然是狩獵兔子行為的「欲望的對象」，但卻不是「欲望的原因」。話雖如此。但打獵的人卻在打獵過程中，開始以為自己是因為想要兔子而打獵。換句話說，是把「欲望的對象」跟「欲望的原因」給弄混了。

在賭博這件事情上，同樣也可區分出「欲望的對象」與「欲望的原因」。得到金錢利益可以被視為是想要賭博的欲望對象。但是，這並不是產生想要賭博欲望的原因。再重複一次，若要求「因為每天都會給你錢，所以放棄賭博」，你會讓想要賭博的人陷於不幸之境。因為對方並不是因為想要得到金錢才去賭博。是**因為**耐受不住無聊、**因為**想對人類的悲慘視而不見、**因為**想要得到消遣，才會流著汗水追著兔子跑、冒著失去財產的風險去賭博。不僅如此，人類還會弄混搞錯「欲望的對象」與「欲望的原因」，以為自己是因為想要兔子才去獵兔子。

能夠熱中於某事，等同於欺騙自己

如此想來，大概會讓人覺得消遣隨便是什麼都可以。只要能夠打發無聊，是什麼都無所謂。接下來只要從備選的各項消遣中，選擇合乎每個人需求的選項即可。

但是，雖說也許確實隨便什麼都可以，卻是有條件的。非常簡單，消遣，必須是自己**能夠熱中從事的事物才行**。為什麼非得如此不可？因為若不是自己能夠熱中的事物，終會讓人想到一個事實。相信如果消遣的對象到手自己真的會得到幸福此一事實；更進一步說，也就是**欺騙自己**此一事實。

巴斯卡說得明明白白。熱中於消遣是必要的。熱中此道、相信只要引以為目標的事物到手，自己會變得幸福，「有必要欺騙自己」。⑦

使用「欲望的對象」與「欲望的原因」兩者之間的差異來換句話說也可以。人類，不願想起自己把「欲望的對象」和「欲望的原因」給弄混了此一事實，因而尋求自己可以熱中的熱鬧或騷動。

雖說是欺騙自己，要注意的是這一點也沒什麼大不了。人類沒辦法老老實實地待在房子裡，一定會要找點消遣。換言之，無聊是人類絕對無法擺脫的一種「病」。但是，雖然如此，這種**難以避免**的疾病，只要能夠熱中於獵兔子、賭博這一類的事，就能夠簡單地避開了。這才是人類悲慘的本質。人類能夠極其簡單地騙過自己。

更愚蠢的人

那麼，我們現在藉由巴斯卡的協助，討論著人類的愚蠢駑鈍，彷彿完全事不關己。

先前列出了「欲望的對象」與「欲望的原因」之間的區別。這實在是一種非常方便的區分法則，也許有人會想要將其應用在日常生活之中。八成能夠讓人指出「你把自己的『欲望的原因』跟『欲望的對象』給搞混了」的狀況，在日常生活中多不勝數吧。

不過，如果你老是對熱中於獵兔子或是賭博這一類消遣的人說上述的話，且表情得意洋洋，巴斯卡一定會對你這麼說：

會這樣指出別人把「欲望的原因」跟「欲望的對象」搞錯的你，才是更蠢笨的傢伙。

巴斯卡是這麼說的。

因為人類實在是有夠無趣的存在，光是在檯子上打球（指撞球）就足以構成一種消遣。要說為了什麼目的幹這種事，就只是為了第二天可以在朋友面前炫耀自己是個玩咖。

同理，學者也會為了向其他的學者展示自己解開了至今無人能解的代數問題，而將自己關在書房裡。

最後，這裡說的就是上面那種人！也有為了批評指教這些事情而不惜勞民傷財的人。「並不是透過做這些事情讓自己變得更聰明，只是為了要顯示自己知道這些事情罷了。這種人，在上面所列舉的各類人中，才是最愚蠢的。」⑧

狩獵兔子或賭博是消遣。而擺出一種了然於胸的態度對人指出「你啊，就算所追求的事物到手也不會感到幸福的」的行為，也**同樣不過是種消遣**。

而且這種人，都已經知道把對象跟原因搞錯，卻誤以為自己不會陷入相同的境地才是更愚蠢的，巴斯卡如是說。⑨

巴斯卡的解決之道

像這樣閱讀巴斯卡針對消遣所做的敘述，會感受到這位思想家真的寫下了他所有的先見之明。搞混「欲望的對象」與「欲望的原因」的人是愚蠢的。而擺出一副「我早就知道了」的嘴臉，到處指出這一點的傢伙們，則更是無可救藥的笨蛋……。

巴斯卡所言未免太過精準了，就因其太過精準，甚至讓人有點生氣。我之前這麼說的意思，各位讀者現在應該能夠體會了吧。

如此一來，反而讓人想要倒過來問問巴斯卡。那你說說該怎麼辦？

在經過對消遣的縝密考察後，巴斯卡的解決之道為何？針對人類的悲慘命運，巴斯卡的解決之道為何？也許聽起來有點令人洩氣，但巴斯卡的答案是對神（上帝）的信仰。

巴斯卡提到「**無信仰之人**是可悲的」與「與神同在是人類的至福」。但這絕非「對神的信仰非常重要」或「人類可以透過對神的信仰得到幸福」等**抽象的**敘述文藻。

巴斯卡其實是以非常**具體的**方式在思考人類的悲慘。人類極難免除罹患無聊病的狀態。即便如此，人類可以靠著無趣的消遣來避免這種狀況。而其結果，又將為人類招致不幸。

為了要脫離這種循環機制，解決之道便是對神的信仰。

追求痛苦的人類

至此我們已經大致看完巴斯卡的理論。差不多是把話題擴展到其他面向的時候了。

巴斯卡索思考的愚蠢消遣中非常重要的，是**能夠讓人熱中**此一要素。因為若無法讓人熱中，便無法讓人成功地欺騙自己，也就稱不上消遣了。

那麼，再進一步提出這個問題。為了要使人能夠熱中，消遣活動必須具備什麼樣的特性？不花錢便可以玩輪盤、到可以輕輕鬆鬆抓到兔子的地方去打獵，無法達成消遣的目的。

換言之，為了要令人可以熱中於某項消遣，要麼是失去金錢的風險、要麼是很不容易順利遇到兔子等**負面因子**是必然的。

廣義來說，此種負面因子就是**痛苦**。若認為痛苦這個詞彙太刺眼，也可以稱其為負荷／負擔。消遣中需要痛苦或負擔的成分。

如此一來應該可以說，無聊的人們追求的是痛苦或負擔。

我們平常為了要輕減精神或身體上的負擔，費盡各種心思地過日子。例如，為了避免長時間走路的疲憊而坐車。但是，若感到無聊，又或者為了避免無聊的狀態，人們會特別去尋求負擔或痛苦。不辭辛苦地爬山、汗水淋漓，或是「就算被別人邀請也完全提不起勁」地去追獵兔子。

換言之，巴斯卡所稱悲慘的人類，所謂沒辦法安分地待在房子裡、耐受不住無聊，終至追求消遣的人們，不過就是追求痛苦的人類。

尼采與無聊

巴斯卡的時代之後，時序來到十九世紀。尼采（Friedrich Nietzsche, 1844-1900）在《歡悅的智慧》（或譯《快樂的科學》，一八八二）一書中有如下敘述。

現在，有幾百萬的年輕歐洲人無聊甕然。看到他們自己不由得這樣想，他們抱持著「不管做什麼都想要遭逢痛苦的欲望」。論其原因，因為從如此的痛苦之中，他們可以找到讓自己採取行動的、最冠冕堂皇的理由……。⑩

尼采可以自由自在地引用或參照百家，但在哲學家中，巴斯卡似乎是最受其重視喜愛的一位。據稱尼采的著作中曾引用巴斯卡達一百二十一次。雖然此一部分的內容並未提及巴斯卡，但對於無聊的透徹認知，是尼采與這位十七世紀思想家的共通之處。想要的是痛苦……。從痛苦之中想要找到自己行動的理由……。無聊的人們，抱持著這樣的欲望。

痛苦之事當然令人難以承受。但是，若缺乏驅使自己所作所為的動機，是一件**更為痛苦**的事情。不知道該做些什麼才好的，名為無聊的痛苦。為了逃避這種痛苦，外加的負擔或痛苦根本不是問題。若是能夠給自己一個實際採取行動的理由，人們會歡欣鼓舞地接受痛苦。

實際上，二十世紀的種種戰爭，也都是被賦予守護祖國、建立新秩序使命的人們，開心地接受了困難辛苦的任務，甚至連性命都犧牲了，我們非常熟悉這一段歷史。

《歡悅的智慧》在尼采為數眾多的著作中也非常有名。其原因在於本書便是那一句知名宣言「上帝已死」的出處。在宣告上帝已死的書籍中，尼采記錄下自己關於無聊的考察此一事實，令人無法認為只是單純的偶然。這裡的敘述正是巴斯卡所說的「無神之人是可悲的」。

法西斯主義與無聊——列奧．史特勞斯的分析

尼采從當時數百萬無聊的歐洲年輕人身上，看到了追求痛苦的欲望。而尼采此種先見之明，很遺憾地要到後來才被驗證。時代仍繼續往前走。

二十世紀的重大歷史事件之一，便是法西斯主義的抬頭。關於法西斯主義，在政治、經濟、歷史、思想與心理學等各種不同的領域，皆有為數龐大的研究累積。我們在此將以「閒暇

與無聊的倫理學」的觀點來探討。其實尼采所分析的「數百萬的歐洲年輕人」的心情，與法西斯主義的心理傾向是極為接近的。

想要加以參考的，是史特勞斯（Leo Strauss, 1899-1973）這位哲學家的分析。史特勞斯是生於德國的猶太人。其後他流亡至美國，之前留在德國的期間，他親眼見到法西斯主義在德國興起的狀況。史特勞斯對於這番經驗有詳細的敘述。

根據史特勞斯所言，第一次世界大戰之後德國的思想狀態如下。⑪

當時，在歷經大戰後的歐洲，近代文明的諸多理想皆處於窘境。至今由歐洲領頭牽引發展的近代文明，諸如理性主義、人道主義、民主主義或世界和平等，揭櫫了許多光輝耀眼的理念。但是，高舉這些理念大旗、應該持續進步的近代文明，卻經歷了愚蠢的殺戮，即第一次世界大戰。搞不好近代文明從根本就錯了，這樣的疑問不斷氾濫蔓延開來。

抱持著如此疑問的是年輕世代。父母或學校的老師們所言，或者是書本或報紙上所載的內容，該不會有什麼地方搞錯了吧？上一個世代熱誠地告訴我們「理性是重要的」、「人道主義是必要的」、「必須保護民主主義」以及「必須維護世界和平」，將這些理念灌輸到我們身上。對此深信不疑，並要求自己遵守。不過，好像也沒有什麼用不是嗎？若是如此，應該是近代文明有什麼根本結構上的問題吧？他們碰撞自己的父母世代，直白地提出了這樣的疑問。

但是，上一個世代無法提出任何回答。當然會是這種結果。因為他們只是單純地相信這些理念而已。他們所擺出的保守姿態可說令人瞠目結舌，只是不斷重複「重要的東西就是重要」。知識份子是一丘之貉，他們也僅止於相信這些近代文化所創造出來的理念罷了。

年輕人們非常氣餒失望，並對上一個世代抱持強烈反感。擺出一副長輩架子，認為「你們只要好好保護我們所創造出來的理念就好了」……。言下之意即有如「因為你們已經沒有什麼好做的了，只能好好維護我們的成果」的態度……。而當這些理念有危險的時候，卻連稍加思考都不願意。年輕人憎惡著上一個世代，而且，憎惡著他們所信奉的近代文明。

存在於緊張之中的存在

還要再附加另外一個因素。當時共產主義具有強大的影響與支配力。如同雙親世代中相信近代文明者眾一般，相信共產主義革命終會到來的共產主義支持者人數也非常多。共產主義者是這麼說的，不久的將來就會發生革命，因此真正的世界和平大同也終將實現。那是一個沒有國家也沒有階級的世界，一個沒有貧困也沒有戰爭的世界……。

但是，對年輕人而言，這樣的世界稍嫌缺乏魅力。更不如說他們害怕、憎惡這樣的世界。那是每一個人每日每夜，可以得到一點微薄的快樂度日的世界。和平安穩、什麼都不會發生的世界，換言之，是一切都已經結束的世界。在這樣的世界裡，不會發生讓人的心靈或靈魂想要奮起振作之事。也不會有人們因使命感燃燒而成就某事的狀況。這將是「不知血汗與淚水的世界」。

相信近代文明的雙親們，認為憑藉著近代文明一切都將有所歸宿（終結）。共產主義者則稱在不遠的將來所發生的革命，一切都將有所歸宿（終結）。不論是信奉兩者中哪一個，這些年輕人都將無事可做。這樣的世界要如何能夠打動年輕人的心？

年輕人認為只有存在於緊張狀態中的存在，才是生存本來的樣態。換言之，認真的生活才是他們真正希望的生活。對他們而言所謂認真的生活，是在「需要不斷直接面對緊急事態、重度極限狀態、決定性的瞬間，或戰爭這一類狀態的社會」中所體驗的生存與生活。正是在這種社會中，才存在著讓自己賭上一己性命而全神貫注於某項事物的一瞬間，也是讓人能夠體會到生存感與意義的瞬間。因為這種時刻，他們能夠感受到「還有什麼是還沒結束的」，並且「自己參加了創造出某些事物的運動」。

緊張、緊急、極限……用什麼詞彙稱之都無關緊要，對他們而言，在極端負擔的狀態中與耐受辛勞痛苦地生存下去，才是生存。在他們心中的，正是尼采——或是在其之前的巴斯卡——所診斷出來的、想要受苦受難的欲望。

史特勞斯進行這一次演講的時間是在第二次世界大戰結束之前的一九四一年。在這個時間點，史特勞斯已經說過「納粹主義滅亡之日不遠」。史特勞斯是正確的，但他同時也說了另一件令人恐懼的事。所謂的納粹主義，不過是希冀法西斯主義者，其欲望被極度矮化之後的結果。因此，即便納粹主義滅亡了，想要法西斯主義的人們的欲望仍然殘存著。這個欲望的震央來自更為深層之所（其實，以上的分析也適用於戰後日本的狀況）。⑫

確實如此。去狩獵兔子的人，其實跟追求「緊急事態」的人沒有什麼兩樣。是靠獵兔子就能解決，還是需要到發動毀滅性的戰爭的程度，則是由時代背景決定的。我們無法像巴斯卡一樣把去獵兔子的人們當成笨蛋就算了。

羅素的《幸福的征途》

至此，我們以巴斯卡的理論為基礎，又進行了更一步的討論。藉此，我認為我們找到了《閒暇與無聊》的出發點。

人類無法安分地待在房子裡，因而追求讓自己能夠熱中的消遣。為了要能夠熱中此事，人們甚至不會厭惡痛苦這樣的負面因子；不，甚至還會積極地追求痛苦。這個認知在二十世紀所經歷到的恐怖政治體制也通用。

以此基本認知為基礎，要如何進行其後的討論？應該回答什麼樣的問題？我希望進行這樣的思考。

為此，我們要讓兩位哲學家登場。

第一位是已經在序章中提及的羅素。羅素是足以代表二十世紀的英國大哲學家。從《對萊布尼茲哲學的批判釋義》❸的哲學史研究，到《數學原理》等數理哲學，活躍於哲學的廣泛領域中。

另一方面，他參與反越戰運動、反核運動等和平運動的事蹟也廣為人知，也是得過諾貝爾獎的重量級知識份子。是足以人類誇耀的偉大知性代表人物。

而羅素也用他自己獨到的方法在構思著「閒暇與無聊的倫理學」。由他所寫的啟蒙書之一《幸福的征途》（一九三〇），便可看出端倪。

這本書的日文翻譯連文庫本都有，在日本是非常容易入手的書籍，但被閱讀的程度並非如此頻繁。理由之一或許是因為這本書所處理的題材調性非常平易近人，而被認為缺乏知性上的刺激所導致。但是，這樣的判斷未免言之過早了。這本書其實是奠基於敏銳的時代意識而完成的產物。

幸福中的不幸

羅素在該書開門見山，說明了自己之所以要闡述關於幸福的想法的理由。「動物只要是健康的且有充分食物供給，就是幸福的。理所當然認為人類也是這樣，但在現代世界中並非如此」。⑬

沒有特別有什麼不自由之處的生活。這是如果處在戰爭、貧困或飢餓狀態中的人，會打從心底羨慕的生活。現代人雖然過著這樣的生活，但是，即便如此卻不幸福。以為是被滿足的生活，卻又感到不滿足。近代社會所實現的生活中，飄散著**難以具體名之的不幸**空氣。

自己想要論及的是，這般現代人的不幸，意即襲擊擁有「可以恰好保障食與住的收入」與「能夠支撐日常身體活動的健康」的人們的**日常性不幸**，羅素如是說。

人們也許會稱其為奢侈病。也許有人會認為相較於飢餓、貧困或戰爭，這種「症頭」根本不算什麼。

不過，在日常性不幸中，存在著與重大的非日常性不幸全然不同的、獨特的**難以承受度**。真要具體說明是什麼，指的是**不明白日常不幸的原因何在**。

飢餓、貧困或戰爭，都有非常明確的外在原因。或說知道這些狀態的成因。但是，日常性不幸不存在明確的原因。不明所以地感覺不幸，無法確知原因。正因為如此，**想逃也逃不掉**。這個狀態讓不幸更加讓人難以忍受。

羅素針對這種讓人搞不清楚的不幸，嘗試提案了「一種治療法」。

---

❸ 原書名 *A Critical Exposition of the Philosophy of Leibniz*（1900）或《西方哲學史》（原書名 *A History of Western Philosophy*, 1945）。一九五〇年羅素因本書獲諾貝爾文學獎。

羅素與海德格驚人的一致性

也不能忘記羅素提出這個想法的時間點。《幸福的征途》出版於一九三〇年。換言之，羅素在這個時期，對於日常性不幸演變成動搖社會的重大問題，抱持著危機感。

我們在本書的最後將會介紹哲學家海德格（Martin Heidegger, 1889-1976）的無聊論。海德格的理論足以被稱為無聊論的最高峰，而實際上海德格在講學其無聊論的時間點，也是從一九二九到一九三〇年這段期間。兩者幾乎是同一年。讀其著作便會知道，海德格所處理的問題／議題，與羅素相同，也是具有足以保障食與住的收入、能夠支撐日常身體活動的健康這兩項資產的人們之不幸。

其實這個相符的一致，對於認識／知道海德格與羅素的人來說，是有點讓人驚訝的事實。因為這兩人在政治上或哲學思想上皆扞格不入，可說是水火不容的關係。

海德格是二十世紀歐陸哲學的代表性人物，而羅素則是英美分析哲學的代表。這兩個思想流派（或說思考傾向）至今仍持續對立，而且雙方互不承認對方是哲學思想。羅素的著作《西洋哲學史》中完全沒有提到海德格一事也非常有名（根據羅素的說法，海德格的哲學不是哲學，而是「詩」）。

此外，海德格為納粹主義抬轎一事亦相當知名，羅素則是反納粹運動的積極活動家。在海德格的無聊論中，充滿了讓人可以預感到其後續行為的言論，但羅素八成不會認同這些論調。

但是，即便這兩人的對立關係如此強烈，經歷過二十世紀初期社會變動的兩位重量級知識份子，在同一時期抱持著**完全相同的危機感**。築巢棲身於沒有什麼特別不自由生活之中的不幸。說不清楚如同霧氣瀰漫般的無聊。對此抱持著危機感的兩位哲學家，同時在英國與德國企圖找出對應之道。⑭

無聊的相反並非快樂

實際來檢視一下羅素的無聊論。

所謂的無聊是什麼？羅素的回答如下。所謂無聊，指的是希望事件發生的心情**遭遇挫折**。這是什麼意思呢？為了理解羅素所述的真義，在此必須針對「事件」一詞加以明確定義。這裡所稱「事件」，指的是可以**區別今日與昨日不同的事物**。

人們受不了每天都重複一樣的事情，也受不了一想到「該不會又要重複同樣的事情了吧」，因此，追求著能夠區分今日與昨日不同的事物。若是今天發生什麼「事件」，今天與昨天便是相異的一天。換言之，若是有事件發生，便可以切斷同樣每一天的循環反覆。因此人們期待著事件的發生。但是，這樣的事件卻不是會輕易發生的。也因此人們感到無聊。這是「希望事件發生的心情遭遇挫折」定義下的無聊所代表的意義。

如此一想，應該會注意到一件奇妙之事。無聊之心所謀求的，是能夠區別今日與昨日不同的事件。若是如此，事件只要是能夠區別今日與昨日的事物即可。也就是說，**事件的內容是什麼都無所謂**。不幸的事件也算數，悲慘的事件亦無妨。

俗話說「他人的不幸如蜜糖般甜蜜」。若有人因他人的不幸感到愉快，也不表示這個人的本性有著根本性的扭曲（當然可以說有點扭曲）。這種蜜糖般的甜蜜，其中有著某項結構上的要因。

而且尚不止於此。希望事件發生的心情，他人的不幸自不待言，甚至連發生在自己身上的不幸都在對象之內。因為無聊的人類反正就是想要事件發生。人類甚至會希望不幸發生在自己身上。

從而最終可以產生如下敘述。「一言以蔽之，**無聊的相反不是快樂，而是興奮**。」⑮

感到無聊的時候，人們想著「想要高興快樂起來」。也因此認為無聊的相反乃是快樂。但這是不正確的。無聊的人們所追求的不是令人快樂的事物，而是能夠讓人感到興奮的事物。只要能讓人興致高昂就夠了。因此能夠區分今日與昨日不同的事件的內容，即便是不幸的也無所謂。

人們所追求的並不是快樂

只要能夠讓自己興奮，不論是什麼，無聊的人們都會追求。無聊就是讓人感覺到如此痛苦。也如同尼采所說的，人若是苦於無聊，反而會追求給予人們痛苦的事物。

即便如此，人所追求的不是快樂這一點，是讓人感到驚訝的事實。若認為「快樂」這個詞彙略顯生硬，用「樂趣」或「歡樂」來代換亦可。無聊的人常常會說「哪裡可以找點樂子」。不過，其實他們**所追求的不是樂趣或讓人感到歡樂的事物**。他們所追求的是能夠讓自己感到興奮的事件。

換個說法，也可說**追求快樂或讓自己感到歡快的事物有多麼困難**。要積極地追求快樂其實是有難度的。

但是，人們因無聊之故而追求興奮，因此我們可以這麼說。幸福的人不是已經得到歡愉／快樂之人，而是**能夠追求歡愉**／**快樂**之人。歡快、快樂或暢快，比起以能夠得到這些事物為基礎條件的生活，不如說能夠打從心裡追求這些東西才更為珍貴。

模仿有名的聖經修辭，應可這麼說吧。

能夠追求快樂的人是有福的。因為他們不會追求事件。

那麼，問題不在於要如何才能得到歡愉／快樂。而是要如何**才會成為能夠追求歡愉**／**快樂之人**。

熱情？

羅素的思想對於以「閒暇與無聊的倫理學」為主題的本書的嘗試，是很重要的參考與對照。值得從中學習之處確實非常多。從某個意義上而言，甚至可以說本書的結論已經寫在羅素的著作中。

不過，在強調這一點的基礎之上，在此也要提出針對其研究的疑問。

在《幸福的征途》讀後感中，有些讓人不痛快、無法釋然的地方。要說是什麼，那就是羅素的結論太單純了。

羅素在同書的第二部「帶來幸福的事物」中所達成的結論非常簡單。那就是熱情。所謂的幸福，就是過著有熱情的生活。——這便是羅素的答案。

再進一步詳細說明。根據羅素的說法，幸福分為兩種。⑯其中之一不論是誰都能夠得到，而另一種只有能識字讀書的人才能得到。兩種幸福分別被形容為質樸的／精緻的，動物性的／精神性的，以及感性的／知性的。

羅素針對上述這些特性分別列舉了對照性的例子。首先是不論誰都可以得到的幸福。羅素所介紹的是他個人所知的兩位人物。

一位是身強體壯無法讀寫的挖井漢。他在得到投票權之前連有國會的存在都不知道。但他卻「幸福地像是快要爆炸了」。對他而言，身體健壯有工作便是一種福分，能夠擊破岩石等障礙物順利鑿井就是幸福。並對此感到相當滿足。

另一位則是羅素所雇用的園藝師。他一年到頭都跟在庭院裡搗亂的兔子抗戰。園藝師「說起兔子的口吻彷彿是倫敦警察廳的人提到布爾什維克黨徒一般」。他雖然終日工作但喜悅之泉未曾乾涸。這樣的他的喜悅來源，應該就是「那些死兔崽子」吧（話題又繞到兔子上……）。

也許我們可以說有學識的人，同時也是無法滿足於單純喜悅的人。但根據羅素的說法，受過最高等教育的人，也可以與他們一樣得到相同的幸福。羅素所舉的是科學家的例子。科學的意義是被廣泛認同的，因此科學家憑藉著積極面對並完成自己的研究課題，就能夠得到莫大的幸福。

羅素的結論的問題點

以上是非常極端的事例，而羅素自己也明白這一點。總而言之他想表達的是，若能得到讓自己投注參與的活動，便可以是幸福的。因此這個活動不論是什麼都無妨。工作、興趣，甚至是信仰信奉某種主義或主張。羅素主張可以讓人充滿熱情的活動比比皆是。

繼而，羅素最終所提案的幸福祕訣如下。

> 幸福的祕訣在於此。盡可能地擴展你的興趣範圍。而且對於激發你興趣的人或物，不

是抱持敵意，而是要盡可能地保持親善。⑰

這段話本身當然是非常精采的結論。應該無人能夠反駁吧。本書的結論也許不會跟羅素的結論有太大差異。

但是，總讓人覺得少了點什麼。如果對感到無聊的人說上面這段話，能夠期待發揮多少效果？他們應該會這麼回答吧。——我也想對於引起自己興趣的人或物盡可能地友善相待。但是，實在不知道這樣的人或物到底是什麼？又到底在哪裡？

此外，靠著對這些像無頭蒼蠅一樣亂竄的人，把消遣像飼料誘餌一樣投灑而賴以為生的現代文化產業的問題又該如何處理？在此狀態下，羅素的解決之道有多少參考價值與意義？文化產業，正是預先算計到人們應該會「友善地」回應而準備了這些飼料誘餌。

東洋各國的青年、俄羅斯的青年是幸福的？

不僅如此。羅素的結論有著非常重大的缺陷。我們已經在序章稍微觸碰了一下這個問題，由於非常重要，再一次進行更為詳細的檢視。

根據羅素的主張，若能過著充滿熱情的生活，便是幸福。那麼，由此觀點觀之，現在（一九三〇年代）的歐洲青年很容易陷於不幸之境，羅素如是說。究其原因，因為找不到可以讓自己所具備的優秀才能有所發揮的工作。

在歐洲很多事情都已經是完成式了。接下來需要由青年們勞心勞力才能打造出來的新世界，恐怕已經不存在了。因此，歐洲的青年很容易陷入不幸（尼采也提出了相同看法）。

相對於此，俄羅斯的青年們則大概是全世界最「幸福」的青年了。因為剛經歷過革命的他們，此刻正活在要著手創造新世界這樣的運動之中。

羅素也提及了當時的日本青年們。印度、中國或是日本的青年們雖然因為政治狀況的緣故，其「幸福」受到了妨礙，但並不存在如同歐洲青年們一樣的、內向性的障礙。換言之，只要政治情勢有所改變，就能夠展開創造新世界的運動。他們也就能夠得到幸福了……。⑱

因為認為熱情正是幸福的泉源，會得出這樣的討論也是理所當然的。

但是，這樣真的好嗎？生活在還殘留著應該做、值得做的事情的世界是幸福的，生活在已無值得投身之事的世界是不幸的。這樣的結論是正確的嗎？

如果，是由接下來能不能打造出新世界這樣的外在條件來決定人的幸福與否，那麼歐洲的青年們該如何是好？他們就注定要陷入不幸而不得翻身嗎？

針對當時的俄羅斯或日本青年的討論內容，也存在著很嚴重的問題。把建設新世界這樣的命題加諸在年輕人身上，因此他們會懷抱熱情，這就真的是幸福嗎？讓人懷抱熱情的任務（mission）是**由外部賦予**的，能夠稱其為幸福？**只要有熱情就是好的嗎**？

人類至今為止，為了建構豐饒富足的社會，進行了各式各樣的活動。但是，若按照羅素所言，只會陷入「必須拚命工作的時代，那個時候是最幸福的」這種常套的邏輯中。在變得豐饒富足的今日社會，若要說「努力打拚的時候最幸福」，把人們都丟到不幸之中就解決了，因為這些人「必須拚命工作才行」，所以是「幸福」的。

何出此言？因為我認為這是羅素的答案所招致的、令人不舒服的具體對策。如果，從外部賦予課題，讓人產生熱情便是幸福的話，是什麼都沒關係，只要適當地給予能夠激發熱情的命題，所有問題就都迎刃而解了吧。若年輕人還有剩餘的精力，創造出能夠讓他們奮起的課題，靠這些課題把精力消耗一空就好，會演變成如此。例如，如果社會發展停滯不前，那麼發動戰爭就好。

熱情的陷阱

熱情確實可能與幸福之間有連動關係。但是，羅素由此延展出「有熱情就好」、「只要有熱情就能幸福」這樣的結論。這才是問題所在。

其實，羅素自己應該也注意到這個結論的問題點了。因為他指出，讓人得以傾注熱情的消遣或興趣，大多數的狀況下皆非根本性的幸福來源，而是為了逃避現實的依託。⑲

而且，據羅素所述，所謂真正的熱情，是不追求遺忘的熱情。他注意到了被視為「熱情」的現象，單純只是想要對現實視而不見的、逃避或遺忘的「熱情」的可能性。⑳

若是如此，為何能夠輕易地斷言被賦予「建設新世界」這個課題的俄羅斯青年們是幸福的？又能夠斷定日本的青年們只要政治情勢有所改變，便可以開始著手「建設新世界」所以是幸福的？如此所得到的「幸福」，也許不過單純只是為了逃避或遺忘的熱情？

我們是知道的。因為我們讀了巴斯卡。人類因為無法老實待在房子裡，所以追求能夠讓自已熱中其道的消遣。而且，欲望所針對的對象（狩獵兔子時的兔子）與真正想要的事物是不一樣的。引起欲望的原因（無法安分待在房子裡）與欲望對象是截然不同的事物。

為什麼能夠斷定「建設新世界」此種外在給予的課題，不是巴斯卡所定義的消遣？因為「建設新世界」是非常高尚的課題，所以與兔子便不可同日而語？不，完全一樣。正因為聽來高尚，所以人們便更難承認自己陷入了巴斯卡所稱的消遣構造中。那麼可能所謂的這些課題，是更加麻煩棘手的消遣。

因而，我們必須說，把當時歐洲的青年，對比於當時歐洲或日本青年的此一觀點，是完全不正確的。這等同於直接將生活在富裕日本社會的青年們，拿來與在開發中國家揮汗工作的年輕人做比較，並認定「後者應該比較幸福」。這不僅不正確，也是倫理道德上的問題。因為這種論調會產生出**對於不幸的憧憬**。

不應該憧憬不幸。因此，製造出對於不幸的憧憬的幸福論是錯誤的。在建構「閒暇與無聊的倫理學」時，關於這一點必須嚴正注意。

史文德森《最近比較煩：一個哲學思考》

這次我們再舉出其他哲學家的無聊論吧。在本章開頭提及史文德森的《最近比較煩：一個哲學思考》。

此書是在世界十五個國家出版的話題書。史文德森不希望這本書太專門艱澀，因此是以平易可讀的刊物為目標完成此書。確實他的成書口吻十分輕鬆。但，書中幾乎是如同無聊論的百科全書一般的內容。若是想要關於無聊這個主題的參考文獻表，只要讀這本書就夠了。以參考文獻的數量這一點而論，本書是無法與史文德森的書相匹敵的。

史文德森的立場非常明確。無聊之所以變成人們的煩惱，都是浪漫主義的錯。——這就是他的答案。

浪漫主義指的十八世紀以歐洲為中心所發展出來的思潮。根據史文德森的說法，這個思潮到今天都還影響規範著我們的內心。浪漫主義者一般而言追求的是「人生的充實」。但是，這個名詞所指為何沒有人搞得清楚，因而感到無聊。這就是史文德森的答案。㉑

所謂追求人生的充實，指的是找尋人生的意義。根據史文德森的說法，在前近代社會中，一般來說人生存在著集團性的意義，而且這個體系運作得十分順暢。個人的人生意義已經先由集團預先準備好，並將這個意義落實賦予到個體上。

舉例來說，在進入近代社會之前，在生命共同體中被認同為一個成熟個體具有非常重大的價值。共同體會準備好承認某個年輕人為成熟個體的儀式或訓練（成人儀式等）。個人只要通過這些考驗變會發現自己生命的價值。

又或是，上帝未死之前，或認為是宗教信仰還保有重要價值與意義的時代亦可。在這樣的時代，人的生死皆由宗教賦予其意義。

但近代以降，這些意義體系盡皆崩壞。生存的意義不再是由共同體單向給予如此一元，搖身一變成為可以藉由各式各樣不同方式加以探究的價值觀。換言之，生存的意義由共同體定義，轉變為具有個人性色彩。㉒

因此產生了浪漫主義。浪漫主義者認為生存的意義應該由每個人親手獲得。話雖如此，生存的意義不是能夠如此輕易獲得的。因此，身為浪漫主義者的我們這些現代人，才會苦於無聊。㉓

討厭跟大家一樣！

在十八世紀的啟蒙主義時代，對於人類是理性的平等存在、必須被平等對待等議題被熱烈討論。而浪漫主義則是針對啟蒙主義的反動，更有甚者，還楬櫫著人類生而不平等這種論調的大旗。每個人都有與他人不同之處，不該以理性這個詞彙一視同仁。換言之，比起普遍性與均質性，浪漫主義更加重視個性與異質性。與他人不同，與他人不一樣。這是信奉浪漫主義的人所追求的。用現代風格會這樣說吧——「討厭跟大家一樣！」、「我不想跟別人一樣！」、「我要做自己！」

在浪漫主義出現以前的世界，經濟的不平等、因身分貴賤高低而產生的不平等覆蓋了整體社會。因此平等的實現乃是至高無上的社會命題。但是平等狀態多多少少達成之後，又再次展開對不平等的追尋。

所謂「想要與他人不同」，也許是人人一直都抱持的心情，但這是非常啟人疑竇的。根據史文德森的說法，這種心情源自於浪漫主義。而「我們現代人是用浪漫主義者的方式在思考」。㉔

那麼，我們也可以大致猜想得出，如此認為的史文德森所處方的無聊解決方案會是什麼。我們得了一種名為浪漫主義的病，死命地探尋根本不存在的生存意義或生命充實，為此被深沉的無聊所襲擊。㉕**為此必須捨棄浪漫主義**。根據他的說法，這是要逃離無聊的唯一方法。「與無聊對抗唯一確定的方法，大概就只有與浪漫主義徹底訣別，放棄於『存在』中找到個人意義這一點了」。㉖

史文德森結論的問題點

若說羅素的解決之道——注意擴展自己的關心領域，找到能讓自己產生熱情的對象——是積極的解決策略，那麼史文德森所提出，捨棄成為無聊原因的、帶著浪漫主色特質的情緒的方案，便是消極的解決策略了。而且，**消極的**解決之道，往往都不是真正的解決方案。

無聊得要命明明是個問題，這些內容偏偏像是口出惡言，重複指責都是無聊的人的不是。若說那言過其實，但這些解決方案大概不論對誰都是徒增困擾迷惑。該如何才能捨棄浪漫主義？明明連浪漫主義以何種形式、存在於自己內心何處都不知道？

退一步說，具有浪漫主義心性的人類，真的能夠捨棄它嗎？如同史文德森所說，這難道不只是單純的「放棄」嗎？換言之，難道這不就只代表了「你就滿足於自己目前立足之地」、「不要奢望」這樣的訊息嗎？使用了多不勝數的專有名詞的、博學的史文德森的書寫風格，只是為了要隱藏其結論的單純性所做的掉書袋學究包裝罷了，我甚至這麼想。

除此之外，無聊與浪漫主義的關聯性這個主題本身雖然非常有趣，但史文德森的論述讓人感覺將無聊的問題過度收斂在這一點上了。浪漫主義的無聊不過只是無聊的一種形式。雖然現代人中也有人為此煩惱，但不僅是如此。要說巴斯卡所處理的無聊問題能否以浪漫主義說明得滴水不漏，那是幾乎不可能的。史文德森的著作中雖然有很多值得參考的論點，但我實在無法支持其將無聊還原為浪漫主義的觀點，也完全無法接受其解決方案。

※

以上的內容，是以巴斯卡關於消遣的議論為出發點，針對閒暇與無聊的原理考察的嘗試。這些考察在之後閱讀本書的過程中，應該會多次被拿出來對照使用。

此外也列舉出兩個值得關注的無聊論，檢驗其各自的分析與解決方策，並指出其相對應的問題點。羅素與史文德森各自提出了消極與積極的答案。兩者都有值得注意之處，但兩者也都有令人無法信服接納的地方。

一邊充分活用這些考察與資訊，接下來，便要開始尋求「閒暇與無聊的倫理學」。

第二章

閒暇與無聊的系譜學

人類是從什麼時候開始無聊的？

至目前為止的討論，我想應該可以讓各位讀者理解到，無聊是人類難以與其切割的現象。沒有不會感到無聊的人，所謂的生活／生存便是一種與無聊的戰鬥，甚至會給人這種印象。《聖經》用原罪故事來說明人類的宿命。人們藉此得到為何自己的生命充滿了苦惱的解釋，因而可以釋懷。人類因為曾經犯下了罪，因此必須揮汗奮力工作，而女人更必須歷經痛苦產子的過程。

在所謂的宿命之中，列入「人類一定會感到無聊」這個項目亦無不可吧。汝自此必須耐受無聊。甚至感覺神如此下了命令。

那麼，不論是神命也好，不是神命也罷，人類到底是從什麼時候開始會感到無聊的？確實人類難以與無聊切割分手。但是，現在當然無聊是存在的，這個現象是從什麼時間點開始的呢？

無聊是在何時、又是如何發生的？無聊的起源在哪裡？本章將挑戰面對這些異想天開的問題。

藉由歷史學無法找出這些問題的答案。舉例來說，就算能夠在古代遺跡得到有誰當時很無聊的證據，當然也無法藉此斷定無聊的起源。因為在更早之前人們可能就已經會感到無聊了。

本章將採取所謂「系譜學」的分析方式。歷史學追本溯源的對象是時間，而系譜學追本溯源的對象則是理論。換言之，思考方式不是「哪一年誰做了什麼」，而是剖析我們手邊的現象，並找到其起源。

話是這麼說，但這個方法的本身不是重點所在。事不宜遲，開始進入正題吧。

無聊與歷史的尺度

在思考無聊的起源之際，有一點必須留意。一般而言，「無聊」在人類歷史中是相對晚近才被提及處理的現象，這是事實。再稍進一步說，無聊經常與「近代」連結在一起。確實在近代社會中，無聊這個主題被投以前所未有的強烈關注。傳統的生命／價值共同體瓦解、個人自由受到肯定與認同，以及各式各樣的過剩物品（商品）與資訊氾濫的近代，於此無聊是沉重煩惱的種子。

但是，這裡也有陷阱。若我們從近代開始思考無聊這個問題，便會從社會這一端來尋找為何會感到無聊的理由。當然無聊與社會絕非毫無關係。但是，若從社會這一方的觀點來說明無聊的話，就無法叩問人類的人性與無聊之間的關聯。

因此仍有需要進行微觀分析。為此，以百年為單位來思考的歷史尺度是行不通的，需要更宏觀、以千年、萬年為單位來思考才行。這樣的考察可能與其說是歷史，不如說是人類史來得更貼切。

以人類史的觀點來思考無聊這個主題時，有一個希望做為參考的、考古學・人類學上的假說。那便是西田正規所提出的「定住革命」❶。①

人類與遊牧生活

猴子或類人猿與其他的動物相同，會形成不太大的群體，在一定的地理範圍內移動並生活。不管是多麼舒適方便的地方，長久定居的話整體環境會變得惡劣。食物減少、環境被累積的排泄物汙染。但若是頻繁地移動，就能夠防止環境遭到過度汙染，因使用而被汙染的環境經過一段時間，便能夠恢復到原本的狀態。經過一段時間之後，再遷徙回這個地方便可維持環境平衡。

如此在移動遷徙過程中生存的生活方式稱為遊牧生活。遊牧生活對於具有高度發達的移動能力的動物而言，是為了生存的基本戰略。

而人類也承繼了這種遊牧生活的傳統。人類歷經了漫長遊牧生活，非定居在單一固定地點，也不會形成大型社會，數百萬年間持續著人口密度低、也不會過度破壞與汙染環境的生活。

但這種生活模式在某個時間點產生了劇烈變化，人類開始了持續定居在單一固定地點的生活，這約莫是發生在一萬年前的事。有考古證據支持人類約在一萬年前，開始了在中緯度區域的定居式生活。

一萬年也許聽來不可思議地長。但是，假設二十年可以差異一個世代（換言之，假設平均而言親子的年齡差距為二十歲），一萬年也不過是五百個世代之前的事。往前追溯五百代祖先就能夠回到一萬年前。

目前認為演化至雙足站立行走的初期人類，至遲在四百萬年前便已經出現。若是如此在人類的歷史中，一萬年又有多長呢？四百萬年中的一萬年，相當於四公尺中的一公分。換言之，由人類史的觀點觀之，必須說人類放棄遊牧生活，開始定居式生活是非常近期的事情。

就日本列島而言，在繩文時代之前的後石器時代，當時的列島居民通常是以距離山腳地帶、河川．湖泊沿岸的十公里至二十公里的範圍區域，過著遊牧式的生活。②以瀨戶內製法所製作的石器，被發現出現在從近畿．瀨戶內地方到遠至新潟縣或山形縣的地理區域，以能夠確定產地的黑曜石所製作的石器，被發現出現在距離產地兩三百公里以上的遺跡中，由此我們得知當時的人們的遊牧生活是相當長距離的移動。③繩文時代約開始於一萬年前，在日本列島上約莫一萬年以前人們仍然以遊牧方式度日。

---

❶ 即定居革命，因為專有名詞故保留日文詞「定住」。

針對遊牧生活的偏見

關於遊牧生活一般會有這種想法吧？以遊牧方式度日的人，即便想要過定居生活也無法做到。人類雖然本來應該是定居型動物，但為了要定居需要各式各樣的經濟基礎。因此，在這些經濟基盤尚未穩固建立，發展過程遲緩的人類才不得不以非定居的方式過著遊牧生活。

無法停留在單一固定地點云云……。經常必須移動到其他的地方云云……。若是已經習慣於居住行為的定居生活者，會這麼想是理所當然的，而會認為遊牧生活者是即便想要定居也辦不到也是很自然的。

但是，遊牧生活者，若是辦得到的話真的會想要過著定居式生活嗎？提到定居式生活所需的經濟基礎時，第一個浮現的應該是諸如農業等食物生產技術吧。那麼，遊牧生活者是因為不具備耕田等需要花長時間取得食物的技術，因而不得不過著遊牧生活嗎？

在此希望各位讀者暫停並想想。人類在漫長的遊牧生活傳統中演化為智人（homo sapiens）。認為這樣的人類一直持續希望「有一天要能夠實現定居式生活！」不是很不合理嗎？認為這樣的人類忍受著不適不便的生活數百萬年不是很不合理嗎？不如說這樣的思考方式才是對的吧。人類的身體／心理／社會能力與行為模式，其實更適合過著遊牧生活。因此才會在數百萬年間，持續過著遊牧生活。

至今的人類史觀　遊牧生活 → 食物生產開始 → 定居生活開始

被強迫的定居式生活

現在，大半的人類都過著定居式生活。④因此我們以可稱之為**定住中心主義**（定居本位主義）的觀點來俯瞰人類史，並對遊牧生活進行價值判斷，並認為居住行為才是人類原本的生活模式。

如此一來，人類大部分的歷史，都將被視為即便想要定居也做不到的歷史。而人類史，也會在**如何讓定居式生活變得可能**的觀點下被檢視。

但是，只要定居條件成立了，人類就會立刻採行定居生活模式嗎？舉例而言，我們定居者要開始遊牧生活是極為困難的。因為我們已經有了一萬年的定居生活歷史，而開始習慣依賴這樣的生活方式。這個過程也可稱之為定居化。雖然定居生活的先決條件成立了，別說是一萬年，能夠放棄持續了數百萬年的遊牧生活，而輕易地轉為定居化嗎？

明明已經有既存穩定的生活模式，自主積極地放棄它、轉而追求新生活模式這種事情是很難想像的。因為放棄已經習慣依賴的生活方式，是一件非常辛苦而吃力的事情。因此我們可以如是想。人類不是雖希望過著定居式生活，但因經濟狀況／條件的限制而無法如願；而是因為要維持遊牧生活變得難以為繼，**不得已才轉為定居化的**。

定居與食物生產

在至今為止的人類史中，食物生產的開始這件事情被過度強調了。但因其造成定居生活開始的影響卻沒有被充分檢視。

食物生產並不是定居生活的必要條件。實際上，北美洲西北岸的各民族與日本的愛奴族雖然過著定居式生活，但並不是農耕民族。他們沒有進行食物生產，主要是藉由漁業活動來維持定居生活。

在重視食物生產的人類史觀看法中，只能夠單純地將這些民族的生活模式視為例外。這實在非常不可思議。究其原因，日本的繩文文化，是由不具備食物生產技術的定居生活者所孕育形成的文化這一點，是日本中學教科書上皆有記載的（稻米耕作的開始時期雖然眾說紛紜，但不論是何派看法，定居生活始於稻米耕作開始之前是毫無疑問的）。⑤

換言之是這麼一回事。**食物生產是定居生活的結果而非原因**。並不是發展出農業技術後開始定居生活，而是定居下來之後才發展出農業技術。「遊牧生活者因為無法生產食物，所以即便想定居也辦不到」此種看法是受到定居本位主義所綁架，而食物生產是定居生活的前提此一看法，僅須重新思考大家所熟知的事實（例如繩文時代的人雖是定居生活者，但並未進行食物生產此種經濟活動）便會立刻瓦解，是非常脆弱的偏見。

定住革命的
人類史觀

遊牧生活 → 定居生活開始 → 食物生產開始

遊牧生活與食物

遊牧生活者靠採集自然界產物來確保食物。因為資源有其上限，若停留在某一特定地點，必然會碰到食物不足的狀況。此時便會遷徙移動其生活場域。

雖然經常有此種誤解，但遊牧民族並非整天揹著重重的行李，餐風露宿地持續遊走，而遷徙與移動也不是每天都會發生。根據目前關於遊牧民族的研究，這些遷徙移動約在數百公尺之譜（當然也有移動距離更長的遷徙），因此也無法以生活群體中有小孩與孕婦，來佐證說明遊牧生活的困難。

若是過著遊牧生活，不會苦於食物匱乏，不如說過著定居生活，才會有食糧匱乏的問題。因為人類很快就會汙染自身周邊的環境並耗盡資源。定居生活者因而必須採取某些手段來確保食物，其中重要的便是貯藏。若貯藏技術進步發達，在沒有食物的時期也能度過飢餓的難關。但是，依據地點不同貯藏技術能保存的資源數量也有其上限。而這正是促成食物生產的原因。

希望各位讀者試著更為具體地思考這件事。長久以來一直以遷徙為生存手段的人們，在到放棄自己所習慣依賴的生活模式以前，會特別去進行將受到天候等自然條件嚴重左右的食物生產實驗嗎？培育作物直到可以收穫之前要花費非常長久的時間，而且因為需要非常細緻複雜的技術，要在短期內一下子發展出這樣的技術系統是不可能的。因此，認為是發生了某些變動，讓人類不得不放棄習慣依賴的遊牧生活，而被迫改採定居生活型態，並且勞心勞力地去建立學習食物生產此種技術的想法，才更妥切吧？

若由定居本位主義的觀點出發，我們甚至無法想像出這些只要具體思考一下便會明白的事情。

為何是一萬年前、中緯度地區？

為什麼一萬年前在中緯度地區人類開始定居式生活？

考古學的研究發現，在這個時期，步調一致地在歐洲、西亞、日本等歐亞大陸的各地都出現了定居型聚落。據西田所言，其背景是從冰河期持續至後冰期的氣候變動，以及隨之而來的動植物環境的變化。

而人類離開原本居住的熱帶環境而遷徙至中緯度地帶的時間點，一般認為是在距今五十萬年前。中緯度地帶當時仍非常寒冷，因此是廣大的草原與疏林區域。如此開闊的區域在視線上毫無遮蔽，推斷當時狩獵技術日益精進的人類，主要以標槍狩獵馬、牛、馴鹿、毛犀、長毛象與洞熊等有蹄類動物來過活。

但是，約一萬年前冰河期告終，地球進入暖化時期，中緯度地帶的植披樣態逐漸森林化，這種生活策略被迫大幅改變。若溫帶森林面積持續擴大，至今狩獵並賴以為生的有蹄類動物數量將減少。此外，在森林之中要在數百公尺之外，連要發現獵物都非常困難。而居住在森林之中的走獸動物是馬鹿或山豬等，比起冰河期的大型動物都屬小型走獸，過去是有效武器的標槍便派不上用場了。而且就算獵捕到這些獵物，可食用的獸肉量也減少了。「中緯度地區的溫帶森林環境面積的擴張，對於舊石器時代以獵捕大型走獸為重心的生活型態，毫無疑問是一重大打擊。」⑥

狩獵若變得困難，便只有加深對植物性食材或魚類的依賴。不過，在溫帶森林環境與熱帶森林不同，植物性食材的可能採集量會因季節而有極大變化。此外，即便要依賴魚類資源，冬季在水域活動也非常困難。因而在這個區域，為了要持續生存下去，貯藏食物便成為必要條件。而**貯藏會妨礙遷徙移動**。為貯藏的必要性所迫的人類，因而不得不改採定居生活模式，是我們能夠想像得到的。

最近一萬年間所產生的重大變化

關於定居化的原因，有必要進行更加詳細的討論。此外，關於定居化的過程，與漁業工具的出現並行，以及定居化發生在水域（湖泊、河川等）周邊等，其他尚有許多令人感興趣的現象。

為了不要離題太遠，在此確認以下重點後便就此打住。人類發展過程中幾乎所有的時間都是以遊牧生活方式維持生存。但是，因氣候變化等原因，放棄了長久以來習慣依賴的遊牧生活，被迫改採定居式生活。現在我們生活在將此定居模式視為全然尋常風景的時代。

定居化的過程讓人類無可迴避地必須面對全新課題。因為人類不論是身體的／心理的／社會性能力或行為模式，都是配合遊牧生活型態演化而來。如此一來，必須認定定居化是會讓這些能力與行為模式需要全盤重組與調整的、**革命性的變動**。

其證據在於，自定居化開始的一萬年之間，**發生了無數在此之前的數百萬年間，程度皆無法與其相提並論的重大變化與變遷**。農耕與畜牧的出現、人口急速增加、國家或文明的產生，以及由工業革命到資訊革命。這些事情都發生在極短的歷史跨度內。這也正是西田將定居化視為人類史上的革命性變化，並提倡「定住革命」此一學說理論的唯一理由。

那麼，此革命的內容具體而言為何？人類為什麼變化所迫？此外又必須克服怎樣的課題？接下來我們就來看看此一革命所帶來的重大變化。

打掃革命／垃圾革命

過日子就會產生垃圾，活著就會產生排泄物。因而定居生活者必須定期清掃、倒垃圾與設置廁所來避免環境汙染。我們認為做這些事情都是理所當然的，不管是一定要打掃、把垃圾丟到垃圾場，或是在廁所解決大小便的問題。

但是，若站在定住革命的觀點觀之，這些絲毫不是理所當然的。遊牧生活者幾乎不需要注意垃圾或排泄物的去向。理由很簡單。因為靠著駐紮地的遷徙轉移，他們能夠恢復還原所有類型的環境汙染。遊牧生活者是被允許隨地丟垃圾的。

如此一來應該能夠這麼假設。對過了數百萬年遊牧生活的人類而言，要學習打掃、設置垃圾場、在事先決定好的固定地點排泄等行為，實在不是一件易事吧？

首先試著思考垃圾問題。現在許多文明國家苦於垃圾問題，並致力於教育市民垃圾分類的各項規則。但進展不是非常順利。

從某個意義上來說這是當然的。所謂的垃圾，就是要把它們拋到意識之外的東西。也就是再也不用考慮它們的東西，這才叫垃圾。所謂的垃圾分類，唯一的解釋是要把這些被丟到意識之外的東西，**再次加以意識化**。必須再次思考曾經一度被拋在腦後的東西，是非常困難的。過著遊牧生活的時候，無須直接面對這樣的課題。因為吃完了把食物殘渣隨手丟棄就可以了。

開始定居生活的人們，被強迫要建立新的習慣。不得不打造定期進行清掃活動、把垃圾丟到垃圾場等新習慣。例如像考古遺跡中的貝塚一樣決定垃圾場的位置，努力建立把垃圾丟到定點的習慣。

重要的是，**當時的困難在今日仍未解決**。垃圾分類的進展不順利，有些人不擅長打掃，就是此種困難的證據。

廁所革命

接下來思考廁所的問題。有養育子女經驗的人都知道，在教養的過程中，最困難的就是教孩子如廁這件事。

希望各位讀者好好想想。即便是包著尿布的幼兒，也能夠站、跑，說話跟笑。還能夠常常利用察言觀色這種高度的技術讓大人們對自己言聽計從。作為一種生物，他們有著非常高度的行動力。

即使如此，他們卻不知道如何使用廁所。這是在周圍的堅持努力下，才能夠好不容易養成的習慣。

目前，已布尿布轉為使用紙尿布，有人指出這是幼兒們戒尿布的時間變晚的原因（過去幾乎都是在兩歲以前就戒尿布，現在過了三、四歲都還離不開尿布的狀況也不稀奇）。這種現象只有一個解釋，那就是**在決定好的地點排泄的習慣**，對人類是一點也不自然的。因此學習建立起這個習慣的過程才會如此困難。

有為數眾多的人類文明是不設置特定便所的（凡爾賽宮中沒有廁所這件事非常有名）。原本就沒有比要忍耐壓抑自己的排泄行為更令人難受。

透過進行關於打掃、垃圾與廁所的考察，我們理解了定住革命的困難與障礙。人類累積了非常多的艱苦辛勞後，才建立起與垃圾和排泄相關的生活習慣。

而且不僅如此。由此可知的是，定住革命並不是**過去人類僅會體驗一次的革命過程**。確實人類在某個特定的時間點完成了定住革命。但是，過著定居生活的每個人在**其人生中，也必須完成定住革命才行**。少說也有兩項，也就是學習如廁，以及進行打掃和把垃圾丟到垃圾場。過著定居生活的我們要付出心力來完成此一革命（當然也有沒完成的人，不過這一點也不奇怪）。

定住革命是人類發展史上里程碑的同時，也是定居者在**其人生中必須反覆進行的革命**。定住革命眼下在這裡（廁所或垃圾場）也仍是進行式。

與死者的新關係

遊牧者要帶著屍體移動是不可能的，因此會將屍體就此放置。

但是，定居者便無法這麼做。必須設計特別的處理方式，並且事先建立可以放置屍體的場所地點。這便是墓地。實際上，在考古學的研究領域中，將墓地與垃圾場並列，將其視為象徵定居生活開始的重要指標。⑦

此處是生者之地，彼處是死者之境。定居生活追求的是生者與死者的分流共存。

如此一來，對於死者的意識也會產生變化。在那個地方有那個人的身體。但是，那個人已經不知道消失在何處……。

屍體近在咫尺，不僅是對死者的懷念，也會讓人對於死的想法更加強烈。這便會連結到靈魂或者靈界觀念的產生。這也是宗教的感情要素之一。

社會性緊張的消除

在定居社會中，即便在社群之中產生了不和狀態或不滿情緒，當事者也無法簡單地脫離社群。為此不和或不滿累積的可能性很高。

想想學校班級的事情應該就很容易理解。即便發生吵架或關係不睦等不和狀況，學生們還是必須每天上同樣的課、坐在同樣的位子才行。但是請各位讀者想像一下。如果，每天都可以自由決定自己要坐在哪個位子？經常改變自己念書學習的場所？至少，不和的狀態，不會如同所有事情都必須固定沒有彈性的狀態一樣持續堆積。新環境能使人恢復精神，同時也經常有「過去種種付諸東流」的效果。

定居社會無法這麼做。因而，必須發展出各式各樣的手段來避免不和演變為更加激烈的爭端。「可以這麼做」「不可以這麼做」等決定各項權利或義務的規定也隨之發達。

爭端發生的時候進行調停，在仲裁場合所決定的內容必須具備當事者能夠接受信服的拘束力，也就是說必須培養出某種權威體系。法律體系由此而生。

順帶補充一提，遊牧狩獵者一般而言，食物會在群體之間平等分配，生活工具等則會相互借用。這可以認為是專屬於遊牧民族，為了避免不和的智慧與技術。令人驚訝的是，遊牧民族具有避免過度讚賞群體中個體的習性。例如在南非布希曼族❷的社會中，捕捉到大獵物的獵人，會低著頭靜靜地回到營地，悄悄地把獵物放在大家可以看到的地方。避免因為過度讚賞，而形成了權威的存在。

社會不平等的發生

遊牧生活無法攜帶搬運大量的財產。不，遊牧生活原本便無保有大量財產的必要。因為食物可以從所處之地周圍採集，生活所需工具等可以在群體中相互借用。

如同先前所述，定居社會的成立是以食物貯藏為前提，隨之而產生私有財產的想法。此外，既有貯藏，當然會產生貯藏量的差異。由此則產生了經濟力的差距。而經濟力的差距最終將導致權力上下關係，因為變得可以運用自己的財富來利用人力資源（雇用）。具有財力者會在其定居群體中成為有權者。

❷ Bushman，亦為南非電影《上帝也瘋狂》中男主角之部族。

毫無疑問地，如此一來便會發生竊盜等犯罪行為，因為貧者會企圖搶奪富者的財產資源。法律體系的必要性又更增一層。法律秩序固然是文明規範的其中一種，我們可以理解到法律體系與定居此一現象之間，有著強烈的正相關連結。

迴避無聊的必要

那麼，至此的章節內容雖然列舉了一部分定住化為人類帶來的改變，但對本書最重要的是以下這一點。由於定居，人類**被迫必須變得要迴避無聊**。這是怎麼一回事呢？

在遊牧生活中，每次移動之後都必須適應新環境。新的駐紮地能夠磨練人的五感能力使其變得更敏銳，並探索周圍環境。哪裡能夠採集捕獲食物？水源在哪裡？有沒有危險的獸類在附近？柴薪可以在哪裡取得？哪裡是最佳渡河地點？睡覺休息的地方該安頓在哪裡？

在這樣努力適應新環境的過程中，「人類所具有的探索能力將被高度活性化，能夠充分發揮功能。受新鮮感刺激所收集到的資訊，應該足以讓巨大大腦的無數神經細胞產生劇烈的運動」。⑧

但是，定居者所見一成不變的風景，逐漸失去了刺激感官的能力。人類失去了發揮其優秀探索能力的外在環境。因此定居者必須謀求能夠讓自己無處可去的探索能力得以集中、給予大腦適度負荷的其他環境與狀態。

從這個角度思考，定居下來以後的人類何以發展出如此高度的工藝技術、政治經濟機制、宗教體系或藝術等的理由，也就讓人心領神會了。人類用自己的手創造出能夠吸納自己多餘心理能力的裝置或環境。

以繩文人為例，繩文土器被施以許多繁複的裝飾。若單單是為了生存，土器只要被當成土器來使用就行了，不需要這些裝飾。還有其他許多繩文時代的定居者所遺留下來的，各式各樣非為維持生計所需的物品。例如飾品、土偶、土版、石棒❸，與上了漆的土器或木器。「這與遺留下許多石器或石屑、有燒熱痕跡的石頭等維持生活所需實用品的舊石器時代遺跡相比，是極端的對照組」。⑨

定居者不會在物理空間中遷徙。因此將自己的心理空間擴大化、複雜化，透過在其間的「移動」，適度地讓自己的能力有發揮的舞台。因而能夠產生如下的論述「準備迴避無聊所需的環境與狀態，是**維持定居生活的重要條件**；除此之外，它同時也是之後帶來人類史異質多元發展的**原動力**」。⑩意即所謂「文明」的產生。

---

❸ 特指繩文時代，棒狀的一端或兩端製成圓狀的磨製石器。石器外型可能源自於對男性生殖器的模仿，並用於儀式或祭祀中。

人類的大腦具有其他動物所無法比擬的、高度資訊處理能力。遊牧生活要求人們面對並解決許多問題，其結果，人類的資訊處理能力得以充分發揮。人類在遊牧生活中，能夠激發能力，大顯身手。

當然，也不是所有的遊牧生活者都能一直處於這種狀態。由於遊牧生活者並不是每天都在轉移紮營地，當然也會碰上自己「優秀探索能力」派不上用場的日子。

只是，此時他們還能夠移動。即便因為營地的關係而無法立刻遷徙，他們必定會碰上讓自己的能力可以充分發揮的機會。

在新環境中生活會帶來非常沉重的負擔。只要想像剛搬家後的辛勞就行了。在哪裡可以買哪些東西？走什麼路徑通勤、通學才好？住家周邊環境有些什麼、潛藏著怎麼樣危險？與鄰居要維持如何的關係？有無限的問題／課題等著被解決。

遊牧生活的狀況也是如此。在新環境中，為了生存，與生活相關的資訊或資源必須盡快到手。而且這種狀態是家常便飯。西田雖然沒有指出這一點，但必然存在著時間上的制約。要取得資訊或資源，應該都必須在有日照的白天才行。如若不然，日落又將重新啟動時間。遷徙之後、或是新的營地決定後，在有限的時間內，又需要解決堆積如山的課題。

這些辛勞，雖正可說是遊牧生活的困難，但若轉為由遊牧民族的角度來看待定居式生活，這個理論將被一百八十度大逆轉。也就是說，遊牧式生活帶來的負擔，對於人類具有的潛在能力而言，其實是正面的因子。

充分發揮自己的身體／心理能力能夠帶來強烈的充實感，這一點是不難想像的。而定居式生活限縮了這些發揮能力的環境與狀況。每天、每年都持續著同樣的事情，眼前是一成不變的風景。如此一來，在曾經的遊牧生活中可以充分發揮的人類能力便無用武之地了。明明應該還能夠成就更多的事情，但卻無事可做，無法充分發揮自己的能力。這完全符合無聊的定義。⑪

此種要消除無聊的必要需求，對於人類而言成為**恆常的**課題。當然並非遊牧民族便不知無聊之苦。但是，定居此種生活型態使得無聊成為人類每一個人在自己的人生中，都必須直接面對的對手。

一萬年來的課題──「閒暇與無聊的倫理學」

先前，以垃圾與廁所的事例為基準，說明了定居者必須靠個人力量完成定住革命。同樣的敘述應該也可適用在無聊上吧。定住革命賦予了迴避無聊這個需求必要性。而定居者也必須用自己的雙手，完成實為迴避無聊的定住革命。如同養成在廁所如廁、把垃圾丟到垃圾場的習慣一般。

想當然爾，如同與廁所和垃圾有所連結的定住革命相當困難一樣，與無聊相關的定住革命也非易事。有人無法完成此種定住革命，一點都不令人感到意外。

而相對於垃圾有垃圾場、排泄物有廁所這樣固定的解決對策，無聊沒有決定性的解決之道。換言之，本書所處理的主題「閒暇與無聊的倫理學」，是要回答一萬年以來人類所抱持課題的大膽嘗試。

如此想來，所謂的定居，也許正是潘朵拉的盒子。由此產生了難以盡數的無窮災厄。

巴斯卡是這麼說的，「人類的不幸其源則一，就是從沒辦法靜靜待在房子裡休息開始的」。這說的完全就是定居下來以後人類的不幸。但巴斯卡呀，人類沒辦法靜靜待在房子理休息是理所當然的呀！

強調信仰的必要性的巴斯卡無法令人信服。此外，理所當然地，也不可能做遊牧生活時代復活的白日夢。在潘朵拉的盒子中，最後留下的聽說是「希望」。本書可說就是在探求這樣的「希望」。

＊遊牧生活者與定居生活者相關注解

先前所介紹之岡村道雄所著《繩文生活誌》中，為了順利向讀者描繪出當時的生活場景，插入了作者岡村所虛構出來的故事（為了與書中其他部分區別，用了不同字體）。

與該書是純粹的學術書籍不同，可以被視為一流讀物的這個故事非常引人入勝，而且還不僅於此。岡村所討論的主題雖然不是定住革命，但他所想像出來的史前時代人類的生活故事，非常精采地與定住革命說、尤其是無聊的定住革命的解釋一致。

進一步具體說明，其實內容非常單純，在岡村所描繪的故事中，遊牧時代的人們委實疲於奔命地工作；相較於此，定居時代的人根本是悠閒地優雅度日。

首先，來看看約兩萬三千年前，生活在現今宮城縣仙台市富澤周邊的兩位壯年男性與一位青年的故事吧（無須贅言，這是岡村想像出來的故事）。他們過著遊牧生活，並稍微離開自己的營地外出執行任務。

「長期慣用的刀型石器，終於斷成四截了。只能丟掉了。男人待在村莊『短期生活據點』時一直都使用這個石器，是非常重要的工具。這是在出發到山形❹盆地的寒江河川❺時所製作的石器之一。（中略）初春時分會往山的方向移動的日本鹿群的動線，今天終於確認了。收集到這個資訊，明天暫且先回去有家人在等待的村莊。只不過，在回家的路上也會需要這個石器，得快快做好替代品才行。昨天，在流經往南走約三十分鐘的地方的名取川所撿到的黑色頁岩，把它從皮袋中取出。（中略）此地周邊，西側是連續的丘陵地形，可以望見遠處的奧羽山脈，尚覆蓋著厚厚白雪。丘陵腳

❹日本地名。
❺流經山形縣西村山郡與寒河江市的河流，最上川水系。

下，形成了數個扇狀地區，往東平緩延展而去。小小的河川分成無數支流蛇行，有被扇形地包夾的低濕地，其間到處散落著沼澤地。但是，大致是平坦的土地，大多是草原，散落著一點點的針葉林，是視野非常開闊的地形。／數天前開始三個人就以此地為中心，在觀察監視鹿群的出沒狀況，並找尋是否有可以做為食物或資材的各項資源。（中略）三名男子從西側連綿的丘陵腳下出發，開始往男人們所屬群體的村落走去。（中略）在三個男人們的村子裡，妻子與孩子們正焦急地等待男人回去。男人們就算回到家人身邊，也沒有時間可以好好休息。為了迎擊已經開始移動的日本鹿群，必須打造標槍前端的尖刀型石器，還有適合把獸類獵物解體的銳利刀型石器或雕刻刀型石器才行（三九－四四頁）。

接下來，約一萬兩年前，有獅子（兄）與猴子（弟）兩個家族。他們上有老母，以及各自的妻子與兩個孩子；分別以夏冬兩個季節為中心，過著每年兩次的「鐘擺型半定居式生活」的聚落的故事。與先前的遊牧人生活相比，希望各位讀者看看作者如何描述。

「夏天的時候，在丘陵上會有風吹來，相當涼爽。往下看過去，丘陵之下有寬廣的沖積平原，在遙遠的西北方，則可以望見連續到東中國海的沙岸與沙丘。／獅子今年邀約猴子家庭，是第二次在此栫之原❻度過夏天。日落之際可以眺望西邊的天空被夕陽染紅的景色，享受許久沒有過的悠閒時光。／「此時，好像稍微變得暖和起來了。跟自己出生的時候相比，沙岸的海岸線又更深入內陸不少。這麼說起來，也感覺這一帶的植物景觀中，闊葉樹又增加了。（中略）春天採集山菜和捕鯽魚等河中的小型魚類，到了夏天也經常出海捕捉魚貝類，秋天則採集錐栗或橡樹的果實，尤其最近木生果實的收穫量增加，都到了人手快要不足的地步。用土窯燻製保存的食材如魚類、鹿或山豬的肉一起，貯藏起來準備過冬。妻子薊（azami）把獅子今天捕到的魚，用石頭所組成的爐具加以燒烤。是運來這一帶有很多溶結凝灰岩的板石，再組合成如同船底形狀的爐具。一直到最近為止，沒有在單一地點居住數個月這種狀況，因此不會特別去搬運沉重的石頭來造爐，而是用柴火來加熱食物並取暖。（中略）吃完飯後周圍天色也暗了下來，有許多螢火蟲交織飛舞，天空中則有數不盡的星星，彷彿在觸手可及之處閃耀著光輝。今天又平安度過了一天，要感謝家族中的每一個人。每個人都暫時沉浸在各自的思緒之中，但沒多久，便進入有著細細柱子，用茅草搭出簡單屋頂的小屋中，早早進入夢鄉了」（六四—六七頁）。

為了生存下去而必須不斷解決問題的遊牧生活。與其說是辛苦的生活，不如說從語言的正確意義而言，是**充實的**生活才對。在這種生活型態下，生存與個體本身的活動緊密組合在一起；相對於此，在定居式的生活中，人們將變得**有餘裕（有閒）**。眺

❻ 位於鹿兒島縣南薩摩市加世田的聚落遺跡，位在面對東中國海的獨立丘陵地。

望夕陽、陷入沉思，在料理烹煮方法上下工夫、吃完飯以後還有感謝的小小儀式。此種餘裕要轉化為無聊是幾乎不用花什麼時間的。這個革命給予人類重大的待解決課題。

＊定住革命哲學意涵之相關註釋

定住革命此種思考方式具有難以估計的影響。本書雖然僅能從與無聊相關的層面來理解闡述，但此一學說必然也為哲學帶來重大影響。

再說得稍微詳細一點，對於定居中心主義的批判，很有可能會根本性地顛覆哲學的人類觀。理由在於，一般亦認定哲學思想體系中存在著定居中心主義。把這一點說的最清楚的，認為從「居住」可以看出人類的本質，並由此發展出廣大深淵哲學思索的思想家，便是本書已經數度提到其姓名的海德格。舉例來說，他在以「建．居．思」❼為題的演講中，有如下敘述。

「所謂 ich bin『即英文的 I am─引用者注』為何？bin 可以其所屬古語 bauen 來作答。ich bin，du bist 所代表的意思是 ich wohne（我住）、du wohnst（你住）。你我存在的方式、我們人類在大地上的存在樣態，便是 das Buan（buan 在古高地德語中是 bauen（居住）的對應詞─引用者注），意即居住 das Wohnen。所謂的人，是以終有一死的形式暫時存在於地上，此即為居住。」⑫

海德格的斷言中飽含了力量。**居住是人的存有方式及特徵**。Ich bin（我是）所代表的意義是 ich wohne（我住）。海德格將**居住**視為人的本質。

這恐怕是貫通海德格研究生涯的主張。其初期著作《存有與時間》（一九二七），將人類定義為「在世存有」，此處所言「存有」（存在於＝之中）可解釋為一種「寓居關係」。⑬

約二十年後所寫就的《關於人道主義的信》（一九四六），也在解說該書內容的同時，又再度確認了「在世存有」的本質為「居住」❽。⑭

而檢討定住革命的我們，必須和如此露骨的定居中心主義保持距離才行。因為也許這種人類史觀僅適用於最近這一萬年的人類身上。

但若因此認定海德格是僅考慮這一萬年人類歷史的視野狹窄哲學家，而想要對其展開批判的話，只能說是思慮不周。論其原因，因為我們現在採取定居生活，也無法不定居這兩點，乃是不爭的事實。雖說本書接受定住革命的觀點，將對定居中心主義的批判視為重大議題，但仍是以居住為前提所寫成。

此處所介紹的演講「建．居．思」的歷史背景，讓我們做出更為慎重的判斷。該演講是於第二次世界大戰後的一九五一年，於德國黑森州達姆施塔特市所舉行的座談

❼ 此處採一九九二年《建築現象學導論》之翻譯，英文則為 *Building Dwelling Thinking*。

❽ 某些哲學書籍特將海德格所提「居住」，翻譯為「棲居」。

會「人類與空間」中發表。此一座談會，是以戰後復興、接下來的德國建築走向與方針等總體策略為主題。雖說德國已經著手戰後復興的開端，但觸目所及應該仍是被破壞的殘破不堪都市。

海德格亦言及住所不足的悲慘。並且提到「居住的本來性缺乏」，以及人類尚不理解所謂居住的本質。海德格更進一步敘述人類「必須從頭學習居住」。⑮

從海德格露骨的定居中心主義觀點，可以窺見他的思想根幹與本書構想之間不相容之處。但是「人類必須從頭學習居住」此一質問則與「閒暇與無聊的倫理學」的構想相互共鳴。

所謂的居住是什麼？人類應該如何居住？論究居住主題的海德格的考察，與本書後半所討論的無聊論也絕非是風馬牛不相及的。

第三章

閒暇與無聊的經濟史

為什麼「閒人」向來受到尊敬？

在前章我們一邊參照了定住革命說，同時進行了無聊起源的考察。在此過程中，我們知道了無聊這種煩惱與人類生活方式的劇烈改變息息相關。

在本章，希望檢視的是在其後的歷史中，人類是如何和閒暇與無聊「交手」的。此時，會特別集中收斂在與經濟相關的焦點上。閒暇與無聊的問題當然與文明全體相關。但是，其與經濟的關聯性尤其重要。實際上，關於這個主題，已經有數個既成的重要研究。

閒暇與無聊的差別在於？

那麼，在我們開始「閒暇與無聊的經濟史」考察之前，在此先行沉澱一下，再重先確認一下本書的關鍵字。想當然爾，關鍵字就是「閒暇」與「無聊」。

在本書至今的內容中，我們無數次地使用過這兩個詞彙。但是，卻沒有為這兩個詞彙下過明確的定義。不，更有甚者，書中所指的閒暇與無聊明明截然不同，但我們也沒有明確地區別兩者的差異。

「閒暇」與「無聊」這兩個字彙，經常會被交錯混同使用。當某人口出「好閒啊」一語時，許多時候這個說法可以被代換成「好無聊啊」。但是，閒暇與無聊當然不是同一件事。

所謂閒暇，指的是無事可做，也無做任何事情的必要的時間。閒暇的存在，與在其中的人如何自處、如何感受是毫無關係的。換言之，閒暇是一種**客觀的條件**。

相對於此，所謂的無聊，指的是想做什麼卻無法如願的感情或情緒。與人的自處或感受方式相關。換言之，無聊是一種**主觀的狀態**。

舉例而言，定住革命將閒暇此一客觀條件賦予了人類。因此人類陷入無聊此種主觀的狀態。應該可以用此種方式說明兩者差異。

若像這樣把這兩個詞語擺在正確的位置，則又會發現新的問題。問題在於兩者的關係。閒暇與無聊之間的關係如何？兩者之間必然會連結在一起嗎？處在閒暇之中的人**必定會感到無聊**嗎？又或是，處在閒暇之中的人**未必會感到無聊**？

又或者，若轉而從無聊這一方觀之，則會出現以下的問題。無聊一定是與閒暇連結在一起嗎？換言之，當人感到無聊的時候，其人**必然是處於閒暇之中**嗎？還是說即便是感到無聊的時候，也不見得**必然處於閒暇之中**呢？

受尊敬的「閒人」

讓我們從「有閒的價值」此一觀點來考察以上的問題。

「閒人」一詞，我們並不會使用在正面意義上。大抵在用這個字的時候，都帶著把其人當成笨蛋看待的負面意涵。此外，「好閒啊」也不是能夠自滿得意說出口的一句話。總之，「有閒」的風評不佳。

但是，也有敘述相反主張的書。那便是經濟學者范伯倫（Thorstein Veblen, 1857-1929）的著作《有閒階級論》（一八九九）。

所謂的有閒階級（lesuire class），指的是擁有相當財產因而不需要勞碌工作，可以將閒暇花在與人相交或遊玩上的階級。范伯倫著眼於這個階級，同時藉此描繪出人類史的全貌。

開始閱讀本書的讀者最初一定非常驚訝。因為如同現在所述，有閒這件事情曾被認定是具有高度價值的。換言之，有閒階級是被周圍所尊敬、具有高地位的階級。

但是所謂的有閒階級，也就是「閒人」階級。怎麼會有如此天差地遠的評價呢？

之所以會出現如此疑問的原因，便在於閒暇與無聊的混同使用。如同之前所述，我們經常會將這兩個詞彙交錯混用。當使用「有閒」這個詞彙時，幾乎真正的意思都是「無聊」。因此有閒才會被認為是一件壞事。「閒人」一詞會被賦予否定的負面價值的理由也在於此。

但是，讓我們仔細想想。有閒所代表的意義是什麼？無須多言，所謂有閒便是有餘裕，所謂有餘裕便是豐饒富足。意即不用勞碌工作也能夠過日子，具備這樣的經濟條件。

相反地，無閒暇的是什麼樣的人呢？所謂無閒暇的人，是沒有可以自由支配時間的人，換言之，**便是若自己的大半時間不花在勞碌工作上便生存不下去的人**。所謂無閒暇的人，指的是沒有經濟上餘裕的人。因為沒有經濟上的餘裕，在社會中屬於底層／下層階級。也就是所謂的「貧窮無閒」。

所謂有閒階級，位於社會金字塔頂層，是取得不用勞碌工作也可以無憂生活的經濟條件的階級。他們免於勞動，勞動由下層階級代替他們、並為了服務他們而進行。因此，范伯倫是這樣敘述的。從希臘哲學家的時代到現代為止，免於勞動、從勞動解放出來這件事情，正是有價值的一樁美事。①

這樣想也可以吧。所謂的有閒階級，就是**被容許能夠有閒**的階級。

有閒階級與所有權

提到有閒階級，大概有很多人會想起「有閒夫人（madam）」這個名詞。此外，一般提到有閒階級，經常指稱的是謳歌十九世紀資本主義社會的布爾喬亞，或光靠存款孳息就足以生活的人。

但是，范伯倫以更為廣義的方式使用這個詞語。據其所言，有閒階級在人類史上某個時點產生，自此以後這個階級在人類的歷史中便有定著之義。

范伯倫認為，有閒階級於人類由「原始未開化狀態」（primitive savage）轉型至「野蠻（參考：另有中譯為蠻荒）狀態」（barbarian）之際產生。②此處的原始未開化狀態指的是人類和平地經營群體生活的狀態，野蠻狀態則指稱人類陷入好戰爭鬥的階段。

根據范伯倫的說法，人類過去曾在平和之中度日。③但是，其後轉變成為了某種理由而性喜戰爭或掠奪的生物。有閒階級與喜好戰爭與掠奪的狀態同時發生。④范伯倫以所有權的產生來說明此種往野蠻狀態移動的轉型。⑤換言之，有閒階級是與「所有」此種想法同時形成的階級。⑥

當所有權被加以制度化，私有財產便開始存在。若私有財產開始存在，則財產的差異，意即貧富差距也將產生，最後終將導致階級差異的產生。所謂的有閒階級，便是在內化了因私有財產而導致的差距的社會中，所特有的一種階級。

有閒的炫富誇耀

他們這些擁有財富的人，沒有自己從事生產勞動的必要。**沒有必須做的工作，而這件事情本身正是他們能力的象徵**。有閒這件事，正是應該備受尊敬、具有崇高地位的象徵。因而有閒成為明確的身分地位的象徵（symbol）。

因為有閒是身分地位的象徵，有閒階級會誇耀自己的有閒。范伯倫稱此為「炫耀性閒暇」。這是《有閒階級論》這本書的關鍵概念，也支撐了有閒階級的基礎。

有閒階級想要炫耀自己的有閒。那麼，該怎麼做才好？單單要展現有閒此種無形的狀態給他人看是很困難的。因此，以看得見的形式、簡單明瞭的代勞展現其有閒的群體便登場了。那便是傭人這個職業的從業者，他們是**代勞展現有閒**的存在。⑦身穿漂亮乾淨的服裝，刻意展示主人出手闊綽，熱心地執行如日常用品的維護等，對於生活並不具有重要性的工作，並且侍奉其主。⑧這便是「有閒的遂行」。⑨「遂行有閒」這種說法雖然聽來不可思議，但他們正是以此為業。

炫耀性閒暇的凋零

有閒的炫富的發展階段，范伯倫稱之為「半和平愛好的產業階段」。因為在這個階段會避免如使用奴隸（蓄奴）等顯露出掠奪或暴力的炫耀手段。

但是，在「半和平愛好的產業階段」所實現的，如同其名所示，並非完全的和平。和平不過徒具形式。⑩這是當然的。為了要「遂行」他人的有閒而產生雇傭狀態的社會，自不待言，是充滿不平等的。

歷史當然也下了同樣的判斷，社會慢慢地產生變化。迎來了以薪資勞動者與現金支付制為中心的「和平愛好的產業社會」。⑪這可以認為指的是范伯倫出版《有閒階級論》一書時開始出現的、二十世紀的大眾社會。

自十九世紀末至二十世紀初葉，可以看見所謂有閒階級（其中大半是利息生活者）的凋零。而在生活於兩個世紀交替之際的范伯倫的腦海中，大概也描繪著有閒階級凋零的姿態與景象。⑫

到了這個階段，從事傭人工作者開始減少。財富重分配重新型塑社會，階級差異一步步地逐漸縮小。其結果，有閒的炫富誇耀的有效性也喪失了。

取而代之的是，做為身分地位象徵的消費行為。某個人物到底有多少傭人供其使喚，不至其家亦無法得知。但是，穿什麼樣的衣、住什麼樣的房、開什麼樣的車是一目瞭然的。隨著社會規模的擴張，能夠讓人一眼看穿的身分地位表徵，當然會被認為是極為方便的。

此外，原本是以隨從的存在來顯示主人的地位，但進入這個階段，擔負顯示功能的是妻子。由妻子代勞消費行為，藉此來彰顯（丈夫的）「主人」地位。

范伯倫理論的問題點

那麼，以上便是范伯倫的歷史理論梗概，閱讀之後會產生幾個疑問。論其理由，是因為范伯倫的論述全都是圍繞著以炫耀性的閒暇來說明歷史的進程發展。真的憑此就能說明歷史發展的動力學嗎？例如，僅憑有閒的炫富誇耀就能夠解釋說明傭人此一職業的產生嗎？難道不是有閒的炫富誇耀單單只是傭人的功能／機能之一嗎？炫耀性的閒暇真的是推動人類歷史發展的動因嗎？

其他尚有幾個問題。但是，這裡希望讀者注意的是某個特定概念。因為這個概念能夠告訴我們范伯倫理論問題點的核心。

這個概念是范伯倫所提出的「製作者本能」（instinct of workmanship）。製作者本能的定義為

「高度評價有用性或效率性，負面評價無生產性與浪費等無能的感覺／感知」。⑬總而言之，就是討厭徒勞與浪費的性向。范伯倫認為此種性向是人類的本能。

舉例而言，若在和平愛好的產業社會的階段，在此種本能下被認為是徒勞或浪費的東西，也會從審美觀點上被排斥，范伯倫如是說。⑭此種本能會讓人類輕蔑有閒的炫富誇耀或讓他人代勞展現有閒的行為等十分明確的浪費。而且對於浪費物力與努力的消費行為，也會產生非難。⑮

那麼，因為製作者本能指的是厭惡浪費的傾向，到此為止的敘述還算簡單易解。問題在後頭。范伯倫為何又稱，**有閒的炫富誇耀的基礎，也是此種製作者本能呢**？在「特殊的情況之下」——附加了如同藉口的這麼一句話，范伯倫如是說⑯——此種製作者本能會衍生對於階級的區別或對於強者的喜愛，其結果會導致「奠基於競爭意識的力量誇示」。⑰

製作者本能會導致有閒的炫富誇耀的產生。但是，之前不也說製作者本能會讓人輕蔑有閒的炫富誇耀嗎？

會導致有閒的炫富誇耀的本能，又會讓人輕蔑有閒的炫富誇耀，這一點幾乎等於沒有任何說明。總而言之，范伯倫的說明在此處破綻百出。

從別的觀點來說，「製作者本能」這個詞彙其實可有可無。反正只要說它在炫耀性的閒暇存在時會產生、在對炫耀性的閒暇的輕蔑存在時也會產生就可以了。只是如此。

阿多諾的范伯倫批判

為何范伯倫不惜強詞奪理，也要讓這種「本能」出現在人類身上？

答案非常簡單。因為**想要人類具有製作者本能**這件事，是范伯倫自己本身深切的盼望。范伯倫將自己的欲望投射於其中。他希望在人類的身上，看出有厭惡浪費或奢侈的性向，會有這種投射也是無可奈何的。

若認定製作者本能是人類的本能，那麼所有過去的歷史都必須用此種本能來加以說明才行。有閒的炫富誇耀也變得必須以此種本能加以說明。因而產生了不合邏輯之處。

本書的序章言及的哲學家阿多諾非常明確地指出這一點。范伯倫是非常「清教徒」的。他認為只有額頭流淌著汗水辛勤工作才能帶來幸福，而文化等不過是浪費。⑱這是阿多諾對於范伯倫批判的要旨。⑲

阿多諾尖銳地指出，范伯倫嫉妒有閒階級。為何范伯倫會嫉妒他們呢？是無法容許有不工作就能過日子的階級存在吧。正因為如此，范伯倫才會認為**唯有**額頭流淌著汗水辛勤工作，才能夠帶來幸福。又或者，這是在說給自己聽。

阿多諾是對於藝術有著高度評價的哲學家（原本他的志願是成為作曲家）。因此針對范伯倫所提倡諸如只有勞動才是最珍貴的、文化什麼的都是欺騙，或原本人類就具備製作者本能的說法，應該感到無法忍受吧。

范伯倫 vs. 莫里斯

《有閒階級論》一書第六章中有論及工業製品之處，只要讀了這個部分就會充分理解阿多諾的批評是非常全面而完整的。

范伯倫是這麼說的。在工廠所製作的日用品由於隨處可見不稀奇，因而令人討厭。但是，這是錯誤的。不論去到何處都有相同物品一事，這正是該製品的完全性證據。試著比較一下手製品與機械製品。機械製品的完成度遠勝於手製品。設計或各項細節總是能夠正確地再現。相較於此，手製品不論是哪一方面都參差不齊。能夠大量生產完全相同品項的機械製品好棒！約莫是這樣的邏輯與論調。

但非常值得深思的是，范伯倫在如此主張之後，提及本書序章中出現過的莫里斯。當然，是以否定的方式提及。

莫里斯是開啟美術工藝運動的推手。必須讓兼具藝術性的手製日用品進入民眾的日常生活之中，這是莫里斯的想法。

但是根據范伯倫的說法，這種運動不過是「對於不完全性的禮讚」。僅僅是對於工業製品的完全性的反動，無非是「他們關於無章法與無益努力的宣傳」罷了。范伯倫對於工業製品的擁戴是非常徹底的。

此種對立是非常有意思的。因為莫里斯正是感嘆工業革命以降，粗劣的工業製品充斥在人們的生活之中，才開始推動美術工藝運動。也就是說，圍繞著工業製品這個同樣的主題，范伯倫與莫里斯下了完全相反的評斷。

兩個人的喜好原本就是相反的嗎？這是因為興趣的不同嗎？

不，由阿多諾的觀點觀之，要解讀這個對立所代表的意義是非常簡單的。范伯倫認為「文化是浪費」。因此，對於僅僅認同藝術的價值，批評工業製品的莫里斯自然感到不滿。

莫里斯則是剛好相反。他認為文化或說是藝術，才能夠為人們帶來幸福。抑或是說，他認為要讓人們感到幸福，文化／藝術是必要的。勞動是必要的。但是人們的生存不該僅被勞動束縛，必須努力打造不受勞動所束縛的世界。

活用有閒的方法——知者與不知者——「充滿品味的閒暇」

范伯倫過度地吹捧勞動的地位，又過度貶抑文化或奢侈的價值。他本身對於「有閒階級」帶著嫉妒，這種嫉妒使得他的理論產生了嚴重的扭曲。最能夠顯現此種扭曲的就是「製作者本能」的概念，這個概念在他的歷史理論中引起了重大矛盾。

如同以上說明，范伯倫的書中存在著重大的缺陷。但是，若因此就全盤否定《有閒階級論》卻未免太過草率。其實在這本書中，包含著可**由完全不同觀點來重新檢視有閒階級的線索**。讓我們來看看這一點吧。

在歷史中對於勞動的負面印象一點一點地逐漸消失。從肯定的角度看待有用的努力，甚至轉而非難有閒的炫富誇耀此種浪費。此處所指稱的是十八、十九世紀的布爾喬亞社會的階段。

而范伯倫關注的焦點是，這個階段的大部分新興有閒階級，亦即布爾喬亞，都是平民出身的。這是怎麼一回事？

布爾喬亞所代表的是豐饒富庶。是有錢人。但如同歷史所示，他們是從無到有飛黃騰達的人，也就是暴發戶。換言之，他們雖然有錢有力量，但**缺乏教養**。因為他們原本是平民。

此際范伯倫提出了西塞羅的詞彙「充滿品味的閒暇」（otium cum dignitate）❶。⑳舊有既存的有閒階級，例如貴族便知道何謂「充滿品味的閒暇」。有閒階級，正確地來說是**具有有閒階級傳統的人們，知道活用閒暇的方法**。他們能夠用充滿品味的方法，來活用閒暇時間。

相對於此，新興有閒階級不知道活用閒暇的方法。因為他們**過去是沒有閒暇的**。他們過去為了賺取金錢必須勞碌工作。因此他們這些新興有閒階級不知道「充滿品味的閒暇」。因為**不具備有閒階級的傳統**。因此得到閒暇之後，不知所措、不知該如何是好。因而苦於閒暇，感到無聊。

而二十世紀的大眾社會，又進一步帶來了更大的問題。不僅是布爾喬亞，連大眾都得到了餘暇。不知是幸或不幸，因為勞動者也被賦予了餘暇（leisure）的權利。

---

❶ leisure with dignity。

	有閒	無閒
無聊	・不知如何活用閒暇的大眾 ・熱中於消遣的人類（巴斯卡） ・煩惱於日常性不幸的人類（羅素）	？
不無聊	・知道如何活用閒暇的階級 ・無須勞動的階級 ・有閒階級（上層階級）	・必須勞動的階級 ・勞動階級（下層階級）

這代表什麼意義？不知該如何活用閒暇、但被賦予餘暇權利的人大量出現了，就是這麼一回事。過去有閒階級經常要處理與面對的課題，現在一舉成為社會問題。

過去的有閒階級，知道在閒暇之中該如何不無聊地生存。因此，以「閒暇與無聊的倫理學」角度來說，有閒階級是極為重要的存在。對他們而言，閒暇與無聊並未連結在一起。正因為如此，「充滿品味的閒暇」此種傳統是存在的。

當然，這個階級是很大程度壓榨了其他階級才得以成立的這一點，也是不能忽略的。既不是要美化這個階級，也不是希望這個階級復辟。

但是，他們的存在便是線索。他們所給予的是閒暇與無聊不必然連結在一起的邏輯。若回到本章開頭的問題❷，因為他們讓我們知道，身處閒暇之中的人類，並不必然一定會感到無聊。[21]

在這個意義上，換言之，就與作者范伯倫的意圖幾乎是毫無關係的角度而言，《有閒階級論》是非常重要的著作。

拉法格的「勞動頌揚」批判

剛剛我們談到了餘暇的權利，繼續來思考這個主題。

有閒階級沒落之後，勞動者取得了餘暇的權利。餘暇的權利此種想法要得以成立，需要勞動觀念的轉換改變。換言之，必須顛覆勞動本身這件事情非常美好的勞動觀。

這麼一說，也許讀者會認為是要反對《有閒階級論》中的敘述，因為該書中提到勞動在人類歷史長河中讓人避之唯恐不及。

確實，在歷史中嫌惡勞動的時代持續了很長的時間。但是，因十九世紀的勞動運動興盛之故，事態急速地產生了變化。主張並要求勞動者權利的運動，自然是內化包含了對於勞動者其人的頌揚。因而，代表了勞動者自我認同（identity）的勞動也被置於較高的地位。

所謂在餘暇的權利確立的同時被顛覆的勞動觀，指的就是此種勞動觀。因此由歷史角度觀之，是非常新鮮的。

而質疑頌揚勞動的思想，是在參與勞動運動者之間所孕育產生的。其中最有名的就是社會主義者保羅・拉法格（Paul Lafargue, 1842-1911）的勞動頌揚批判。

拉法格如是說。與勞動運動相關者讚美勞動者，並稱頌勞動。但是，試著好好思考。稱頌勞動不正是勞動運動的敵人，也就是資本家所追求的嗎？因為資本家希望讓勞動者工作更多、更多！

拉法格對於在法國的二月革命中，勞動者所楬櫫的要求「一八四八年的勞動權利」❸中將勞動視為神聖一事，抱持著疑問；並發表了以「懶惰的權利」為題的政治性文章。〈懶惰的權利〉第一章的起頭是這麼開始的。

> 資本主義文明所支配的各國中的勞動者階級，現在被一種奇妙的瘋狂附身了。這種瘋狂所帶來的個人的、社會的悲慘，這兩個世紀以來，持續讓悽慘可憐的人們為其所苦。這所謂的瘋狂，便是對勞動的愛，也就是對於窮追不捨每個人與其子孫到活力枯竭地步的勞動，賭上性命的熱情。要制止這種精神上的錯誤是愚蠢的，祭司們也好、經濟學者也好，道德家們也如此，都將勞動捧成了最高的神聖之物。㉒

這是說，勞動者階級陷入信奉讓自己痛苦的元兇——勞動的瘋狂之中。拉法格在學生時代就加入社會主義運動，並在倫敦見到了馬克思。他與馬克思的次女蘿拉結婚一事在日本亦廣為人知。也就是說他與馬克思是如此地親近。

拉法格的信念

但若滿懷期待讀了拉法格的文章，應該會大失所望吧。拉法格的文章中對於「資本主義文明」沒有任何的洞察。到底他在馬克思的身邊學到些什麼？他的文章完全缺乏分析。他基本上只說了勞動讓勞動者為其所苦，但勞動者卻又讚美歌頌勞動很奇怪這一點而已（題外話，馬克思十分反對拉法格與蘿拉的婚姻）。

舉例而言，〈懶惰的權利〉一文的結尾如下：

> 如果勞動階級，能夠將支配他們、讓他們本性墮落的惡習從心中根除，不是為了要求被資本主義搾取權益的人權，不是為了要求變得悲慘權利的勞動權，而是為了建立起禁止所有人類一天工作三小時以上的薪資鐵則，而發揮驚人力量來勢洶洶的話，大地，這蒼老的大地將歡欣鼓舞，並感受到新世界在胎內孕育躍動的快感……。（中略）哦，「懶惰」啊，垂憐我們長久以來的悲慘吧！哦，「懶惰」啊，你是藝術與高貴美德之母，「懶惰」啊，請成為人類苦惱的療癒吧！㉓

❸ 法國二月革命中，為法國人民爭取到每天工作不超過十二小時的權利。

當然，這是一篇以煽動人心為目標的文章，內容取向上自然有無可奈何之處。而品質低落的政治文章比比皆是，要以此來挑剔非難拉法格，也許會被認為是不近人情。

但是，在此之所以要舉出拉法格是有理由的。因為他對於餘暇或懶惰與資本主義之間的關係，有著**根本上的誤會**。

拉法格非常厭惡「資本主義文明」。因此，勞動者階級頌揚勞動的價值，等於在無意識下接納了資本主義的理論，這是拉法格絕對無法容忍的。對懶惰的讚美稱頌也是由此而出的。要追求的不是勞動，要追求的是餘暇。拉法格相信，這樣才是脫離了資本主義理論的門戶。

但是，其實這完全是錯誤的。拉法格此種隨便輕率的信念，到了二十世紀就灰飛煙滅了。其原因在於，**餘暇並不存在於資本的外部**。接續來檢視這是怎麼一回事吧。

利用勞動者獲取暴利這件事該如何是好？

十九世紀勞動運動剛開始擴散蔓延之際，勞動者的權利等於零。讀讀看馬克思的《資本論》中「勞動日」這一節吧。能夠充分理解十九世紀英國勞動者的勞動狀況（長時間勞動、在礦坑工作的兒童……）。

當時的資本家濫用沒有法律限制這件事，毫不容情地利用勞動者的勞動力。而出自於對這種狀態的反省，工廠法等法律陸續漸次立法完備，勞動者的權利成為社會的共識。

在此停下來想一想。在勞動者的權利沒有受到保障的當時，資本家奴役勞動者，貪圖暴利。這確實是事實。

但是，勞動者是生物。顯然一定會有體力的上限。不讓勞動者有充分休息又搾取其勞動力，這擺明是在勉強勞動者。

那麼，人類若是在不合理狀況下被強迫工作會有什麼結果？當然，效率不彰。就算是做一樣的工作，比起狀況好的時候，要花更多的時間才能完成，也會出錯失敗。

如此一來就必須這麼想。若是要利用勞動者獲取暴利的話，其實**強迫奴役勞動者反而是不合理的。給予勞動者適當的餘暇，讓他們能夠用最佳狀態工作**——對於資本家來說才是**最合理的**。

福特主義的革新性

注意到這一點，發明了革新過往至今生產體制的系統的，便是美國的汽車大王亨利・福特（Henry Ford, 1863-1947）。㉔

福特在一九〇三年創立了福特汽車公司（Ford Motor）。一九〇八年福特T型車（Model T）啟售，以低廉價格販賣過去高價的汽車，成功地讓福特汽車成為美國大眾的代步工具。這是劃時代的成就。

價格的變化也足以令人感到驚訝。啟售當時的價格是八百五十美金，但一九二四年則降為兩百九十美金。一九二四年當時販售了一百六十萬輛，市場佔有率超過百分之五十。此種令人驚異的成長之所以得以實現，憑藉的是被稱為福特主義的全新生產方式。

福特主義首要的特徵，便是其組裝生產線。從芝加哥肉品業者所用的輸送帶系統得到靈感的福特，開創先河地將輸送帶導入汽車的組裝生產線中。也就是在汽車組裝上導入大量生產的工作方式。

此時他立下了兩個原則：

一、如果可以避免的話，比一步多走一步都不行。

二、絕對沒有讓工作者彎腰駝背的必要。

請注意。這不是對於勞動者下禁令。而是照顧勞動者不須在生產線中移動位置、彎腰駝背工作，來配置機器與零件的擺放位置。福特考慮到作業員的舒適便利來安排生產線模式。

第二個特徵是高薪，以及與生產量等比例加薪的生產力指數薪資制度。藉此可以提升勞動者的士氣。士氣提升生產力也會提高，其結果，就能夠壓低製品的價格。價格下降的話，製品的銷量會隨之增加。銷量一旦增加，薪資便會提高。福特主義簡直就是二十世紀高度經濟成長的模範。

第三個特徵，是一天八小時勞動制並承認餘暇的必要性。認同勞動者必須有充分的休息，不僅認同，甚至推動此種作法。依賴輸送帶的生產作業需要按照正確的規則執行正確的動作。

為此作業員必須在身心皆準備萬全的狀態下才行。勞動時間的限制、承認餘暇的必要性也都是因而成為必要措施。

等於勞動一部分的休閒

這麼看下來，會認為福特是關心勞動者的出色經營者。實際上從某方面來說確實沒錯。他是慈善事業家，也設立了福特基金會、福特醫院等設施。「企業的成功同時也是勞動者的富足」此一信念正是他的真心話。

但是，各位讀者也不可以忘記，這些體貼以及對於勞動者的照顧，都是基於提升生產力的經濟原理。福特是為了提升生產力才對勞動者體貼入微，而且這個句子反過來並不成立。因此，為了提高生產力什麼都會做，而使得生產力低落的因子也會冷血堅決地加以排除。

例如，福特雖然限制勞動者的工作時間，並注意讓其有充分休息；但另一方面，卻會讓偵探或間諜去調查勞工們在休閒時都做些什麼。㉕換句話說，是要確認勞工們回到工廠工作的時候，是否會帶回什麼對工作的負面影響。

例如晚上或假日若是在家飲酒，因此搞壞身體的話就會成為輸送帶生產線上的障礙。家庭生活若是不美滿，因此精神狀態不穩定的話就會成為輸送帶生產線上的障礙。因此福特對於**在工廠之外的勞工們**進行徹底的監視／管理。

這代表什麼意義？這表示在這樣的生產體制之中，其實休閒也是勞動的一部分。餘暇是為了勞動的準備期間。勞動，也就是說，不僅是在工廠之中，連在工廠之外都以「休閒餘暇」的型態持續著。餘暇的概念被無縫緊密地整合至資本的理論之中。

以前，在營養口服液的廣告中有「你能連續工作二十四小時嗎？」的金句關鍵語，完全命中此一狀況。不僅是在工廠裡，連在工廠外都**得用休閒此種型態持續工作**。

這一點，正是我們說餘暇並不存在於資本外部的第一層意義。資本家為了要活用勞動者此種人力資源，也開始活用餘暇，並開發出把餘暇統合到資本理論中的方法策略。

葛蘭西的禁酒令分析

義大利的馬克思主義哲學家安東尼奧．葛蘭西（Antonio Gramsci, 1891-1937）針對福特主義，以同時代的觀點進行宏觀檢視與準確的分析。他所著眼之處是禁酒令與福特主義之間的關係。

所謂的禁酒令，是禁止酒精飲料的製造與販賣的美國法律。雖從一九二〇年開始實施，但私釀與黑市交易層出不窮，因此於一九三三年廢除此法。話雖如此，在這個國家裡有十三年酒精飲品的製造與販售都是以法律加以禁止的。

葛蘭西指出，福特主義式的勞動合理化與禁酒主義絕對是脫不了關係的。此外，也提到福特主義利用間諜來監視勞動者的私生活。㉖在宿醉的狀況下要執行輸送帶生產作業是很困難的。若是沒有酒精飲料的話，勞工們在下班回家後或是假日，都會用對於資本家有利的方式來打發時間。㉗這的確就是勞動合理化。

但是，只非難譴責資本家這一方，也無法令人滿意。葛蘭西如是說。追求此種勞動合理化的絕非只有企業家。**勞動者也追求一樣的目標**。「在美利堅合眾國，禁酒令是為了培育出適用於福特化產業的新型態勞動者的必要條件，而其之所以失敗，是因為尚未被納入福特主義的發展遲緩區域勢力的反對，而絕非因為企業家或是勞動者的反對。」㉘

根據葛蘭西的分析，勞動者贊成禁酒令背後所代表的思考與邏輯。為什麼呢？因為若不沉溺於酒精而勤奮工作的話，能夠賺取相對應報酬的制度就在眼前。支付高薪資的必要性也是由此而產生。

勞動者當然喜歡高薪資。但這是一把「雙面刃」。對於資本家而言，這是一種維持勞動者整體安定的手段工具。高薪資的代價，就是勞動者出賣了自己的私生活。㉙至少可以說，忍耐了十三年沒有攝取酒精。

支付高薪資，並讓這些薪資「合理地」被消費，從而獲得合理的勞動生產力。這對勞動者本身來說，也絕對不是一件壞事。因為只要「認真地」工作，便會得到相應的報酬。但是如此的勞動力管理，絕對不是站在勞動者的角度來為其人思考的。因為連間諜都用上了。

勞動者也絕對不會滿足於福特主義的運作方式。一九三〇年代發生了大規模的勞資爭議，福特反對成立工會及其組織化與制度化，對於勞動者的訴求一步也不肯退讓。福特雖然進行勞資協商，但那是只在勞動者對他唯命是從的情況下的協商。對於反抗他的勞動者則是一律毫不留情地加以切割。

當然，也有人認為企業就是這樣的組織。但是，這並不是價值判斷的問題。重要的是，乍看之下是顧慮關照勞動者的福特主義的勞動力管理，如其名稱所示，是以新型態的**管理**為基礎，而且此種管理是以包納了餘暇的形式成立的。

不被管理的餘暇？

那麼，若餘暇成了受管理的餘暇，休閒成了勞動的一部分，當然會產生以下的想法。如果受到資本理論約束的餘暇是個問題的話，那麼只要追求並非如此的餘暇不就好了？換言之，只要追求「懶惰的權利」不就沒問題了？

由此，我們不得不考慮所謂餘暇不存在於資本外部這句話的第二層涵義。而於此閒暇與無聊的問題會再浮現。

若存在著不受管理的餘暇，那我們在此種狀態下到底要做什麼？做什麼才好？因為是餘暇所以什麼都不做？但是，「什麼都不做」真的辦得到嗎？巴斯卡說過什麼？我們是受不了什麼都不做的。

除此之外，從《有閒階級論》所引導出的結論也在這裡添上一筆。勞動者階級，換言之新得到餘暇的階級，不具備有「充滿品味的閒暇」的傳統。因此，即便得到了餘暇，也不知道該做什麼才好。

此時登場的自然就是休閒產業了。所謂休閒產業的功能，就是給予不知道做什麼才好的人們「想做的事情」。**休閒產業不是在回應人們的要求或欲望，而是在建構出人們的欲望。**

福特希望自己公司的勞動者購買福特汽車、把福特汽車當成自己的代步工具，並把汽車用在休閒活動上。福特之所以要給勞工們充分的薪資與休閒時間，並不僅僅是為了要讓勞動者為他如機器人般正確無誤地工作，也是為了要讓勞動者用賺來的錢買自家公司的商品。為福特工作、買福特的汽車；然後享受休閒生活。

十九世紀的資本主義找到了把人類的肉體轉換為資本的方法。二十世紀的資本主義則是找到了把餘暇轉化為資本的方法。

廣告商告訴你，你的欲望是什麼——高伯瑞

經濟學者高伯瑞在《富裕社會》（一九五八）中針對現今休閒產業的構造，有更為一般性的論述。

根據高伯瑞的說法，「消費者主權」此種本該是經濟學最基本的概念，在現代是完全不適用的。所謂消費者主權此種概念，被定義為「經濟系統是服務消費者的體系，消費者對於經濟

具有最終支配作用」。㉚簡單來說，消費者有想要之物（需求），而察覺到這一點的生產者生產此物（供給），認為此種構造是理所當然的便是消費者主權的邏輯。

當然，在現代社會並非如此。消費者這一方有想要之物，並由生產者供給這一點完全是一種事實誤認。

例如，到數年前在使用上都沒有問題的電腦與其軟體。為什麼現在不能再繼續使用呢？文字處理軟體的進化與絕大多數的軟體使用者都是毫無關係的。文字軟體的使用者並不期待每一年軟體都有進化改版。只不過是軟體公司持續說著「這個版本的軟體有這個功能哦」、「很厲害吧」、「很想要吧」罷了。只是在撩動利用者的欲望而已。

如同高伯瑞所述，現代社會的生產過程，是「製造出應由生產加以滿足的欲望」。㉛而為了配合新軟體，又需要高機能的電腦。因此每天都有如山的、還能發揮作用的電腦被丟棄。這樣的結構幾乎出現在所有的產業中。

高伯瑞如是說。「在十九世紀初葉，需要由廣告商來告訴自己，你想要的東西是什麼的人，應該一個也沒有吧」。㉜

而在高伯瑞鼓吹以上的說法之際，遭受到來自其他的經濟學家強烈的抵抗。因為對於多數的經濟學家而言，人們抱持著欲望，產業回應人們的欲望，乃是不證自明的經濟模型。

但是，若不加懷疑全然相信此一消費者主權的模型，也未免太過天真了。

舉例而言，十九世紀德國勞工運動的指導者費迪南・拉薩爾（Ferdinand Lassalle, 1825-1864），

他是首位使用「夜警國家」一詞的人這件事非常有名。❹

他在一八六二的時候，已經用以下方式說明資本主義的特徵。過去欲求先行於供給或生產。欲求引起並決定供給或生產的狀態。今日則是生產與供給先行於欲求，並強制欲求的產生。換言之，不是為了欲求而生產，而是為了全球市場而生產。㉝

在十九世紀中葉時，此種生產體制的存在已是不言可喻了。也許高伯瑞評論的出現還算太遲了。

「新階級」

現在高伯瑞所言已經是常識了，也許甚至聽來有些陳腔濫調。話雖如此，當還有人無法接受此種觀點時，高伯瑞用簡明易懂的方式提出此種想法這一點，還是必須給予高度評價。

但是，能夠接受的部分也就到此為止了。高伯瑞從此一分析所引導出的結論留下了許多問號。接下來就詳細看看是怎麼一回事。

高伯瑞分析了「富裕社會」，並指出消費者主權模型瓦解的同時，在這個社會中讓人看到一個「希望」。他所指的便是「新階級」。

❹「夜警國家」指「國家最好，管得最少」，國家如同夜警，只負責維持治安。

根據高伯瑞的說法，人類至今為止使用各式各樣的手段，就是為了讓自己／別人深信不疑「工作跟不工作是一樣快樂的」。但這一切的努力終歸失敗。㉞對於許多人而言，果然勞動還是一件令人不愉快但又不得不為的事情。㉟

不過，也有不是這樣的人。對他們而言，享受工作是理所當然的。他們不論所得報酬多寡都會盡最大的努力。這並不是說薪水不重要。但是，對他們來說，比起其他條件，受到他人尊敬才是透過工作獲得滿足的重要來源。㊱

而這些人，正是高伯瑞所說的「新階級」。簡單來說，就是覺得工作才是生存價值所在的人們。

這個階級不是封閉的。一旦進入之後，幾乎沒有人會從這個階級離開；每年還有數千人會進入這個階級。「如果是青春時代受惠於有充分的時間與金錢做準備，具有完成正式學業才能的人，任誰都可以成為這個階級的一員。」㊲

根據高伯瑞的說法，在十九世紀初的英國或美國，構成「新階級」的成員，只有非常少數的教育者與牧師、作家或新聞記者，以及藝術家。此外，在《富裕社會》初版所完成的一九五〇年代，這個階級的人數約僅有數千人。但在該書第四版出版的一九九〇年代，據稱其數字已增加到數百萬人之譜了。㊳

工作的充實感？

高伯瑞當然會喜歡這種變化。因為他所得出的結論就是，這個階級的急速擴張正是社會的主要目標之一。㊴比起所得增加，更應該追求的難道不是工作所帶來的充實感嗎？確實這一點並不難理解。不僅如此，不如說會同意這種說法的人應該來得更多。

但是，我們必須說高伯瑞的提案留下了很大的問號。也許因為工作而得到充實感是一件很美好的事。不過，因工作感到充實，與**主張**「應該因工作而感到充實」是兩碼子事。

會這麼說的原因在於，高伯瑞的提案還有其殘酷的另一面。而且他自己無法將這種殘酷，當成一種殘酷來理解。

「應該因工作而感到充實」此一主張，會產生**人就是必須因工作而感到充實**的強迫觀念。是要進入「新階級」，或是要從這個階級中脫離，人們被強迫參與這場過於殘酷的競爭。高伯瑞有如下敘述：

> 新階級的孩子們從小時候開始，便被悉心教導要找到能夠讓人滿足的職業——不是勞動，而是包含樂趣成分的職業——的重要性。新階級的悲傷與失望的主要來源之一，便是**沒出息**的兒子——從事無聊又沒有價值的職業的兒子。遭逢此種不幸的個人——變成修車工人的醫生兒子——在遭受到這個社會令人不寒而慄的哀憐目光、冷眼相

待。㊵

醫生的兒子成了「修車工人」，這件事到底哪裡有問題？為什麼他們非得被人冷眼相待不可？這些充滿哀憐目光的人的階級差別意識，才應該被我們冷眼看待。

而把這種看法寫的像是理所當然一樣的高伯瑞，也應該得到相同的待遇。他沒有注意到自己對於「修車工人」的階級差別意識，究竟是為什麼？此外，為什麼「新階級」對於產生新的強迫觀念一事可以如此地漫不關心？而且他們在承認了新強迫觀念、新型態的殘酷存在之餘，還藉由以下敘述對此視而不見。

> 但是新階級具有相當的防衛能力。**醫生之子要淪落為修車工人是很稀奇的**。就算他們再怎麼不及格不適應，還是能夠苟延殘喘地在自己階級的狹縫中勉強度日。㊶

如此粗糙的主張為什麼會出自於經濟學家之口呢？從「新階級」脫落的人一定有很多。而且，假設即便是「成為修車工人的醫生兒子」此種脫離新階級的人，他們也完全不需要感到自己不如人。這是理所當然的。

相反地，他們卻要因為周遭的「哀憐目光」而被自卑感追著跑。這是多麼可怕的狀態。製造出會產生此種自卑感的壓力，又或是助長此種壓力的氣燄，不過是認為「『新階級』應該不斷擴張」、如同高伯瑞這樣的經濟學家的主張。

令人啞然的是，高伯瑞本人也有以下的敘述。「與這個階級（指新階級）的成員淪為除了薪水以外沒有其他報酬的一般勞動者的悲哀相比，失去封建特權的貴族的悲哀只算是小兒科。」㊷正是如此。而高伯瑞啊，你聽好。正是你製造出了這種「悲哀」。

後福特主義的諸項問題

將話題回到福特主義。福特主義是支持了二十世紀高度經濟發展的經濟模型。而我們注意到的是其陰暗面。

其實已經不需要擔心福特主義的陰暗面了。因為福特主義已經面臨終結的尾聲。在現代，福特主義已經無法成立。取而代之的是，被稱為後福特主義的體制正急速擴張。

那麼，後福特主義又是什麼？首先我們從福特主義衰敗的原因開始思考。

為什麼福特主義會成為過去式？福特主義是藉由高薪資來確保勞動者的工作誘因。也因此，若非在經濟一片榮景時便無法維持此一體系的運作。高效率所生產出來的製品，若無法以高效率出售，福特主義的目標循環便無法順利運轉。而這個循環已經無法再像過往一般順利運作。這是（福特主義成為過去式的）第一個理由。

第二個理由則是與消費模式（style）的變化有關。這才是根本的原因。

希望各位讀者回想先前針對福特主義進行說明時的內容。福特在**一九〇八年**以八百五十美金的價格出售T型車。經過各式各樣的努力持續讓價格下降，在**一九二四年**T型車的價格則是兩百九十美金。

換言之，福特在超過**十五年以上**的時間中，持續販售同一款商品。在福特主義的時代，只要能以低廉價格提供高品質的產品，便能夠持續販售同樣的商品。

但是，在現今的時代，各位能夠想像這種事情發生嗎？能夠想像汽車公司持續十五年以上，都持續生產同樣一款汽車嗎？這是根本不可能的。

在福特主義的時代，**同型的高品質商品大量生產的話就賣得掉**。因此，經營者考慮的是該如何高效率地大量生產高品質的商品，也只要考慮這一點就夠了。相對於此，現代生產體制的特徵，在於**無論是多麼高品質的製品，只要是同一型的就不會暢銷此一狀況**。任何商品都被強迫要不斷改版進化。只要不改版進化，製品便無法暢銷。

被不斷改版升級綁架的勞動型態

在家電的世界，大概每半年就會有新商品問世。只是需要低溫保存食物的冰箱，會讓人以為不可能有如此頻繁的商品改版或升級。不過若聯想到大幅節電等設計，便能夠理解。但是這樣的技術革新沒道理以半年一次的頻率發生。總之，企業是被沒必要的改版升級給綁架了。因為不改版升級就沒銷路，沒辦法只好「開發」出新型的冰箱。

在為數眾多的商品中，尤其重複著激烈改版升級的就是手機了。其升級改版的速度是非常驚人的。除了不斷的升級改版之外，再無可以吸引消費者目光的手段。

在此，我們的目的不是要批判此種「無益的」改版升級本身。[43]應該要注意的，是**受到此種生產體制所宰制的勞動方式**。因為現在的消費模式對於生產模式具有決定性的強制力。

當改版升級十分激烈的時候，進行鉅額設備投資投入生產是不可行的。因為一旦投入的設備半年之後就無用武之地了。因此要使用機械來製作商品是很困難的。那麼該怎麼辦？當然只能靠人力投入了。原本可透過某種程度的設備投資由機械代勞的作業，現在則交由人力執行。

此外，當改版升級非常頻繁的時候，代表每當推出新產品的時候，對於生產者來說是在強迫參與一場豪賭。哪個型號的銷路如何，是完全不透明的。也因而無法預知是否會有穩定的生產量。總之，無法採用先確保一定勞動者數量的方式來進行管理。暢銷的話會需要比較多的勞工，銷路差的話則不需要勞動者的投入。

福特藉由徹底的管理（連間諜都用上了）來提升勞動者的生產力。在此狀況下，雖然勞動者是在嚴格的管理之下，但雇傭型態也相對穩定。但要維持這個體系的前提是生產（量）的穩定性。因為今後所需的生產量十分清楚明白，勞動者可以如同福特所追求的，在穩定的生產過程中被磨練成「優秀的」員工。

但是，在福特主義瓦解之後的生產體制，意即後福特主義的生產體制中，無法雇用原本是徹底管理對象的勞動者。因為需要彈性因應狀況情勢的變化來雇用員工（也就是說，不需要的時候就撒手拋棄）。

「閒暇與無聊的倫理學」與派遣

目前，派遣勞動或約聘雇人員等所謂非典型雇用型態的擴張，成為嚴重的社會問題（在日本的勞動人口中，約有三分之一屬於非典型雇用）。這個問題被視為是企業或經濟團體，以及政府的道德（morale）問題。換言之，濫用非典型雇用型態的勞動者，一部分的人藉此牟取暴利（是否真是如此……），因此從社會正義的角度觀之，應該要彈劾少數的特權階級，並保護勞動者的權益。

當然，此一主張是正確的。但是非典型雇用型態，並非僅是因為某人的奸詐狡猾而產生出來的制度。而是目前的「消費=生產模式」所導致。換言之，因為商品的升級改版過於激烈而無法進行機械的設備投資，因而原本可以交由機械代勞的工作現在必須交給人類來做。因為是被強迫在短期間內進行無數次「會暢銷嗎？會滯銷嗎？」的賭博，無法事先確保穩定的勞動型態與雇用數量。隨之而來的，是企業配合自己的便利與需求來訓練培養勞動者的程序（process）便無法成立了。

過去當辦公室自動化（office automation）出現之際，人們曾恐懼機械會取代人類的工作機會。但是這種恐懼以杞人憂天收場。現在則是**人類成了機械的替代品**。在此種後福特主義時代的背景下，所謂「新階級」的提案不過是胡言亂語。

在「派遣」被視為問題聚焦檢視的當下，「閒暇與無聊的倫理學」可能會被視為悠哉而不食人間煙火的題目吧？有閒、還能夠感到無聊，未免太過奢侈了。若有閒（！）思考這些事情，應該思考現在勞動者被迫面對的非典型雇用問題才對吧。

針對這樣的反論，必須積極提出異議才行。論其原因，「閒暇與無聊的倫理學」才正是可以找出面對後福特主義各項問題的對策之一。存在於目前的後福特主義生產體制的基礎之中的，是消費模式的問題。

不進行持續不斷的改版升級，消費者便不會購買商品，生產者也無法繼續存活，現在這樣的生產體制是靠著決絕的努力在維持著。

運轉著這個循環的既是消費者也是生產者。但是，他們自己所運轉的循環，卻無法靠著他們自己的雙手停下來。那麼該怎麼辦才好呢？只要消費者改變就行了。當然要耗費龐大的時間，但只要能夠改變不改版升級就不買，改版升級就買的消費模式就可以了。

為何不改版升級就不買，改版升級就買呢？因為消費者在購物時看的不是「型號」。因為已經慣於藉由改版升級來消除無聊、尋求消遣了。

我們實際上消費的不是是否「改版升級」的具體行為，而是「改版升級了」這一項資訊。

當然，以上敘述在至今為止的消費社會論中多所論及。尤其是「透過消費製造差異」云云等論調，大概聽得大家都耳朵痛了。

但是，為何過去的消費社會論對此拿不出處方箋？為何在現狀分析、現狀確認便打住了？很簡單。過往操弄消費社會論的一干人等，對於消費社會的問題，完全沒有一丁點要面對與處理的意願。完全沒有認真思考過這件事。

但是，不僅如此。原本對於問題的理解就存在著決定性的不足。總之，消費者就是會感到無聊，而如同巴斯卡所說的尋求消遣這件事，因而產生必須立論檢討為什麼會產生無聊、為什麼會產生有閒的需求，消費社會論的論者對於這些事情完全都不了解。

關於消費社會會在下一章進行詳盡的檢討。總之在這裡想要先行強調的是，如上所述的缺乏理解，成為消費社會論的致命缺陷。論其原因，因此缺陷造成無法完整掌握與理解目前勞動狀態的悲哀。「閒暇與無聊的倫理學」，與勞動的各項問題亦深刻相關。

※

最後，整理爬梳一下前一章與本章的討論內容。

定居把人類置於難以應對的「能力過剩」條件之下。人類以此為基礎發展出文化，但同時，也被迫要與無間不停的無聊抗戰。

但是沒過多久，無聊便不再是無上的難題了。因為有史以來的政治社會、身分制度、權力的傾斜，以及奴隸性的勞動等，並不允許大多數的人類經常性地被賦予餘暇。也因此有閒成為被獨佔的對象。而獨佔餘暇的階級發展成為有閒階級。

當然，也存在著大眾階級的有閒程度相對增加的時代或社會。因為社會的經濟若順利發展，餘暇的時間增加也是理所當然的。話雖如此，其他時代無法相提並論的，無聊被視為議題是在近代，更正確地說是十九世紀以降的社會。

資本主義高度發展，人們得到了有閒。而且有閒以「餘暇」的形式搖身一變成為一種權利。在某種意義上，這也表示近代人所追求的「個人自由與平等」目標已經達成。

但是，他們對於自己所追求的東西實際上到底是什麼，其實完全不了解。人們突然被丟到有閒的狀態。而又不懂如何活用餘暇的方法，因此成了無所適從的無頭蒼蠅。至今一直沉睡著的無聊怪物又再度抬頭。

雖然許多討論無聊此一議題的論者聚焦關注近代社會，但這是因為近代社會，又再次活性化至今一直隱身為潛在問題的無聊；無聊並非是近代社會所催生的產物。相反地，如同前章所示，無聊毫無疑問是超越歷史跨度的議題，而人類與無聊之間的互動與人類的生活模式息息相關。

而且，也不能說因為選擇了定居此種生活模式，無聊便是不可避免的命運。有閒階級所具備的「充滿品味的餘暇」傳統便是證據。當然，我們不知道此種傳統究竟滲透深入這個階級到什麼程度，感到無聊的有閒階級也必然是存在的。但是，獨佔餘暇的階級具有某些特定的知識與智慧此一事實，值得我們注意。

第四章

閒暇與無聊的異化論

何謂奢侈？

如同前一章末尾所預告的，本章將就消費社會與無聊之間的關係進行考察。

我們生活於其中的現代社會，其實可以用各式各樣的方式定義其特徵。但是，從「閒暇與無聊的倫理學」的觀點出發，最重要的特徵，便是現代社會是消費社會這一點。如同稍後將在本章看到的內容，消費社會與無聊之間有非常強烈的連結。消費理論與現代的無聊，有著無法切割的關係。

而在叩問消費社會與無聊的關係之際，有一個無論如何無法迴避的概念。那就是在本章的標題所揭露的「異化」。這是現在非常不受歡迎，甚至讓人積極地避而遠之的概念。要說為什麼會演變成這種狀況，是因為一般認為這是個處理燙手山芋問題的概念。

在本章的後半，為了要解決這個問題，並將「異化」此一概念置於正確的定位，希望進行有些複雜的哲學性討論。這是無論如何都必須進行的作業，但如果有讀者覺得過於繁瑣，跳過這個部分先閱讀後面章節也無妨。

必要與不必要

雖然有點突然，但我想從舉出某個日常生活中我們經常使用，但卻幾乎沒有停下深思其意義的詞彙開始這個章節。

這個詞彙就是「奢侈」。

所謂的奢侈到底是什麼？

首先，應該可以這麼說吧？奢侈與不必要的東西連結在一起。支付超過必要的界限的支出時，人就會感覺到奢侈。例如，不需豪華大餐就能夠維持生命。在這層意義上，可以說豪華大餐是奢侈的。不需有大量裝飾的華服就能夠維持生命。因此，這也是奢侈。

奢侈經常遭到非難。人們在提到「奢侈的生活」時，幾乎在所有的狀況中，都包含了指責與非難過度支出的意思。超過必要界限的支出乃是無益的浪費。

但是，好好想一想。確實奢侈與不必要有其相關性，因此才會遭到非難。若是如此，人們只要保有必要份量的必需之物過日子就好嗎？超過必要的界限是一件應該遭到非難的事嗎？

大概並非如此吧。

有必要份量的必需之物，人類確實就能夠生存下去。但是，所謂有必要份量的必需之物，等於**必需之物也只有必要的份量**。因為所謂的必要份量，就是剛好的十分，而不是有餘裕的十二分。

必需之物僅有必要份量的狀態，是風險極高的狀態。若是有任何意外損壞了必須之物，必要份量的水位線就會立刻下降。因此必需之物僅有必要份量的狀態，**必須排除所有的意外，死命地維持現狀才行**。

這是距離豐裕富足非常遙遠的狀態。換言之，在必需之物僅有必要份量的狀況之下，人們無法感受到豐足。有超過必要限度的支出，人們才能開始感受到豐饒。

因而會是如此。在支付超過必要限度的支出時，人們會感覺到奢侈。因此，**人們為了要豐足地過生活，奢侈是必需的**。

浪費與消費

話雖如此，光是這樣還是會讓人覺得不對勁。

我們不認為胡亂花錢、胡亂丟棄東西是好事。我們理解有超過必要限度的餘裕是生活所必需，也知道這是豐饒富足的條件。但是，因此就肯定奢侈又會如何？

會出現這樣的疑問是理所當然的。

為了要回答這個疑問，希望關注布希亞這位社會學家／哲學家所敘述的，浪費與消費的區別。在非難奢侈之際，通常是沒有明確地區別這兩者之故。

何謂浪費？所謂浪費，是收取、吸收超過必要限度之物。充斥不必要的東西、用不完的東西，是浪費的前提。

因為浪費是超過必要限度的支出，相當於奢侈的條件。而奢侈是豐裕富足的生活所不可或缺的。①

浪費會帶來滿足。理由很簡單。因為收取或吸收物品，都是有其界限的。超過身體的界線便無法再進食，也無法一次穿非常多的衣服。換言之，**浪費總是會在某一點達到限制的天花板**。

然後就會停止。

人類至今仍不斷地在浪費。不論任何社會都在追求富足，在允許奢侈的同時也在享受奢侈。在每一個時代中，人們購買、擁有、享受並使用（物品）。「史前人類」的祭儀、封建領主的浪費、十九世紀布爾喬亞的奢侈……其他還能列舉出各式各樣的例子。②

但是，人類到了非常晚近，開始了一種全新的行為。

那就是消費。

浪費會在某一點停止。因為收取物品是有界限的。但是消費並非如此。消費是無法停止的。消費是沒有限度的。消費絕對不會帶來滿足。

為什麼？

因為消費的對象並不是物品。

人在消費之際，並不是在收取或吸收**物品**。人們是在**消費**物品上被賦予的**觀念或意義**。布希亞認為，所謂的消費是一種「觀念論的行為」。③為了要被消費，物品必須被符號化。物品若未經符號化，便無法被消費。④

人在消費什麼？

收取記號或觀念是沒有上限的。因此以記號或觀念為消費對象的行為，絕對不會終止。

例如不管是再好吃的食物，能夠進食的量都是有限的。過去以八分飽為限，但就算破戒亂吃，食量總是有極限。老是八分飽、八分飽地吃簡樸的食物也讓人覺得有點心酸，偶爾會想來點大餐飽食、甚至過食。這就是浪費。浪費會為生活帶來富足感。而且，浪費會在某個點❶告終。

相對於此，消費不會停止。例如，引發美食旋風的食物。在雜誌或電視上，某家店好吃、名人也會到店享用等宣傳。人們會蜂擁而至該家餐廳。至於為何會蜂擁而去，是為了要向其他人炫耀「我去過那家店哦」。

當然，宣傳不會到此為止，下次又會介紹別的店家。結果又得去那家店才行。會炫耀「我去過那家店哦」的人，應該很討厭別人說：「咦？你還沒去過那家店嗎？你不知道那家店嗎？」因此，必須追著這些被媒體介紹的店家跑。

這就是消費。消費者所獲取的，並不是餐飲此種有形的物品。而是該餐廳所被賦予的觀念或意義。在消費行為中，店家已經完全被符號化。因此消費是沒有終點的。

浪費與消費的差別非常明確。在消費之際，人們並不是收取實際呈現在眼前的**物品**。如同前一章所提，改版升級的狀況也是這麼一回事。要說為何經改版升級物商品就會暢銷，不經改版升級商品就沒銷路，是因為人們看的不是型號本身，而是在消費「經過改版升級」這個觀念罷了。

做為被消費的觀念的例子，布希亞關注的是「個性」。今天，廣告會煽動消費者的「個性」，消費者可以透過消費行為變得「有個性」。⑤消費者抱持者自己需要「有個性」才行的強迫症觀念（用比較現代的詞彙來說，應該會是「only one」吧）。⑥

問題在於，此處所追求的「個性」到底是什麼沒有人搞得清楚。也因此，「個性」絕對沒有完成的一天。換言之，藉由消費追求「個性」之際，人類是到達不了滿足階段的。從這個意義上來說，消費經常是被失敗牽著鼻子走。⑦與其說是失敗，更正確地說是不成功。又或者是說，明明沒有終點，卻又希望可以到達某一個定點。這種看似有選擇的自由箝制著消費者。⑧

原初豐裕社會

為了定位消費社會的相對位置，來介紹與消費社會正相反的社會吧。布希亞亦有所提及，是由人類學家馬歇爾·薩林斯（Marshall Sahlins, 1930-）所提出的假說「原初豐裕社會」❷。⑨這是藉由研究現代的狩獵採集民族，來論證石器時代的經濟「富足程度」的學說。

狩獵採集民族幾乎是身無長物。日常工具相互借用，也不會計畫性地貯藏或生產食物。東西沒了便出發去採集，是一種無計畫性的生活。

❶ 例如身體的極限。

❷ 此為薩林斯著作《石器時代經濟學》（*Stone Age Economics*）第一章之章節名，此處沿用生活·讀書·新知三聯書店於二〇〇九年出版之簡體中文版翻譯。

他們經常因為身無長物，而被認為是窮困的；其實他們窮困的原因在於「欠缺對未來的洞察力」。⑩換言之，因為沒有計畫性貯藏或生產的智慧導致身無長物，而被「文明人」們投以同情憐憫的眼光。

但是，這與實際情況差了十萬八千里。他們一點也不窮困。狩獵採集民族不是因為身無長物而貧窮，不如說他們因此是自由的。「拜物質所有物的極度有限之賜，他們從每天對於日常必需品的擔心中解放出來，得以享受生活。」⑪

此外，他們對於未來缺乏洞察力，也不知道貯藏蓄積等計畫，並不是因為缺少智慧。而是如同他們一般的生活，沒有憂慮擔心未來的必要罷了。

在狩獵採集生活中，憑藉少許勞力便可得到許多物品。他們不做任何經濟性的計畫、不貯藏，是所有東西都一次性地用過即丟的**大浪費家**。但是，這是因為他們生活在**允許浪費的經濟條件之下**。

因而狩獵採集民族的社會，與一般認為的相反，其實是**充滿物品資源的豐裕社會**。他們為了籌集食物而工作的時間，大概是一天三到四個小時之譜。⑫薩林斯介紹了被農耕民族包圍但拒絕採行農業生活方式、某個狩獵採集民族的案例。為什麼他們要拒絕農耕生活呢？好像是因為「那樣的話必須更辛苦地工作」。⑬

當然，不必過度理想化狩獵採集民族的生活。⑭狩獵採集民族也有無法順利籌集食物的時候、也會因環境的變化而陷入窮困之境（但是，可以說農耕民族這方面的風險也很高……）。

重要的是，他們生活的富足程度是與**浪費**連結在一起的，他們過著**奢侈**的日常生活。這是最重要的。如同布希亞與薩林斯所述，能夠浪費的社會才真正是「豐裕社會」。缺乏對於將來的顧慮與浪費性是「真正豐裕的標記」，也絕對是奢侈的標記。

妨礙浪費的社會

消費社會經常被稱為物質充裕的社會，甚至是物質過剩。但這完全是錯誤的。如同援引薩林斯的布希亞所述，現代消費社會的特徵不是物質過剩，而是稀少性。[15]在消費社會中，不是物品太多，而是**物品太少**。

要說為什麼，因為商品不是因應消費者的需求而存在，而是因應生產者的情況被供給。只有生產者想要販售的物品，才會出現在市場上。所謂的消費社會不是物質充裕的社會，而是物質不足的社會。[16]

而消費社會又將這些**少量**的物品加以符號化，促使消費者持續消費。消費社會驅使我們所做的，不是浪費而是消費。對於消費社會而言，若是物品被浪費會很傷腦筋。因為浪費將會帶來滿足。消費社會，希望我們不是浪費家而是消費者，並持續不斷玩著觀念消費的遊戲。所謂的消費社會，是**妨礙每個人浪費的社會**。

在消費社會中，在某個意義上我們**是被迫忍耐著的**。就算想要藉由浪費得到滿足，這樣的迴路也被關上了。而且還很難聯想到消費與浪費之間的區別。

這個觀點極其重要。為什麼呢？因為從這個角度出發，可以找到與提倡儉樸的不同方式來批判消費社會。

針對消費社會的批判，經常伴隨著對於簡約樸素生活的推崇。「消費社會是對於物質的浪費」、「人們慣於消費社會所帶來的奢侈」與「人們必須過著忍耐自持的樸素生活」等等。在日本過去也曾流行過所謂的「清貧思想」，指的正是這種狀況。

這些所謂的「思想」，是奠基於根本性的錯誤。**消費不會帶來奢侈**。消費之際人們得到的並不是物品，因此**消費反而會使人遠離奢侈**。徹底推進消費的消費社會，從我們身上奪走了浪費與奢侈。

而且不僅僅是奪取而已，再怎麼持續消費也無法帶來滿足，這個過程將不斷連綿重複。明明已經不斷連綿重複了，卻還是無法帶來滿足，消費行為將漸次趨於過激、甚至過剩。而且過剩的程度越大，缺乏滿足的感覺將越形強烈。

而這正是，在二十世紀登場的消費社會的最大特徵。

若我們要思考一句批判消費社會的口號的話，應該會是「讓我們奢侈！」吧。

做為消費對象的勞動與餘暇

若我們將消費視為對符號或觀念的消費，就能夠理解到，其實現代的許多領域是在消費理論下運作的。人類所有活動正在被消費理論包圍覆蓋。⑰

其中布希亞所關注的便是勞動。現在，連勞動都成了被消費的對象。具體而言，勞動現在成了消費忙碌此種價值的行為。「認為一天工作十五小時是自己的義務的老闆或重要職位者，這種**裝腔作勢**的『忙碌』便是極佳的例子」。⑱

這並不表示勞動本身不會產出任何價值。當然在社會中勞動會生產出價值，若非如此社會既無法運作。「勞動的消費」所代表的意義並非勞動無價值，而是消費理論連勞動都包圍覆蓋了。

如此檢視下來，能夠更進一步理解，高伯瑞少根筋地推崇的「新階級」的問題所在。高伯瑞歡迎從工作中發現生存價值的階級之誕生。但是，這不過是將消費的理論導入勞動行為罷了。他們之所以勞動，是為了消費「生存價值」此種觀念。

由此會產生更值得玩味的事態發展。勞動一旦成為被消費的對象，那麼這次連勞動以外的時間，意即餘暇也成了被消費的對象。每個人必須展示，自己正在消費藉由餘暇所成就的符號或觀念。「自己是不受生產性勞動所限制的」、「自己可以自由運用餘暇」，任何人都被催促著要展示自己確實如此的證據。⑲

因此餘暇也變得不再是停止活動的時間。而是**消費非生產性活動的時間**。⑳現在的餘暇，是必須向周圍全力宣傳「我正在做自己喜歡的事情哦」的時間。反過來說，**必須做點什麼**，是現在對於餘暇這段時間的定義。㉑

《鬥陣俱樂部》所描繪的消費社會

消費社會引導人們走向沒有終點的符號遊戲。人在其中**庸碌不已**地追尋著意義。一個接著一個地被供給所謂的意義，持續消費這些所謂的意義。乍見之下，也許會認為消費社會提供了人們與**無聊**處於對極的生活方式。因為在消費社會中，人的生存變得忙碌。

當然，如此判斷太過輕率。因為消費無界限，所以可以連綿不斷的重複；而即便連綿不斷地重複也無法帶來滿足，此一惡性循環如同先前所述，光憑這一點也很容以想像的出來。光靠以上的分析，也許我們可以說，消費社會是戰略性地製造出「無法被滿足」此種無聊，藉由將人們丟入這種深淵來繼續消費社會的存續。

但在此，為了要讓各位讀者更易於理解這一點，希望介紹一部電影。那就是一九九一年的美國電影《鬥陣俱樂部》（由大衛・芬奇執導）。這是一部以悲喜劇的方式，精采地呈現了消費社會，以及拒絕消費社會的行動陷於末路的作品。

主角是由愛德華・諾頓所飾演的、在汽車公司工作的上班族，工作是造訪自家公司的汽車事故現場、調查事故原因、判斷是否需要召回自家產品。

他幾乎每天都要搭乘飛機前往事故現場，住在飯店裡；過著每天在不同的地方起床睡覺的生活。在飛機上或飯店裡，每天過著使用一次性用過即丟的便利物品（牙刷、棉花棒、零嘴）的日子。他對此感到筋疲力盡。

可能是因為這個緣故，他變得非常自虐。將汽車召回相關的冷酷計算理論（例如假設事故的原因是自己公司的汽車的缺陷，若預計的賠償總金額低於召回所需費用的話，就不會召回產品），作為與飛機上鄰座的乘客的談資（在飛機上碰到的人們，也是一次性的友人）。又或是，夢想著自己所搭乘的飛機會發生重大事故。飛機搖晃的時候便會感到興奮。

而這樣的他的興趣是北歐家具。煩惱許久之後買下沙發，房子裡擺滿了名牌家具。他的房子反映了他個人。電影開頭用全景手法，顯示房間內家具的商品名稱與價格，讓他的房子成了名牌家具廠商的商品型錄立體版的一幕非常精采。在房子中間他這麼說：「現代的年輕人們比起A片更需要名牌。」

他為失眠症所苦。連續幾天都睡不著，因而失去了現實感。他以為所有的一切都像複製的影印畫面一般……。為了尋求協助而定期登門就醫看診，偶然發現了可以滿足他的療法。那就是頑症患者的團體諮商會議。

在美國，這樣的自助團體會議很常見，是與抱持著同樣煩惱的人們吐露心聲，一起傾訴、哭泣的場合（偏離了主題，但能夠確實準備此種療法這一點，正是美國社會的長處優勢）。

他用假名參加因為癌症而摘除睪丸的人們的聚會，在團體諮商中，最先開始發言的男人，開心地說離了婚的前妻與再婚對象之間生了個女兒，最後他哭了起來。沒錯，失去睪丸的他與前妻之間無法生育，會離婚恐怕也是為了這個原因。

分享結束後，參與的人開始進行一對一談話。由諾頓飾演的主角，與一個壯漢組成一組。壯漢開始敘述自己的半生。因為濫用肌肉增強劑罹患癌症，而後因為癌症摘除睪丸，被家人拋棄、身無分文。

最後壯漢這麼說：「這次輪到你落淚了，科尼利厄斯。」「科尼利厄斯」是諾頓所飾演主角使用的假名。

「科尼利厄斯」是偽裝的參加者。但即便如此，他仍然像潰堤一樣地開始哭泣。然後當天晚上，他酣然熟睡。被參加團體諮商人們的「苦難」所包圍，他藉此得到了安穩與平靜。

與泰勒相遇

某次在飛機上，他遇見了由布萊德・彼特所飾演的泰勒・德頓。自稱工作是製作與販賣肥皂的泰勒，在每個面向都與主角相反，十分自由奔放，也不討厭反社會的行動。偶然的機會下兩人同桌飲酒，在交談的過程中，非難依賴名牌商品的生活方式的泰勒這麼說：「我們是消費者。是生活方式（life style）的奴隸。」「你被物品給支配了。」泰勒根本就是拒絕消費社會的人。

這個泰勒，在酒館外面提出了奇妙的請求。

「盡可能地用力揍我。」

主角雖然感到困惑，但還是聽話照辦開始狠打泰勒，兩個人就這樣渾身是血地持續纏鬥。打完這一架後，由諾頓所飾演的名牌男，像是被泰勒附身般地開始露出自信滿滿的表情。兩個人十分意氣相投，開始生活在一起。

兩個人其後也屢次在酒館外頭互毆打架，不可思議的是開始出現了想要參加互毆打架的人們。參加者漸次增加，這個集會開始被稱為「鬥陣俱樂部」（fight club）。

俱樂部裡聚集了不屬於社會中堅／中心份子的男人們。清潔工、侍者等絕對談不上高薪的勞動者。被公司當成無用廢物的上班族。骨瘦如柴弱不禁風像書呆子的男人。過著遊手好閒生活、讓人敬而遠之的金髮男子。

他們互毆、流血，然後在打鬥結束以後，擁抱著流淚。他們藉由打鬥來確認自己還有肉體，傷害身體的話會流血，自己還活著。

鬥陣俱樂部的成員增加為龐大的數量。某次，泰勒對他們這麼說：

你們這些有良好體力與智力的傢伙
應該發展的可能性已被擊潰

說到職場是加油站或餐廳
微不足道的上班族
受到廣告宣傳文字煽動蠱惑
讓你們去買根本不需要的汽車或衣服
我們只是歷史的過客，沒有目標
沒有世界大戰，沒有經濟大恐慌
我們的戰爭是心靈之戰
恐慌則是每天的生活
電視說「你明天也能成為億萬富翁或大明星」
漫天大謊
認清現實的我們
是真他媽的被激怒了

——20世紀福斯家庭娛樂DVD，二〇〇四年

隨著俱樂部不斷擴張，漸漸地脫離了當初成立的目的。泰勒每週都會出「功課」，俱樂部成員則會加以實現。

「功課」的內容像是惡作劇。找人吵架、讓錄影帶店的防盜設備不能運作、撤下大量鳥食

讓高級車上滿布鴿糞，把停車場的減速墊表面弄出凹凸不平，讓車子爆胎。

但是，惡作劇不斷升級，俱樂部的組織也更形強化。泰勒要求成員們絕對保密，此外成員們也因為自己身為祕密結社的一員必須服從規律而感到生存的喜悅。不受控制的鬥陣俱樂部。諾頓所飾演的男子也意識到這點，開始警戒泰勒太過火的行為，但是又感覺到泰勒的所作所為自有幾分道理……。

消費社會與對消費社會的反動抗拒

以上大概是電影一半左右的內容。這是將消費社會、對消費社會的反動抗拒，以及產生餘暇與無聊的人類所面對的困難，以濃縮的型態描寫出來。

諾頓所飾演的上班族，苦於喪失了現實感。他在從事召回調查工作的過程中，強迫自己必須把死亡當成數字來處理，而為了持續這份工作，強迫自己跟**非一次性**存在的物品或人物有所互動。

對於這樣的現實，主角無法產生現實感。而此種現實感的喪失，給他帶來了**無可救藥的無聊**。

如同第一章的內容，根據羅素所述，所謂的無聊是期待事件發生的心情遭遇挫折、無聊的相反不是快樂而是興奮；而且對於無聊的人來說，「事件」只要能區別今日與昨天的不同即可，不必是令人愉快的事情。

期待著自己所搭乘的飛機發生事故墜機，在主角的心中，期待事件的心情已達頂點。他，只要能夠讓今天與昨天不同，甚至連自己的死亡都不會讓人感到厭惡吧（雖然說話者不是主角，但劇中有這樣的台詞『死什麼的，還真能這樣輕率出口啊』）。

此外，他雖感到無聊但並非有閒。每天都被工作追著跑。第三章針對區別閒暇與無聊所製作的表格（本書一一〇頁），他所呈現的，有閒無聊、有閒不無聊與無閒不無聊三者皆非，而是第四種、**無閒又無聊**的人類樣態。

在**無閒又無聊狀態下**的他，藉由消費名牌商品此種典型消費人類的行動來得過且過。但是，無法得過且過。如同布希亞所說的，因為消費是沒有終點與界限的。他**就算不斷消費，也沒有浪費**。

他想要自己活在現實之中的感覺。在頑症患者的自助團體聚會中，與根植在與會者身體之中的痛苦相遇之際，他之所以感受到解放感也是因為如此。

他在聚會上終於與現實（痛苦）相遇。至今的他雖然感到痛苦，卻不在真實的苦痛之中。他真切地期待自己承受痛苦。

話雖如此，參加此種聚會，也就是模擬痛苦經驗。這是無法長久持續下去的。他食髓知味地參加類似聚會，但因為偶然的意外而無法順利進行（出現了用同樣的假名參加聚會的女性，他又再度難以成眠）。

互毆打鬥，成了此種**痛苦經驗模擬的替代品**。這是「真正的」痛苦。在鬥陣俱樂部的互毆打鬥中，他受了頭部必須縫個幾針才行的重傷。但是，這種疼痛給了他真正活著的現實感。

此處電影漂亮地描寫了以下三種類型：

⑴遠離現實的消費遊戲——名牌狂

⑵現實（痛苦）的模擬——參加頑症患者的自助團體聚會

⑶現實（痛苦）的實現——鬥陣俱樂部

泰勒是誰？

那麼泰勒又是如何？他是典型的反消費社會的代表人物。他是這麼說的：「你們被物品支配了」、「受到廣告文宣的煽動蠱惑，去買根本不需要的汽車或衣服」。

但是，重要的是泰勒無法自立於消費社會理論之外這一點。泰勒並沒有活出「自我」。他其實是一邊服膺著消費社會的理論一邊抗拒消費社會，這就是泰勒。此話怎麼說？

在消費社會中，無聊與消費是相互依存的。沒有終點的消費固然可以粉飾或排遣無聊，但同時也會製造出無聊。**無聊促使消費，消費又導致無聊**。這裡並沒有餘暇可以登場的餘地。

消費與無聊的循環無限重複著，但是，由於還是感到無聊，這個循環最終會讓人產生反動與抗拒。由此產生了泰勒這個角色。

像泰勒這樣的人物令人耳目一新。諾頓所飾演的名牌男，一開始也憧憬著泰勒的自由奔放。在消費社會特有的壓抑之中，像他這樣的人物看起來確實很酷（不是因為由布萊德．彼特飾演才是如此！）。

但是，其實泰特毫無自由可言。若他真是自由的。他應該會積極地考慮他特有的、新型態的解放手段。結果他只是拒絕消費社會、從事破壞而已。當然，破壞之後有什麼會到來，屆時應該做些什麼，他是完全沒有思考的。

那麼，為什麼泰勒只搞破壞？

因為雖然聽起來他應該有「本來的」生活，但那是什麼我們一點也不清楚。這與完全不過問藉由消費會帶來如何的「個性」，卻煽動「個性化」的**消費社會理論如出一轍**。他被消費社會所追趕，而且依循著消費社會的理論一邊抗拒消費社會。他只是由消費社會、或說消費人類所創造出來的反射。泰勒其實是消費社會的**副產品**。

令人作嘔的是，消費社會連泰勒都要加以利用。泰勒早晚會自取滅亡。如此一來，消費社會便可說「果然還是追隨我們這一方比較好」，而推崇「富裕社會」（＝消費社會）。甚至還會更進一步把泰勒的反抗的嘗試當成商品加以利用。㉒我們甚至可以說，如同泰勒一般的消費社會的反射，是消費社會為了自身的存續而創造出來的。㉓

現代的異化

從「閒暇與無聊的倫理學」的觀點出發，透過這部電影想要闡述以下內容。由消費社會所導致的，可以稱之為「現代的異化」的事態確實存在。而——無論是否會如同電影所描寫的陳腔濫調般演變成過激的狀況——此種異化的深處，蘊含著某種強烈的情感。

一般而言，異化所指稱的是人類喪失了原本的樣貌而處於非人類的狀態。過去「勞動者的異化」曾熱烈被言及。勞動者受到資本家強制接受惡劣的勞動條件／勞動環境，失去了人類本來的樣貌。例如閱讀馬克思的《資本論》，其中描寫了在現在難以想像的勞動條件下工作的勞動者的情況。

相對於此，消費社會中的異化與過去的勞動者異化有著根本性的差異。論其原因，所謂消費社會的異化，並非是**誰被誰欺凌**所導致。在消費社會中被異化的人們，是**自己異化了自己**。布希亞有以下敘述。「（在消費社會中）被異化的人們，雖然變得衰弱貧窮但本質上並非是沒有犯行的人，而是自己轉變成對於己身之惡、己身之敵」。㉔

何以能夠這麼說？那是因為持續著沒有終點的消費遊戲的，是消費者本身。確實，某種意義上，消費者是被強制消費的。受到廣告煽動，被強迫參與消費遊戲。但是，這與資本家長袖善舞金錢的影響力，讓勞動者在惡劣的條件下工作的強制有所不同。消費者是自己**奮不顧身地持續參加**把自己逼到絕境的消費循環。人類不是被誰消耗侵蝕，而是自己消耗侵蝕自己，這便

是消費社會中的異化。㉕

只是在此處有必須注意的地方。若將此處的異化僅僅當成是點名的話，可能會犯下很嚴重的過失。

異化與本來性

如本章的開頭所述，「異化」過去被視為專指「勞動者的異化」而引發熱烈討論，但從某個時間點開始，卻成了人們敬而遠之的概念。為何會演變成比種狀況，因為此種概念被認為是極度危險的。這是怎麼一回事？

所謂的被異化狀態，會引爆讓人出現「有什麼地方出錯」，「人類不應該處於此種狀態」的情緒。**到這裡為止還無妨**。但由此人會開始思考「若要說為什麼，因為人類**本來**就不是這樣的」或「人類**本來**就應該是這樣這樣的」。

換言之，「異化」這個詞語會讓人浮現出「本來的樣貌」、「應該回歸的樣貌」等，簡要可說是「本來的樣貌」的印象。以本來性或「本來的東西」來統稱這些印象吧。「異化」此一詞語可能會讓人想起本來性或「本來的東西」。

「本來的東西」是非常危險的印象。因為它是具有強制性的。若有什麼被定義是「本來的」。對於所有的人類此種「本來的」樣貌都會具有約束力。本來性的概念會從人們身上奪走自由。

不僅如此。「本來的東西」具有強制性，這代表逸出「本來的東西」常軌的人也將遭到排除。若根據某種標準事先決定了人類「本來的樣貌」，人們便會受其強制約束，無論如何都無法融入的人們，便會被視為不應該存在的人類而被排除在外。

舉例而言，若接受「健康地工作是人類本來的樣貌」此種本來性的印象，而因為各式各樣的理由而無法擁有「健康」的人們，便會被視為非人類。這是最自我中心的想法。

本來性，或說是「本來的東西」只會導致強制與排除。而異化受到熱烈討論的時候，從某個時間點起，人們可能開始難以將「異化」的概念與「本來性」的概念加以抽離切割。因而視「異化」為危險的概念，不再加以運用。㉖

異化的再考

以上是圍繞著「異化」與「本來性」兩個概念各項問題的概略歷史。「本來性」的問題點非常明確了。而「異化」從某個時間點起則被視為「本來性」的共犯。而且，可說是同時被逮捕、被課以罰則。

但是，以這段歷史為基礎，本書想要提出以下疑問。確實本來性的概念中有著非常大的問題。但是，應該因此連異化的概念也一併捨棄嗎？異化與本來性之間有著共犯關係，真的是沒錯的事實嗎？當這個共犯關係被建立時，難道不是論者滿足於過於粗略的討論所導致的結果嗎？是否把不應該放在一起討論的概念給拉到一塊兒去討論了？

在消費社會戰略性製造出來的**不滿足感**中感到無聊的人們，會認為「有什麼不對勁」、「不應該是這種狀態」。換言之，即便沒有使用「異化」這個詞彙，人們仍感受到異化。若是如此，為何不能指名道姓說這是異化並加以討論？

不，倒不如應該這麼說。若要疏遠異化此一概念，那如何能夠處理這樣的事態發展？無法處理吧？換言之，當在思想或哲學領域上開始避諱異化此一概念的時候，所發生的狀況難道不是**不再處理異化的問題**嗎？總而言之，認定異化概念與本來性概念之間有共犯關係，開始在意並譴責此事的思想／哲學，難道不過是對於**異化此一現實視而不見罷了**嗎？

若真是如此，那麼由此而產生的，僅僅是追認既成現狀的思想／哲學。

而實際上，拋棄了異化概念的思想／哲學，我認為確實就淪為如此了。

在某個悲慘狀況下，人們感到「有什麼不對勁」、「不應該是這種狀態」是理所當然的。

當有此種感受的時候應該究明其原因、並圖謀改善之道。異化的概念可能讓這種改變發生。

若是如此，那麼問題就不在於異化的概念本身；而在於做為對於異化狀況所開出的處方箋，**後見之明地提出了本來性的概念這件事情上**。對於被異化者，針對其人提出了應有「本來的樣貌」，這個解決策略出了問題。

將異化的概念連同本來性的概念一起拋棄，打個比方，等於是因為處方的藥物出了問題，而把記載診斷結果的病歷一併丟棄一樣。

無聊，尤其是現代的無聊，是以應該被稱為異化的形態呈現。因此必須更積極思考這個概念才行。持續忌諱迴避異化這個概念，代表著持續對現實視而不見。

那麼，以上述的內容為基礎，應該如何面對異化此種概念？應該問的是以下的問題。過去在譴責異化概念時，作為譴責理由被提及的異化概念與本來性概念之間的共犯關係，真的是有確實根據的嗎？簡要來說，異外與本來性真的是不可切割的嗎？

以下將針對這個問題，參考哲學史進行詳細檢討。如同本章開頭所述，這一部分的內容會是略微複雜的哲學性討論。雖說已盡可能以易讀為目標來寫作，若有讀者對相關內容感到厭煩，延後閱讀此一部分，先行進入下一章也無妨。

盧梭與異化

異化的概念本身具有其獨立的哲學傳統。其起源可以追溯到神學，但一般認為近代的異化概念可上溯至盧梭（Jean-Jacques Rousseau, 1712-1778）。㉗

關鍵在於盧梭提出自然狀態的概念。所謂的自然狀態，是自十七世紀左右開始被熱烈討論的概念。討論此一概念時哲學家思考的是，人類在自然狀態，意即全無政府或法律的狀態下應該如何生存。

此種自然狀態論有數個不同版本，盧梭的自然狀態論是最著名者之一。根據盧梭所言，在自然狀態中人類會良善地過日子。為人類帶來不幸的是文明社會，文明社會正是給人類帶來異化狀態的主因，這是盧梭的主張。

舉例而言，盧梭有以下敘述。

> 處於此種狀態（指自然狀態）的人類是極度悲慘的存在，過去不斷有人重複此種論調。〔中略〕但是，自由、心靈安適、身體又健康的人們到底從哪個意義上來說是（悲慘）的，希望能給我們一些說明。
>
> 我想要探究的是，在文明的生活與自然的生活兩者之間，對於生存於其中的人們而言，哪一個是會讓他們感到難以忍耐的生活。看看我們的周圍吧。難道不淨是些感嘆生活苦的人們嗎？㉘

據盧梭所言，自然狀態是平和無波的。對照於文明人們哀嘆「生活苦」，自然人們過著心靈安適的生活。那麼，為什麼盧梭能夠將自然人的生活，如此描寫成遠離「悲慘」的狀態呢？

而比盧梭更早之前便論及自然狀態的是霍布斯（Thomas Hobbes, 1588-1679）。藉由霍布斯與盧梭的自然狀態論的比較來思考此一問題。

霍布斯可說是盧梭的對照組，將自然狀態描述成戰爭狀態。霍布斯主張從自然狀態中可見的，是「萬人對萬人的戰爭」❸。霍布斯如此主張的根據頗值得玩味。

霍布斯的想法是這樣的。人類原本是平等的。但這所代表的意義並非人們擁有平等的權利，或是人類必須被平等對待。而是人類的每一個個體之間，並沒有太大的差別之意。確實有力氣大的人，反過來說也有體力羸弱的人。但是，不管是多麼身強體壯的人，若聚眾數人結黨相抗，也沒有打不倒之理。人類之間的力量強弱差距就是這麼回事。甚至是身體不能行動的人，只要能聚眾服從他們的指示，也能夠控制力量強大的人。人類之間的較量不過是這樣半斤八兩的比較。霍布斯以此種人類力量的平等，做為其立論的出發點。

由此歸結出以下的結論。人類彼此的力量若無甚差距，則預想不論是誰，每個人都以**同樣的程度希冀同樣的事物**。論其原因，因為人們會想「那傢伙有那個。我有那個的話應該也不錯」。霍布斯稱此為「希望的平等」。

---

❸ bellum omnium contra omnes，又譯作所有人對所有人的戰爭。

「希望的平等」會引發不安。因為人變得會去猜測「因為我有這個，也許其他人也會以這個為目標」。在擁有什麼的時候、希望什麼的時候，自己會產生有競爭對手的意識。換言之，人類會陷入互不信任的狀態，並且疑心生暗鬼。

當然，人類是耐受不住這種不安的。說到該怎麼辦才好，便要採取排除不安的防衛策略。一個人無法與力量強大者匹敵，所以要聚眾結黨，強固自己的力量。不僅如此。若有威脅到自己的其他人類集團或黨眾，應該會先下手為強加以攻擊吧。總之，不然也許就是自己遭受攻擊了。

此種人類之間的鬥爭，會產生無秩序狀態。而這便是霍布斯所言的戰爭狀態。㉙

自戰爭狀態至國家形成

霍布斯的想法中有趣的是，他將平等視為無秩序的基礎。若是不平等則自然會產生秩序。因為某某人必須服從於某某人這種狀況非常明確，沒有質疑的空間。但是，人類之間的力量平等，沒有太大差別。從而產生了「希望的平等」，以及無秩序狀態。

所以只要自然狀態持續下去，人們就必須不斷感受到窒息般的痛苦，以及對於生命的威脅。那麼，如果要說這是人類原本就期望的事態發展，當然並非如此。人類自然是期望和平的（此為自然法則第一條）❹。

但是，在自然狀態中每個人都會為了保護自己的性命，而做對自己有好處的事情，也因此和平不會到來。在這種狀態下，存在著個人為了保護自己的身家，可能危及人類全體的身家之矛盾。

那該如何是好？此種矛盾該如何消除？霍布斯的論點非常簡單。若為了保護自己的身家而危及眾人，那麼**由眾人來阻止就好了**。放棄自然所賦予人類的「什麼都能做，做什麼都無所謂」權利，意即「自然權」，確立法律的支配權就可以解決問題（此為自然法則第二條）。

如此一來，必然會導向眾人全體形成一個國家，並且服從一個權威的社會契約論。根據霍布斯的說法，社會契約是針對等同於戰爭狀態的自然狀態進行考察時，會導出的必然結論與行為。㉚

盧梭的自然狀態論

那麼，讀了霍布斯的自然狀態論，無疑會產生以下的疑問。為何盧梭與霍布斯完全相反，將自然狀態描寫為距離「悲慘」如此遙遠的狀態，並提出善良的自然人的眾生相？因為盧梭是相信性善論的人的緣故嗎？簡言之，此種結論上的南轅北轍，是因為盧梭與霍布斯的個性差異

❹霍布斯共提出十九條自然法則，或譯自然法／自然律。

盧梭	自然狀態 善良的自然人	社會狀態 墮落的社會	國家狀態 由社會契約締結的共同體
霍布斯	（無考察）	自然狀態 萬人對萬人的戰爭	國家狀態 由社會契約締結的共同體

所造成的嗎？

並非如此。由盧梭的性格或感性來說明此種差異是行不通的。兩者之所以歸結出不同的結論，有著理論性的理由。

這個理由其實非常簡單。根據盧梭所言，霍布斯的「自然狀態」並不是自然狀態。而是**社會已然成立之後的狀態**，總而言之，霍布斯的論調只是在描述**社會狀態**罷了。

霍布斯假設有某種程度數量的人類採行群體方式生活的狀態。但是，從自然狀態發展為社會狀態的演變過程必須追究的，正是此種人類集團的形成。

因此也可以這麼說吧。霍布斯所描述的不是自然狀態與社會狀態，而是在這兩個名稱之下，描繪出社會狀態與國家狀態。據盧梭所言，霍布斯是「將在社會中所產生的思考方式帶入自然狀態中，以此為基準來討論自然狀態」。㉛

盧梭以此種方式批判霍布斯，並考察人類群體形成之前的狀態。那麼，群體生活開始之前，在自然狀態中生存的人類是什麼樣的存在？

人類在自然狀態中會歌頌自然權。隨心所欲地在高興的時間、做自己喜歡的事情。因此沒有必要結成群體，不僅如此，也沒有必要跟誰在一起。盧梭曾有非常明確地敘述，男女相遇共度一晚之後，第二天就沒有兩人在一起的理由了。伴侶或是家庭完全不是自然的集團。論其原因，在自然狀態中，並不存在著束縛人類的羈絆。

一般咸認，在自然狀態中是強者壓制弱者。但是，盧梭說「壓制」這個詞語所代表的意義他並不是非常清楚。在社會狀態中會有暴力支配者存在。但是，在自然狀態中，奴役或是支配等行為原本就不成立。

例如某人採集到的果實、某人殺死的獵物、某人使用的洞穴，可以被他人以強大的力量奪取。但是，要如何能夠讓別人服從呢？透過自己的所有物，能夠在身無長物的人們之間，形成讓他人對自己依賴的「枷鎖」等連結吧。[32]

盧梭在此處言及「所有」這一點是極為重要的。若無所有，無法讓他人隸屬臣服、也無法壓制他人。自己因為擁有某項東西，若聽從我的命令那我便分享所有物，只要此種邏輯無法運作，人們便不會順服自己。

所有是一個制度，並以複數的人類遵循共通的法律秩序為前提。即便是在自然狀態中，一定也會存在著以暴力奪取他人佔有物之輩。但是，若有誰強奪了自己的住所，自己只要再找其他住處就好。雖有力量強大的人存在，這樣的人能夠什麼都不做就讓其他人聽命於他嗎？[33]

利己與自愛

有可以為盧梭所思考的自然狀態與社會狀態下註腳的概念。那就是「自愛」與「利己」這兩個對稱的概念。

自愛是保護自己的心情，換句話說是自我保存的本能。根據盧梭所言，人類不管在任何狀態下都會企圖保護自己。危險迫近的話便會迴避。即便處於自然狀態這一點也不會改變（而在一般的社會契約論中，通常將此種自我保存的本能視為社會契約的原動力）。

相對於此，所謂的利己，是以他人與自己的比較結果為基準，希望將自己置於較他人優越地位的情感。想要站在比他人優越的位置、憎惡處於劣位的自己，羨慕處於優越地位的他人，利己便是這樣的情感。這種情感只會存在於社會狀態中。

在自愛中所出現的只有自己。相對於此，在利己中出現了他人，因此利己僅存在他者與自己的關係之中。用比較艱澀的哲學方式來說，利己是以他者為媒介。

盧梭說了很有意思的事情。在自然狀態中，應該也有搶奪弱者獵物、或把自己的獵物讓給強者的狀況吧。但是，存在於自然狀態中的此種掠奪行為，僅會被視為「自然的發生／遭遇」。

例如，被熊攻擊必須丟下食物逃命、好不容易摘到的水果因為跌倒而掉到河裡，或被初次見面的強者奪走獵物等，這些事情在自然狀態下並不會被區分。不管發生哪種狀況，人們都只會想「啊，搞什麼嘛……」。為什麼？因為這單純是「自然的發生／遭遇」。[34]更進一步說，無論是掠奪行為、自然災害或意外，最後人們都只能認為「那也沒辦法」。[35]

這些事情從相反方向來看就更清楚了。現在我們不處於自然狀態，而是生活於社會狀態中。生存於社會狀態中的我們，若是在超市買的蘋果被哪個力氣大的人奪走了，我們不會認為「那也沒辦法」。應該會責怪搶走蘋果的人吧。

那是為什麼？很簡單。唯一的原因是我們認為「用武力從我這裡搶走蘋果是不正當的行為，為什麼？因為他**沒有這種權利**」。換言之，以社會狀態為前提、以構成社會狀態的所有人都擁有平等的權利為前提，會開始產生如怨恨這樣的情感。[36]

隨著平等的信念而產生否定性的情感，盧梭將這些情感統稱為利己。利己正是支配與壓制的起源。因為所謂利己，是希望讓自己相較於他人，處於更高位置的心情。反過來說，若是沒有利己存在的狀態，人類便無必要做如同支配或壓制這樣邪惡的事情。[37]不是做不到，而是**沒有必要**。因為沒有所有物、也沒有束縛人類的秩序，這個狀態下並不具備讓人從事邪惡之事的條件。

自然狀態論有什麼用處？

如果我們仔細思索盧梭的敘述，就會知道盧梭並不單單主張自然人的善良。與其說自然人是善良的，不如說無法作惡，也無此必要。自然人不過是在邪惡無法成立的客觀條件下生活罷了。

因此，盧梭的自然狀態論並不是為了價值判斷（明白哪一邊比較好）的討論，而必須被認定是對於**人類生存的客觀條件**的描述。盧梭的思想經常會以「回歸自然」這句口號被加以介紹；但是，這個詞語**完全不存在於盧梭的著作中**也是眾所皆知。

而最重要的，盧梭針對自然狀態曾說過是「已經不存在，恐怕一點也不曾存在，大概將來也絕對不會存在的狀態」。㊳盧梭並未將自然狀態，**描述成過去人類曾經存在、或是能夠回歸的狀態，也未將其描述成未來應該抵達的狀態**。

盧梭的企圖，是從整體來遠觀我們認定為理所當然的社會狀態。人類因為現在正處於社會狀態中，因此無法對其生疑。但是，若以自然狀態為討論範圍，自然就會讓人思考「沒錯，希望把自己放在比他人更高位置上的心情，是因為處在文明社會中才會產生的，並不是人類的本能」。

盧梭的自然狀態，是為了將社會狀態設定在相對位置上提出的概念。又或者說，是為了區別自愛與利己而存在的概念。若無此區別，會以為人類不管在何時何處都會受到利己的支配，而希望將自己置於較他人優越的位置上。但其實，人類不管何時何處都具有的情感是自愛，而非利己。

舉例而言，這也許跟經濟學開始以完全競爭為模型的狀況很類似。完全競爭是純粹理論性的虛構（fiction），並不存在此種狀態。而（恐怕是）連經濟學家都不認為這個狀態是存在的。只是以此為相對比較的模型，針對與模型有出入的現實加以描述。

無本來性的異化

但是，此處必須留意。

以純粹的理論模型做為比較基準，可能會讓人誤以為這個模型有如理想狀態。例如，認為完全競爭是我們所希望的狀態，但現在的市場秩序被擾亂了……。

必須說盧梭所描繪的自然人樣貌也**遭到同樣的誤解**。把「回歸自然」此種盧梭一次也沒說過的話，視為是盧梭理論代表的這段歷史，便是將盧梭所描寫的善良自然人的樣態，解釋為這應該是**本來的**人類樣態的證據。

「本來」這個詞語，如同字典所載，代表的意思是「原本是如此」、「這是理所當然的」，或「現狀並非如此但其實應該如此」。㊴若是如此，盧梭所描述的自然狀態，對於人類而言絲毫不是「**本來的**」狀態。因為這種狀態「至今不存在、現在不存在，以後也不會存在」。

盧梭絕對沒有提到本來人類應該有的樣貌，或是對於人類而言，什麼是「本來的」等內容。盧梭只是藉由自然狀態此種模型，來描述文明人「悲慘的」樣態與其異化而已。

彙整出來會是如下內容。

被稱為「異化」起源的所謂盧梭自然狀態論，是什麼樣的內容?盧梭的自然狀態論**並未假設**何為人類本來的樣貌，而是描述人類的異化狀況的理論。一言以蔽之，在其理論中所產生的，是**無本來性**的異化此一概念。

這一點極為重要。盧梭對於自己必須針對文明人的異化加以論及這一點，抱持著使命感。同時，即便是要討論異化，盧梭堅毅地規範自己，不能夠召喚「本來的東西」此一概念。這種慎重而且大膽的研究態度的重要性，不管強調多少次都不算過分。

希望各位讀者記下「無本來性的異化」此一概念。接下來請大家稍微再跟異化相關的內容相處一下。

馬克思與勞動

若說近代異化概念的起源可以上推至盧梭，那麼盤據在相關討論中心、成為此一概念近景的便是黑格爾（Georg Wihelm Friedirch Hegel, 1770-1831）與馬克思（Karl Marx, 1818-1883）了。

不過此處列舉出黑格爾與馬克思，在這個概念上是代表正相反的兩種意義。黑格爾是做為肯定異化的代表，而馬克思則是否定異化的代表。

根據黑格爾的說法，人類一旦拋棄了自己固有之物，便能夠實現崇高的理想。放棄自己固有之物的過程，黑格爾以異化稱之。換言之，人類**一旦異化了自我**，藉此克服異化，便能夠實踐崇高的理想（具體而言是共同性，即共同生存）。

相對於此，馬克思有以下反論。

黑格爾只是把人類的異化，執拗地放在頭腦裡打轉而已吧？請看看勞動者。他們放棄了自己固有的東西，辛勤工作，他們就處在異化之中，**而且一直維持這種狀態**。自我放棄就是自我放棄。他們放棄的東西不會再回到他們身邊。因為透過勞動力的外化所完成的商品，不是他們的東西，而是資本家們的囊中物。這裡不存在任何更高層次的自我實現。

由此馬克思將異化概念視為與黑格爾完全相反的否定意義，並且以更廣義的方式使用此一概念。馬克思的異化論有其更複雜的歷史背景與經緯，在本文中就割愛不提了。㊵馬克思在其異化論中的論點絕不困難。資本主義下的工廠勞動者被迫從事特定的作業，也就是被視為工廠設備的一部分、被視為零件，被當成「障礙者」或「畸形」。而且因為被強迫重複從事特定作業，也無法活用善用自身的特質。這便是馬克思所稱「異化的勞動」。

這也適用於今日的討論內容。但問題在於該如何解讀馬克思的異化論。

該如何解讀馬克思異化論？

做為一九五〇至六〇年代熱烈探討異化論的書籍，我們可以舉出帕本海姆（Fritz

Pappenheim）的著作《現代人的異化》（*The Alienation of Mardern Man*）為代表。這本書忠實地反映了馬克思的異化論如何被解讀，傳達出當時的時代氛圍。㊶

帕本海姆藉由與斐迪南・滕尼斯（Ferdinand Tonnies, 1855-1936，德國社會學家）的著作《共同體與社會》（*Gemeinschaft und Gesellschaft*）❺的比較，來闡明馬克思異化論的意義。

首先簡單說明滕尼斯的論點。在書籍標題中出現的德文 Gesellschaft，通常被譯為「利益社會」，代表由契約關係所組成的社會、藉由人為結合而成的、具合理性與機械性的社會。相對於此，德文 Gemeinschaft 通常被譯為「共同社會」，指稱的是因地緣／血緣等感情為特徵而自然發生的共同體。滕尼斯指出，在歷史發展過程中人類階段性地由 Gemeinschaft（共同體）移往 Gesellschaft（社會）群體生活。

根據帕本海姆所言，馬克思說明的工業化近代社會的組織型態，便是 Gesellschaft（利益社會）的原型。處於其中的個人是各自孤立的存在。個人只有在例如被公司或工廠雇用等特定目的下，才會相互接觸。

如此一來，他人對自己而言不過是一種手段。為了特定目的才連結在一起，當然會如此。對於上司而言的下屬、對於資本家而言的勞動者，都是為了達成目的的手段。

因而在利益社會中，便無法避免工廠勞動者變成機械零件的狀況。因為勞動者不過是一種手段。馬克思在異化論所描述的事態發展，正是近代社會命運的結論，也是由此而生。㊷

異化論者的欲望

那該如何是好？接下來才是問題。令人意外的是，帕本海姆接著回歸到馬克思理應批判的、黑格爾的勞動概念上。

稍加詳細檢視吧。據帕本海姆所言，馬克思雖然力主遭到異化的勞動的危險性，但他並不僅只於看到異化的負面影響。㊸馬克思與**黑格爾相同**，也相信透過異化的痛苦與克服異化的努力，人類可以回歸到自我。此點**賦予了勞動過程真正的意義**。㊹帕本海姆如此的敘述，是將馬克思的思辨內容理解為黑格爾的思辨內容了。馬克思的討論內容是由針對黑格爾的批判而生，若是知道這一點的讀者，必然會歪著頭表示不以為然。

此處應該檢視的是一種典型症狀。於此清楚呈現了**討論異化此一主題的人們的欲望**。此欲望就是希望回歸本來性，除此無他。因為勞動被異化了，必須回到本來的、「真正的」勞動型態……。當時的異化論者是這麼希望的，而且把這個希望大白話一五一十地寫成了論文——請忽略馬克思的文言文。

無須重複，夢想著「真正的」勞動云云，不過就是黑格爾在腦中執拗地打轉的勞動概念，而從指出批判這一點開始（其研究生涯）的，不正是馬克思嗎？

❺西方社會學經典著作之一，初版於一八八一年。

一旦落到這個問題上，理論性的絮聒討論也是徒然。總而言之，幾乎所有提到「異化」的人，都是受到「想要回到本來的東西」、「想要恢復本來性」等欲望的刺激驅使。而這會妨礙冷靜理性的討論。

因此會採取所有的手段來描繪「本來的東西」，也無視文獻內容。實際上，當帕本海姆稱馬克思相信被賦予「真正意義」的勞動過程時，他甚至無法引用馬克思自己的著作文獻。甚至還讓理應被馬克思駁斥的黑格爾理論復活。

為何馬克思的異化論在流行過後，又遭受強烈的反撲並被駁斥，其理由非常明確吧。因為當時的異化論者，每個人都持續在尋找根本不存在的「本來的東西」，又或是——最壞的狀況下——把所謂的「本來的東西」（本來性）強加在他人身上。

勞動與工作——漢娜．鄂蘭

對於本來性的強烈欲望，貫穿於過去流行的異化論中。那麼，馬克思本身又是如何思考與看待此事？參考漢娜．鄂蘭（Hannah Arendt, 1906-1975）的馬克思批判來思考這一點，並結束本章的討論吧。

鄂蘭在《人的條件》（*The Human Condition*, 1958）❻㊺一書，提到馬克思的勞動概念陷入矛盾。鄂蘭的主張極為單純。馬克思稱勞動是必要的。但同時也提到勞動者階級必須從勞動中被

解放。因此兩者之間產生矛盾。㊻

換句話說，馬克思對於勞動既肯定，又否定。據鄂蘭所言，此種矛盾普遍存在於討論勞動的近代代表性哲學家身上。要說為何會出現此種矛盾，鄂蘭認為是因為近代哲學家們並未區別「勞動」與「工作」不同之故。

那麼，這裡所謂的「勞動」與「工作」分別是什麼？

據鄂蘭的定義，「勞動」是與被人的肉體所消費的物品相關的生產活動，例如食品、衣物的生產便可歸屬此類。這些生產活動在過去是由奴隸來負擔，因此「勞動」是應該被忌諱討厭的行為（這一點只要回想起范伯倫的《有閒階級論》便能夠明瞭）。

相對於此，「工作」指的是可以在世界上存續的事物之創造，藝術便是其中的典型。「勞動」的受詞對象會被消費，而「工作」的受詞對象則會存續。因此「工作」被賦予較諸「勞動」更高的地位，是被加以肯定的。㊼

像這樣將兩者區別之後，鄂蘭有如下敘述。為何勞動會被否定、又被肯定？這是因為哲學家們搞混了「勞動」與「工作」。同樣的行為，若選擇定義其為「勞動」則被以否定的方式受到討論，若關注其為「工作」，則會被視為正面積極。㊽

此種混同不清始於洛克（John Locke, 1632-1704，英國哲學家）。但是，因混沌不清而產生的

❻ 繁體中譯版由林宏濤翻譯，商周出版，二〇一六年。

矛盾，最強烈地呈現在馬克思身上，鄂蘭如是說。因為以如此強烈程度討論勞動議題的哲學家，除馬克思外再無他人。

鄂蘭以下列方式來呈現這一點。「馬克思的勞動概念，抱持著他處難得一見的根本性矛盾。但是，程度如此之甚的根本性矛盾，在二流作家身上幾乎不會發生。正因為是偉大思想家的作品，才有本事將此種矛盾深刻導入作品的核心」。㊾

據鄂蘭所言，正因為馬克思是一流的思想家，才有可能具體呈現出此種矛盾。

鄂蘭的馬克思文獻竄改

那麼，鄂蘭說馬克思是矛盾的。因為馬克思是一流的才會有所矛盾衝突，打算讓其主張勉強過關。但，真是如此嗎？論及被異化勞動的馬克思，真的提倡從勞動中解放嗎？

當然，本書在此想要主張——**並非如此。馬克思並未提倡從勞動中解放人類**。而且要找出證據，根本不需要任何一丁點複雜的哲學理論。其證據甚至輕而易舉就能簡單地找到。只要閱讀鄂蘭自己所引用的、馬克思《資本論》的一節即可。

據鄂蘭所述，馬克思主張「只有當勞動被廢止之際，『自由的王國』才能取代『必然性的王國』」。而做為證據，鄂蘭引用《資本論》的一節而有如下敘述：

論其原因，「**自由的王國始於由需求與外在目的規定的勞動終止之際**」，因為只有在這種狀況下，「**直接的生理需求的支配**」才會結束。㊿

慎重起見提出說明，以上黑體部分是引用馬克思的文字。

對於鄂蘭而言，馬克思的這一節「自由的王國始於由需求與外在目的規定的勞動終止之際」是具有決定性的，在以討論馬克思為中心的《人的條件》第三章，她曾經兩度引用這段文字。

但是，這是說**自由的王國始於勞動終止之際**的文字嗎？

完全不正確。

這是敘述自由的王國始於**由需求與外在目的規定的勞動終止之際**的文字。

所謂由「需求」決定，因為過著勉強度日的生活，沒辦法只好在嚴酷的勞動條件下工作。

而所謂由「外在目的規定的」決定，指的是生產對於外部／外在，例如現在的產業化社會而言有用的東西，才被認為是正當的勞動此種事態。

馬克思所言，指的是這樣的勞動必須被廢棄。

到底在哪裡有寫到勞動本身的廢棄？

而且鄂蘭在其後的引用中，刻意去除了「由需求與外在目的規定的」此一部分，而改寫為「自由的王國首先是由廢止勞動的行為開始的」。(51)這是相當惡質的文獻竄改。

但是，非難鄂蘭也於事無補。

問題在於，鄂蘭的眼睛根本沒有看到「由需求與外在目的規定」這段文字。會演變至此，並不是錯讀的問題。而是鄂蘭的欲望的問題。鄂蘭想要從馬克思的著作中讀到廢棄勞動的思想才導致如此。(52)

鄂蘭陷入了、類似於所有異化論者深陷其中的欲望的陷阱。所謂的陷阱，就是一種偏見，意即論及異化的論者，以全面廢棄悲慘的現實，回歸到本來的理想狀態為志的這一種偏見。

舉例來說，毫不懷疑地將「回歸自然」視為盧梭的言詞，由於盧梭討論的主題是因文明造成的異化，因此咸信盧梭必然是期待全面廢除文明而回歸到本來的自然狀態。鄂蘭也陷入與此同類的陷阱之中。

馬克思確實針對「被異化的勞動」加以議論。他是近代具代表性的異化論者。

但是，馬克思並未將「本來的勞動」置於要將「被異化的勞動」取而代之的地位，廢棄勞動、回歸人類「本來」樣貌也不是他所追求的。他並未在假設本來性的前提下思考異化。換言之，與盧梭的情形相同，馬克思所思考的也是**無本來性的異化**。

雖然非常長，但將鄂蘭所引用《資本論》的一節全部引用出來吧（覺得麻煩的讀者只讀黑體字部分也無妨）。

社會的現實財富和社會再生產過程不斷擴大的可能性，並不是取決於剩餘勞動時間的長短，而是取決於剩餘勞動的生產率和藉此剩餘勞動所完成的、優劣程度不等的生產條件。事實上，**自由的王國始於由需求與外在目的規定的勞動終止之際**；因而按照事物的本性來說，它存在於真正物質生產的彼岸。像野蠻人為了滿足自己的需要，為了維持和再生產自己的生命，必須與自然進行鬥爭一樣，文明人也必須這樣做；而且在一切社會型態中，在一切可能的生產方式中，他都必須這樣做。這個自然必然性的王國會隨著人的發展而擴大，因為需要會擴大；但是，滿足這種需要的生產力同時也會擴大。這個領域內的自由只能是：社會化的人，聯合起來的生產者，將合理地調節他們和自然之間的物質變換，把它置於他們的共同控制之下，而不讓它做為盲目的力量，在最無愧於和最適合於他們的人類本性的條件下進行這種物質變換。**但是不管怎樣，這個領域始終是一個必然性的王國。在這個必然性的王國的彼岸，做為目的本身的人類能力的發展，真正的自由的王國，就開始了。但是，這個自由的王國只能建立在必然性的王國的基礎上，才能繁榮起來。工作日的縮短是根本條件。**

馬克思在此處的敘述，若以鄂蘭所言「一流」作家的作品而言，簡直可稱之為無趣的常識。

必須終止「由需求與外在目的規定的勞動」，實現「自由的王國」。但是，這並不表示要廢棄勞動本身。理由在於，因為「自由的王國」是「以必然性的王國為其基礎，而在其上開花結果的」。

要說這是怎麼一回事，如同馬克思自己的敘述，「自由的王國」的條件是勞動日的短縮。也就是阻止過度勞動，並給予勞動者餘暇。雖然要勞動，但也有餘暇。正因為如此，才會稱「自由的王國」是以「必然性的王國」為其基礎（自由必然之國）。

與期待全然不符的單純答案，不是嗎？雖然確實是很珍貴、很重要的事情，但這種單純到讓人目瞪口呆的答案，還是讓人忍俊不住。

——以「必然性的王國」為基礎在其上開出花來的「自由的王國」。「勞動日的短縮是其根本條件」。

既不是勞動的廢棄，也不是本來的勞動型態的開始，而是勞動日的短縮。

無須贅言，若勞動日一旦短縮，隨之出現的就是餘暇。那麼**馬克思**在思考勞動的時候，自然也會**針對餘暇加以思考**。

話雖如此，試想一下也是理所當然的吧？因為人們不勞動的時間就是有閒的，**針對勞動徹底思考的思想家，當然不會不思考餘暇**。由此產生了馬克思與「閒暇與無聊的倫理學」之間的接點。

那麼，關於馬克思與「閒暇與無聊的倫理學」的接點充滿啟發的一節文字，就在《德意志意識形態》這部著作中，那是非常幽默的一段文字。

而在共產主義社會中，任何人都沒有特定的活動範圍，每個人都可以在任何部門內發展磨練自己，社會統御調節著整體生產，因而使我有可能隨我自己的心願今天幹這事、明天幹那事。上午打獵、下午捕魚，傍晚照顧家畜，晚飯後從事評論。而且，絕不用成為獵人、漁夫、牧人或評論家也無妨。㊿53

「在共產主義社會中」可以替換成其他的社會型態。這真的是富有啟發性的一節文字，在被「由需求與外在目的規定的勞動」所支配的社會中，無法做到「在自己喜歡的任何部門，發展磨練自己」。因此必須廢棄此種勞動。

重要的是，雖然捕魚但不用成為漁夫，從事文藝評論但無須成為評論家這一點，不是嗎？這正是活用餘暇的一種方式。

為了解讀馬克思的異化論，需要「閒暇與無聊的倫理學」觀點。再重複一次，因為馬克思所說的「自由的王國」，是以勞動日的短縮所帶來的餘暇為思考基礎的。54

※

以上藉由討論異化論的代表論者盧梭與馬克思，我們可以得知相對於一般的異化論具有希冀本來性的強烈意向，他們並未假設本來性的存在，但仍以脫離異化狀態為目標。

要說這是怎麼一回事，**不如說沒有假設本來的東西（本來性）的異化論才是正統派**。

所謂希冀本來性的意向，指的是明明**曾經**是這樣的狀態，但因為遭到異化，**必須回到**本來樣貌的、回到過去的回歸欲望。所謂本來的東西，被假設是過去曾經存在的事物／樣態，因此，本來性此種概念只能以過去式的形式存在。因此構築以本來性為基礎的異化論時，其內容經常是強烈的保守派，論調時而凶暴，甚至轉為暴力。因為以本來性為基礎所構思出來的異化論，全面否定現狀，可能還會強迫要回歸到過去的狀態。

但是，因為這樣在否定本來性此種概念的同時，便應該連同異化的概念也一併捨棄？異化論熱潮之後的思想／哲學，彷彿連同新生兒第一次的洗澡水把嬰兒也一併倒掉了。若說本來的東西不存在，就一竿子打翻一船人連異化的概念也一併否定，結果產生的就是這些追認現狀的思想。因為不僅否定異化概念，還把所有的狀態都給放在相對位置上了。

盧梭哀嘆文明人的悲慘，因而創造出自然人此種純粹理論性的樣態，藉此接近人類的本性，並思考更能夠引領文明人的教育方法（《愛彌兒》）與政治理論（《社會契約論》）。

馬克思一邊批判被異化的勞動，但並不假定有本來的勞動型態，而是思考著以勞動日的短縮為基礎的「自由的王國」。

他們在徹底思考異化的同時，並不被本來性的誘惑所限制，而是企圖創造出某些事物。這說穿了沒有什麼困難。就是承認沒有應該回歸的本來樣態，對於應該被點名為「異化」的現象不要視而不見。「閒暇與無聊的倫理學」引以為目標的也是這個方向。

布希亞藉由區別消費與浪費，思考消費社會所導致的「現代的異化」。我們也應該思考相同的事情，並如同布希亞，使用「異化」這個詞彙。

此種異化，會帶來無閒暇的無聊。無閒暇的無聊，存在於消費與無聊（雖然為了排解無聊而消費，但這種行為同時又造成無聊）的惡性循環中。

但是，此種異化，必須仿效異化論正統派（盧梭與馬克思），在無本來性的異化的架構下被討論才行（此外，此種概念悄悄地被以「無同一性的差異」的形式，由法國現代思想加以繼承一事，也希望在此先行提出）。[55]而且這些討論，也同樣要再次仿效異化論正統派，必須伴隨著應該以何種方向思考從此種異化中解放的問題意識。

第五章

閒暇與無聊的哲學

追根究柢，何謂無聊？

在本章我們要試著挑戰無聊論的最高峰。也就是至今的章節內容中曾經無數次提及的海德格的無聊論《形上學導論》。

如同書名所見，是一本標題很硬派的書。大部頭、充斥著難解的單字。若非原本就關心哲學的人是絕對不會閱讀此書的。

但是，希望大家不要害怕。他是屬於非常緩慢踏實、一步一步將理論架構起來這種類型的哲學家。仔細地確實了解理論與理論之間接點的話，他的主張其實很容易理解。

而且，他在說明無聊時進行了數個案例分析，這些事例其實都是很日常的例子，因此非常容易了解。我們在生活中也經常碰到的無聊體驗，用哲學方式加以解說甚至讓人感到興味。

若是可以的話，希望把這本書從頭到尾慢慢詳加解說，但因為會大幅脫離本書的主題範疇，僅就與本書討論內容直接相關的部分，以非常精練濃縮的方式加以解說。

哲學的感動

《形上學導論》這本書，是一九二九至三〇年海德格在弗萊堡大學講學的原稿整理而成。日譯本篇幅則超過五百頁。海德格的書幾乎都是這樣的講義集。

本書的叩問非常簡單。何謂哲學？海德格所提出的是這個問題。

這雖然是非常巨大的提問，但也是非常單純、甚至過於單純的提問。那麼該如何處理這個叩問才好？

海德格引用了某個針對哲學的定義。那是由德國浪漫派思想家諾瓦利斯（Novalis, 1772-1801）所下的定義。

據諾瓦利斯所言，哲學就是一種鄉愁，他如是說。即便處在各式各樣的場所，還是想待在家裡，這種期望的情緒就是哲學。①

確實符合其浪漫派的形象，非常精采的定義。雖是精采的定義，但又讓人產生疑問。為什麼海德格選擇了諾瓦利斯的這個定義？

所謂哲學的定義有無數個。哲學家們用了各式各樣的方法來定義哲學。那麼為什麼從中選擇這個定義？海德格為什麼在沒有提及其他定義的情況下揭示了這個定義？

海德格自己也沒有說明這件事。從這個意義上來說，海德格的立論方式是隨性恣意的。因為僅僅是以對自己方便的定義做為立論的出發點。

但不要因而斥責此種立論的方式，請稍微把鏡頭再拉近一點看吧。稍早之前海德格曾經如是說：關於哲學，不論是處理多麼廣泛範圍的內容，若是其相關叩問無法感動自己的話，那麼什麼都理解不了。結果所有的事情都會停留在誤解狀態。②

這是傳達海德格的個性，讓人印象非常深刻的一段話。海德格想說的事情非常簡單。不管對於某個哲學概念具備多麼廣博的知識，若是沒有被這個概念的相關叩問撼動、吸引心靈的經驗，就無法真正地理解這個概念。哲學概念會向人呼喚傾訴。若是聽不見這呼喚傾訴，便無法理解這個概念。這是海德格所言的內容。

若是如此，海德格引用諾瓦利斯，並以其定義做為立論的出發點的理由就很明白了。他被諾瓦利斯的哲學定義所感動。他為這個定義的呼喚傾訴心蕩神馳。

海德格的哲學是由他的感動所證實支撐的哲學。那麼，我們能夠被他的哲學所感動嗎？

叩問情緒的哲學

那麼，海德格揭櫫了諾瓦利斯（Nobalis, 1772-1801）的哲學定義。這一點該如何解讀呢？

海德格所關注的是，這個定義言及了「鄉愁」此種情緒。諾瓦利斯藉由一種情緒來定義哲學。

情緒是一種曖昧的現象。與追求嚴密性的哲學讓人覺得稍微格格不入。

但海德格正是一位徹底重視情緒這種東西的哲學家。據海德格所言，哲學總是出現在某種根本性的情緒之中。③要說當然也是理所當然的。因為研究哲學的是人類，而人類總是經常處在某種情緒之中。像哲學這種思辨性的活動，自然不會與情緒毫無關係。

讓海德格在哲學界聲名大噪的大作《存有與時間》中，他分析了「不安」此種情緒。人類存在的根本是對於死亡的不安，他如此斷言。

但是，在《存有與時間》出版兩年後所進行的《形上學導論》講課內容中，已未再提及此種「對死亡的不安」。他的想法有所改變嗎？總之，海德格打算談論其他的情緒。

那種情緒是什麼？現在，對於我們而言，所謂存於根本中的情緒為何？

諾瓦利斯曾提到「鄉愁」此種情緒。那麼，現在我們處於何種情緒之中？應該針對何種情緒加以思考？

海德格以「喚醒」此種情緒為目標。我們應該把目光朝向我們存於根本中的情緒。[4]

存於根本之中的情緒

做為一個線索或突破口，海德格提到了當時所流行的某個歐洲文明論。那就是史賓格勒（Oswald Spengler, 1880-1936）的《西方的沒落》。[5]

這本書的內容完全如同其標題所示。西洋文明至今是走在前鋒，牽引著近代的發展。但是這個任務已經結束了。現在是西方沒落的時期。史賓格勒如是說。

主張如此悲觀的書在當時成為暢銷書。恐怕這本書是把歐洲人沒來由地察覺到但沒有大聲說出來的事情，給明確地寫出來了。因此才會被廣泛閱讀。

現在也是如此，所謂的學者會針對流行的事物加以批判。當時的學者也稱「這本書不過是流行科學」而不把其放在眼裡。

但海德格稍微不同。他如是說：這本書的時代診斷一點都無法讓我們「受到感動」（果然對於海德格而言，能否受到感動是非常重大的價值判斷基準）。⑥但即便如此，也不能把這本書當成「不過是流行科學」而小看它。⑦

這本書會流行自然有它的理由。論其原因，之所以有這麼多人閱讀這本書的事實，表示歐洲人確實抱持著某種「沒落」之感。

由此海德格推進到如下的思考：

——我們現在在找尋自己的任務與角色。更正確的說法，我們現在必須賦予自己某種任務與角色。

——但是那到底是什麼？我們，是必須自己特地給自己一個任務與角色、如此輕微渺小的存在嗎？因為如果我們對自己而言是重要存在的話，就不會有必須特地為自己找任務與角色的狀況了。

——為什麼會演變成這種狀態？為什麼我們看不出自己的意義或可能性？這簡直像所有的事物對我們都毫不關心，對著我們打了個大大的呵欠一樣。

——無論如何，我們會為自己找到一個任務與角色。尋找某個可以稱為「這才是我應該成就的事情」的東西。

——換言之，我們要讓自己，成為對自己而言再次有趣、有意義的東西。讓我們對於自己有更多的關心。

——但是，這裡難道不存在著某種奇怪的不合理嗎？為什麼我們**必須**這麼做？

——該不會，我們自身現在，對於自己而言是種無聊的存在？因此必須做點什麼，讓自己成為對自己而言有趣有意思的東西？

——但是，人類對於自己而言，成了無聊的存在這種事情是有可能的嗎？為什麼會演變成這種狀況呢？

經過上述過程後，海德格終至以下敘述：結果，某種深刻的無聊在「此在」的深淵中，如同無言的霧般來去。⑧（「此在」是海德格哲學的專有用語，簡單來說就是指人類。）

如同無言的霧一般，在不知不覺間無聊蔓延飄散開來，包圍覆蓋在我們的周圍……。海德格所抱持的是這樣的印象。而這種無聊，對我們而言正是所謂的根本性情緒，海德格如是說。換言之，我們是在無聊之中思索哲學，除此無他。

由此開展出關於無聊的漫長論述。

試著將無聊區分為兩種

那麼，何謂無聊？

分析無聊的海德格最初是這麼說的，無聊是誰都知道的、同時也是誰都不知道的現象。⑨

沒錯，無聊是誰都知道的。但是，要針對它再追問下去，又是誰也無法把無聊說清楚明白。真不可思議。

要分析這樣的東西實在麻煩。若是完全不知道的東西，從零開始就好了。從零開始教給讀者就好了。但若是好像知道又說不清的狀態，這些模糊曖昧的已知會妨礙分析。因為在意部分的已知，所以搞不清楚分析要深入到什麼程度才夠充分。在向他人說明之際，若是被認為「與自己所知道的無聊不同」，分析就算才走到一半，那個人也不會再側耳傾聽。

於此海德格首先提案，將無聊區分為兩種來思考。先試著將大家模糊知道的無聊，加以區分成兩種。

其一，(1)因為某種事物而讓人感到無聊。

另一種，(2)在面臨某些狀況時感到無聊。⑩

海德格將(1)稱為無聊的第一形式，(2)則稱為無聊的第二形式。

也許兩者看起來像是一樣的。但並非如此。

(1)是被動式（**讓人感到**無聊），要解釋這是何種狀況，明確地存在著**無聊的東西**，而這種東西將人引領到無聊這種情緒之中。⑪

相對於此，在(2)的狀況中，不是因為特定的無聊物事而讓人感到無聊。⑫而是在面對某些狀況時，雖然搞不清楚但**自己覺得很無聊**。也就是一種無聊包圍覆蓋了周圍的感覺。在此之中人類**覺得**無聊。

無聊的第一形式

如此的說明實在難以理解吧。不過不需要擔心。因為海德格列舉出非常易於理解的、日常生活中的事例來說明無聊。這些事例的解讀，讓海德格的無聊論成了破天荒的有趣理論。

首先是說明無聊的第一形式的事例。希望大家詳加閱讀。

例如，我們在偏鄉的地方鐵路支線上，坐在某個無趣的車站裡。下一班列車要四小時以後才會來。這個地區也沒什麼特別的吸引力。其實背包裡還有一本書——那麼，要看書嗎？不，好像沒那種心情。那還是要來思考什麼大道理大問題？嗯，好像也不是那種氣氛。讀一下列車時刻表、詳細看一下從這個車站到其他地區的距離一覽表，但這些地區的狀況也完全搞不清楚。看看錶，終於剛過了十五分鐘。那麼到街上看看吧。我們只是為了要找點事做，走過去又走回來。不過好像沒什麼幫助，那這次來數一數街道兩旁種植的行道樹的數量吧。再看一下錶，離上次看錶的時間剛好又過了五分鐘。走過去又走回來也讓人厭倦了，這回坐在石頭上在地上畫各種圖案。再回過神來，又不由自主看錶，好不容易過了半小時——大概是這樣的過程。⑬

這八成是海德格自身的經驗談吧。是非常充滿真實感的描寫。而且對讀者來說，也是非常容易想像的場景。甚至可以說太過生活化了。而如此日常風景中的場面，海德格是如何進行分析的呢？

我們也跟海德格一起坐在這個車站裡、等待列車到來的同時，來試著理解出現在此處的無聊是怎麼一回事吧。

負面表列，無聊不是什麼？

在上述描寫中首先吸引我們目光的，是看錶這個動作。在等待列車的過程中看了好幾次錶。要說為何會數度看錶，當然，是因為等待讓人不耐，希望早點從等待中解放出來之故。如此一說也許會讓人這麼想。數度看錶是因為無聊，而無聊是因為等待。換言之，讓無聊發生的原因是等待。

但是，絕非如此。純粹只是因為在這個例子中，等待這件事情變成了無聊。⑭等待這件事不必然會讓人感到無聊，抱持著緊張感的等待也是常有的事。例如在等待重要考試的放榜結果之際，應該就沒有無聊登場的餘地了。

那麼，為什麼在這個例子中等待會變成無聊呢？試著從別的觀點來思考吧。

明明希望列車快點到站，但列車遲遲不來。此時出現的心情是焦急。我們想要擺脫這種焦急的心情。換言之，讓我們感到困擾的是此種焦急。

那麼，跟無聊連結在一起的莫非是這種焦急的心情？不，這也不對。確實，焦急與無聊之間會產生關聯。但是把焦急視為等同於無聊，並非如此。⑮

論其原因，所謂的焦急，不如說是因為想要壓制無聊，但又無法如願的樣子。但焦急仍不是無聊本身，而是做為無聊的後果而產生的狀態。

從上述分析我們可以得知，等待或焦急雖然是與無聊有所關聯的現象或狀態，但它們都不是無聊本身。那麼，無聊到底在哪裡、是什麼？

消遣時間

再試著變換一下觀點吧。至此我們的思考邏輯是，感到無聊的我們是處在何種狀態之中。這次改變一下，試著思考感到無聊的我們是怎麼與無聊互動的吧。

感到無聊的時候，我們會想要壓制無聊。而想要壓制無聊之際，便會尋求消遣。⑯我們藉由消遣來壓制無聊。

那麼再回到先前的事例想想看。數行道樹、在街上來回走動、坐下來在地上畫畫，這些事情全都是消遣。不論何者都是為了要排除壓制無聊而做的。

一旦我們關注這些消遣，又會再次注意到「看錶」這個動作。因為每次進行這些消遣活動之後，立刻又會把眼光轉到錶上。

來回徘徊在道路上後，馬上看錶。在地面上畫圖後，又再度立刻看錶。為什麼？難道看錶也是一種消遣？不，應該並非如此。論其原因，因為看錶這個動作被不是為了排除無聊而進行。我們是為了確認時間而看錶，不是為了壓制無聊的情緒。

但是，如果只是單純要知道時間，也沒有數度看錶的必要。如此一來，數度看錶的此種行為，就是有哪裡怪怪的。好像在此處隱含著突破這個問題的關鍵。

數度重複看錶的時候，我們不僅僅是要確認現在的時間。不是想要知道現在是幾點幾分。想要知道的不是時間，而是**到列車發車之前，還有多少時間**。

那麼，為什麼希望知道這一點？因為想要確認，面對出現在眼前、名為無聊的這個對手，自己到底還得持續進行這些無效的消遣多久。雖然我們現在在與無聊抗衡戰鬥，但這場戰役的結果並不樂觀。因此才想要確定自己還得持續進行多久。

而所謂透過消遣與無聊這名對手戰鬥又是怎麼一回事？無須贅言，其實就只是打發時間、促使時間快點過去。

那麼，為什麼希望時間快點過去？很簡單。因為時間走得太慢了。⑰

「絆腳石」

那麼，我們好像得到了如何解讀無聊的一個線索。

在無聊狀態下，時間是遲緩的。**時間是遲滯的**。而感到無聊的我們，為此種遲滯的時間所困。

那麼，為什麼我們會為遲滯的時間所困？遲滯的東西不會積極地與我們發生關係。因此，人們因遲滯的東西而感到困擾的狀態並不多見。⑱

例如，遲鈍的人們若只是在我們旁邊，我們絕對不會感到困擾。只是與自己沒關係的人，一個人遲緩不前罷了。因為遲緩、遲鈍的人是與自己毫無關係的消極人類；舉例來說，跟一味胡亂說一些我們根本不想聽的話的「積極」人類比起來，不如說消極人類的存在還更令人感激。

既然如此，為什麼在無聊的狀況下，遲滯的東西會令我們感到困擾呢？答案也很簡單。遲滯的東西之所以讓我們感到困擾，並不僅只因為它的遲滯遲緩，而是因為它成了我們的絆腳石。

「絆腳石」——這正是構成無聊的其中一個要素。時間腳步走得慢、時間是遲滯的。這樣慢吞吞的時間成了我們的絆腳石。這就是生於無聊之中的物事的真相。

「空虛放置」

遲滯的時間所造成的「絆腳石」，是構成無聊的第一形式的要素。在此種無聊中，確實會發生這樣的狀況。

但是，光是如此還不夠充分。這不過是將感到無聊時的樣子，說明更詳細的敘述句。這不過是將無聊的人受迫置身的狀態，換句話說罷了。光是這樣無法定義無聊的本質。

因此需要更進一步。為此必須回答下一個問題。為什麼被遲滯的時間絆住，會讓我們感到困擾？

透過關注消遣，我們企圖找出這個問題的答案。

如同前述，之所以從事消遣，是要打發時間。那麼，更具體來說，什麼是打發時間？換言之，所謂的消遣，總的來說是做什麼？

從事消遣的時候，我們是在找尋應該做的事情。應該做的**工作**。[19]走在街道上。數行道樹的數量。坐下來在地面上畫畫。找些什麼應該做的事情，然後從事該工作。

雖說是應該做的工作，但此時工作的內容是什麼完全無所謂。做什麼樣的工作不是問題。這裡成為關心重點的是，有什麼是值得做的，**而不是應該做什麼**。[20]因此平常明明不會做這種事，但數行道樹的數量，或是在街上走來走去；因為只要有事做就好了。

即便如此，為什麼無聊的我們，會找尋值得做工作，並且從事該工作？工作這種事情，平常指的是能力所及之事、但能不做最好吧？不，並非如此。若沒有應該做的工作，人們會被**放置**在什麼都沒有、**空虛的狀態之中**。然後，人們耐受不了無事可做的狀態。因此會找尋工作。

回到先前的問題。為什麼被遲滯的時間絆住，會讓我們感到困擾？答案我們也知道了。因為若像這樣被絆住，便會被置放於什麼都沒有的空虛狀態中。人類受不了無事可做的空虛狀態。因此「為了不要淪落到與無聊同時抬頭的空虛放置中」，我們會尋求某件應該做的工作。㉑且讓我們將被置放在空虛狀態中一事，稱之為「空虛放置」吧。而這正是，構成無聊的第二個要素。

無法當聽眾

為了不要被置放在空虛之中，便要進行消遣。這是很清楚的。

但是請好好想想：空虛之類的，真的是有可能性的嗎？

希望大家思考現在的狀況。雖說什麼都沒有、是空虛狀態，但等待著火車的我們周圍真的什麼都沒有嗎？當然，並非如此。有車站。還有列車時刻表、街道與行道樹。原本這就是鐵路通過的地區，不可能什麼都沒有。

確實有些什麼。但是，為什麼我們說什麼都沒有？原委如此。那裡是有東西，但是，這些東西並未對著我們產生任何行動。我們完全被**棄之不顧**。㉒

「空虛放置」並不單指空無一物，而是表示**這些物品並未向我們提供任何東西**。

但是，車站真的什麼都沒有提供給我們嗎？實際上，在車站可以買車票，也提供了可以遮風蔽雨的場地。所謂的「什麼都沒提供」不是很奇怪的說法嗎？

不，並非如此。車站確實提供了我們各式各樣的東西。但是，並沒有提供**我們所期待的東西**，也就是列車。所謂的什麼都沒有提供、完全棄之不顧、被置放於空虛之內，換句話說，表示這個車站**並未聽進我們所說的話**。

如此一來，我們可以看見長久持續著的、無聊的第一形式的結論。為什麼被遲滯的時間給絆住的我們會感到困擾？因為我們所期待的東西並沒有得到供給。不是眼前的車站感到無聊。也不是眼前的車站將我們置放在空虛之中。而是眼前的車站**無法成為我們的聽眾**，我們因此感到無聊。㉓

整理一下吧。

物品沒有成為我們的聽眾。為此，我們被「空虛放置」，而產生了因遲滯的時間所導致的「絆腳石」。這是在無聊的第一形式「因為某種事物而讓人感到無聊」的發生狀況。

車站的理想時間

話雖如此，物品沒有成為我們的聽眾，不過是我們自己任性的修辭說法。太早到車站是我們自己的責任吧。難道不會這麼想嗎？

其實海德格也舉出了這樣的反論。㉔然後有以下的回答。我們在此處要問的，不是為什麼、或是歸責於誰讓無聊發生。而是已經發生的無聊會演變成如何。以此來駁斥以上的反論。

要在此處附加一筆的是，海德格最後說了奇怪的話。那就是物品具有其特有的時間。

舉例而言，車站有車站特有的時間。這是什麼意思？所謂車站特有的時間，便是車站本身的理想時間。要說何謂車站的理想時間，就是**列車發車前的瞬間**。[25]列車發車前的瞬間抵達車站，不須等待便搭上列車的人，與車站的理想時間正好契合。[26]

如此單純的事情，還特別用複雜的言語加以說明的海德格的這段文字，雖然讀了會讓人不禁失笑，但他是極度認真的。海德格所言是這麼一回事。當我們因為某些事物而感到無聊時，其實是與某物所特有的時間無法契合。

換言之，某項物品和與其有接點的人，**兩者之間的時間落差**，導致了第一形式的無聊。**因為某種事物而讓人感到無聊**此一現象的根源，存在著物品與主體之間的時間落差。因此產生了「絆腳石」，造成人被「空虛放置」。

這個公式也可以適用在各式各樣的場合。例如，會議是日常生活中無聊的代表事例，在會議中所產生的，也是相同的落差。

具建設性的發言或提案，這種我們所期待的物事完全沒有被供給。時間因此而遲滯。老是這些已知內容的發言不斷持續，結論也明明近在眼前，但討論卻一直沒有進展。此處所存在的是，下了「明明都知道結論是什麼……」判斷的主體的時間，以及會議這個場合的時間之間的出入與落差。被會議室「絆住」的我們，被缺乏我們所關心的、具建設性的發言或提案這件事，給「空虛放置」了。

無聊的第二形式

無聊的第一形式，意即「因為某種事物而讓人感到無聊」的分析相當具有說服力。但是，如同前述，海德格並未就此打住。而是著手進行無聊的第二形式「在面臨某些狀況時感到無聊」的分析。

此處必須注意。那就是，不要把上述分析，單單當成為了把有許多種類的無聊加以分類的舉措。「無聊中有像這樣的形式，也有像那樣的形式……」，並非如此。海德格強調，隨著第一形式發展成第二形式，針對無聊的分析也更為深入。這兩者並非並列。第二形式是更為深刻的無聊。那麼所謂比第一形式更為深化的第二形式的無聊，到底是什麼？

將「在面臨某些狀況時感到無聊」（無聊的第二形式）與「因為某種事物而讓人感到無聊」（無聊的第一形式）擺在一起，兩者具有一目瞭然的差異。那就是在第二形式中，是**什麼讓此人無聊的這一點並不明確**。

不是因為特定的什麼讓人無聊。面對什麼、參加什麼的同時，總覺得、不知為什麼、不知何時開始、不知不覺間、覺得好無聊……。第二形式所指稱的就是這樣的狀況。

但光靠這樣的說明，應該也搞不懂吧。與先前一樣來看看實際的例子吧。海德格雖然說要想出第二形式的實例很困難，但還是舉出了以下的例子。是讓人印象極為深刻的例子。

我們傍晚被招待到某處。說是這樣說，但也不是非得去不可。但是我們一整天都很緊張，到了傍晚時也有空，因為這樣所以就去吧。在該處端出了如同往常慣例的晚餐，大家圍著餐桌進行如同往常慣例的交談。食物也不是每一道都十分美味、談話相當有趣。吃完飯以後，跟平常差不多的感覺大家愉快地坐在一起，大概會聽聽音樂，一同談笑。很有趣、很愉快。差不多到了該離開的時間，婦人們像是要確認聚會真的很棒，說了好幾次「今天真的很開心」。不僅是在告別的時候如此，連下了樓出到門外，只剩下我們自己的時候，還是如此重複說著。正是如此。非常棒，很開心。在今晚的款待之中，無聊什麼的完全找不到蹤跡。交談對話、人們、場地，都不無聊。因此心滿意足地回家了。回到家以後，稍微看一下在傍晚因為聚會被打斷的工作，為明天的工作立下大概的計畫與目標——就在此時我發現了。我今晚在參加招待聚會時，真的好無聊。㉗

總覺得是可以想像的事態狀況。但是思索後又覺得是不可思議的事態發展。到處找都沒有發現無聊的蹤影，雖然如此但還是覺得無聊。

因為自己是無聊的人類，所以是自己讓自己感到無聊的嗎？應該也非如此。若是要自己讓自己感到無聊，必須把自己封閉在自己的殼裡，自己操煩憂慮自己的事情才對。

但是，當天晚上並不是這種狀況。別說是把自己封閉在自我的殼裡了，還全程參加了交談

對話與聚餐。**我不是因為我而感到無聊**。雖然不知道原因，是在**參加宴會**的時候感到無聊。㉘

那麼，這種無聊是錯覺，是因為「啊，浪費了許多時間」的後悔所產生的嗎？也不對。明明非常開心卻感到無聊，這個狀況是很清晰明確的。㉙

這恐怕應該是海德格的親身體驗吧。海德格八成是跟夫人一起被招待去參加某個宴會，而體會到不可思議的無聊。因而自問，那到底是什麼？

消遣在哪裡？

第二形式的無聊感覺是個難纏的強敵。一邊參考第一形式無聊的分析，一邊往下進行吧。在檢討第一形式時，將注意力集中在消遣上，理出了分析的頭緒。此處也加以仿效。在無聊的第二形式中，消遣又會是怎麼一回事呢？

在宴會的中途，好幾次都想打呵欠。㉚而這呵欠並不是因為疲倦而來。因此，這呵欠是表示無聊的明確證據。確實很無聊。首先就這一點加以確認。

不可思議的是，找不到相對於這種無聊的消遣。我們可以清楚地回想起那個宴會的模樣，但消遣、或說像是消遣一樣的東西卻一樣也無法肯定。㉛

這是怎麼一回事？明明很無聊，卻沒有從事消遣？也難免會讓人這樣想。其實，因為宴會本身是讓人愉快的。

但是，再稍微想一想。然後，好好地綜觀一下事態，好像也不是全無消遣吧。會回想起這麼一件事情來。自己在某個時刻，想要用手指叩叩叩地敲桌子。這是大家都知道的一種消遣。而剛好就在要用手指叩叩叩地敲桌子的時候，有人把雪茄的盒子傳著遞了過來。㉜「要來根雪茄嗎？」、「好啊，謝謝。那就來一根吧。」在旁人勸進下抽雪茄，在宴會的場合是一種社交行為。而且，這也是消遣的一種。

這麼一想，確實像是消遣般的東西也是有的。雖然不是像數行道樹啦、在街上來回走動啦這樣的消遣，但果然，消遣般的東西還是存在的。

但是，為什麼我們無法清楚地回想起來？明明可以清楚地想起宴會的模樣。好像……不自覺地用手指叩叩叩地敲桌子啦、抽雪茄啦這種所謂**消遣般的東西**，與第一形式中所稱的消遣，性格上是不一樣的。此處的消遣以與第一形式時不一樣的形態出現。因此我們無法順利回想起來。

不是真的要抽菸……

在第一形式的無聊中的消遣，是在尋求某種值得做的工作。因為工作的內容是什麼都無所謂，總之做點什麼打發時間，是在尋求這樣的事情。

那麼，在第二形式的無聊中又是如何？香菸確實讓人有事可做。在指間把玩香菸、抽香菸，目光跟著煙霧的形狀、到最後菸灰落下之前，看看煙霧可以持續裊繞多久，必須做很多工作。

但是，此種「工作」與第一形式中的消遣所追求的工作是不同的。與數行道樹的數量、在地面上畫各種圖形等行動有著根本性的差異。數行道樹的數量、在地面上畫各種圖形的時候，人們會將**注意力集中**在這些事情上，或說**企圖要集中**在這些事情上。把自己封閉在自己的殼中。

但是，在宴會中抽菸的人並不打算把精神集中在抽菸上。不是要讓自己沉湎於自己的殼中，**不是真的要抽菸**，而是要一邊抽菸一邊讓自己好好地融入宴會場景，參加交談對話、保持一整晚的好心情。㉝

如此一來，這麼做讓自己興高采烈以後；無聊，就會如同香菸的煙霧一般，呼地被吹散消失了嗎？透過這種消遣般的東西，可以壓制排除無聊嗎？並非如此。無聊不會如同煙霧般退散。無聊在抽菸的吸吐之間、或說正是存在於這抽菸的吸吐之間。而且，在抽菸的時候，也不是真的要抽菸。抽菸這項工作，被埋沒在交談或其他的行為之中。

終於找到的消遣

好不容易我們以為，找到了在此第二形式之中消遣到底在哪裡，終於有點影子了。手指叩叩叩地敲桌子也好、抽菸也好，都是**消遣般的東西**。那麼，為什麼無法將這些行為乾脆稱為消遣，而認為是消遣般的東西呢？

那是因為，若以抽菸為例，抽菸這種**行為的本身單獨**並不構成消遣。它只是消遣的一部分。要說這是怎麼一回事，消遣並不存在於該宴會、或我們的行為之中，實際上，**在該處的言行舉止整體、乃至於那場宴會的整體，受到邀請招待這件事情本身都是消遣**。

我們深信在那一場宴會、或是自身的行動舉止之中的某處，存在著消遣。但是，並非如此。實際上，**我們在其間尋找消遣的那個場合、那些舉措本身正是消遣**。因此，我們無法清楚明確地看出消遣在何處。

此種第二形式的公式被定義為「在面臨某些狀況時感到無聊」。其中的「某些狀況」在這個案例中指的是宴會。而我們是在參加宴會時感到無聊，但其實**這個宴會本身也是消遣**。因此我們可以這麼說，在此種無聊的第二形式中，**無聊與消遣是以獨特的方式交錯融合在一起**。[34]

終於找到答案了。即便參加宴會感到無聊，但也找不到消遣的原因，在於所「面臨」的對象本身就是消遣。正因為如此，找不到特定的無聊來源是理所當然的，也無法明確地發現消遣何在。

與第一形式的差異應該非常明顯吧。在第一形式的狀況中，讓人無聊的對象非常明確，做為與其相對的抗衡措施，主體（人）會從事非常明確的殺時間活動（消遣）。在第二形式的狀況中，主體被置放的狀態是，其所面臨的狀況同時讓人無聊，但這個狀況原本就是殺時間的活動。因為這個狀況本身就是為了殺時間被創造出來的，在充滿了提供消遣的努力的這個狀況中，特定的無聊等等是絕對不存在的。全部的一切都是精心設計的有趣活動。因此，交談對話也好、人們也好，連場地都不會讓人感覺無聊，不僅如此，大家都是心滿意足地踏上歸途。

第二形式中的「空虛放置」與「絆腳石」

那麼，在謎樣的無聊的第二形式中，如何發現消遣這一點我們已經知道了。而在此第二形式中的無聊，又是什麼樣貌？在第二形式中，無聊是以什麼方式運作？

此處可做為參考，同樣也是第一形式的分析。在該分析中，我們發現讓無聊得以具象化的是「絆腳石」與「空虛放置」這兩個要素。在第二形式中，狀況也是相同的嗎？

當然，不會一樣。

首先，在第一形式中，「絆腳石」與遲滯的時間連結在一起。遲滯的時間絆住了我們。在第二形式中我們找不到這樣的時間。參加宴會的我們既沒有等著宴會早點開始，在宴會中也不會數度看錶希望時間快點過去。理當如此，我們為了這個宴會還特地預留了時間。即便如此卻還感到無聊，這正是問題所在。

關於「空虛放置」，也必須說是相同的情況。這裡並不存在著空虛。宴會中充滿了各式樂子與趣味。我們並非身處位在偏鄉的、鐵路支線的無趣車站。我們也沒有被棄之不顧。有吸引著我們注意力的事物，此外，交談對話也積極地讓我們保持在活性化狀態。

如此一來，在第二形式中，不僅缺乏因遲滯的時間所造成的「絆腳石」，我們也沒有被周圍環繞的物事給「空虛放置」嗎？在無聊的第一形式中所定義出來的這兩個要素，並不適用於第二形式嗎？

成長中的「空虛放置」

回想從頭。在第一形式中，無聊的是特定的某事／物（尚未到站的列車），因此某事／物而**使得**我們感到無聊。相對於此，在第二形式中，並不存在著特定的無聊之事／物，而是在面臨某種狀況的時候我們感到無聊。此處讓人感到無聊的事物，具有「我們搞不清楚其真相」的性格。㉟

因為身處在搞不清楚其真相的狀況中，我們不會為了尋求值得做的工作而東張西望來回尋找。我們一邊談話一邊配合現場氣氛跟周圍的人打成一片。任由自己與他人打成一片。人云亦云，採取**隨波逐流**的態度。㊱在此種態度之中，探求什麼、藉由探求所得獲得滿足的心情，也會完全被**消磨殆盡**。㊲

因而在隨波逐流的態度中，我們**已經不會再探求追尋更多**了。在這個狀況中的物、在其中的人，在其中上演的交談對話，這些人事物能不能滿足自己，我們變得漠不關心。只要任由自己融入周遭環境就是最輕鬆舒暢的，配合周圍氣氛是愉快的。因此，即便自己像是被置放在空虛中也不再有所謂……。

如此一來，我們身處此種狀況之中，**空虛開始孕育成長**。㊳沒錯，又出現了「空虛放置」。但是，與第一形式狀態中的「空虛放置」屬於不同類型。在第一形式的狀態下，「空虛放置」是因缺乏可以滿足需求的東西。單純只是東西無法成為聆聽我們需求的聽眾。

但是，在第二形式的狀態中，並不單純只是空虛無法被填滿的問題持續下去而已；空虛是在當場由我們自己創造、呈現出來的。㊴簡單而言，空虛的不是外界，**空虛的是自己**。配合周圍的氣氛、用人云亦云的態度隨波逐流，把自己交付給周遭的氛圍。從這層意義上來說，自身變得空虛。由此我們看到了與第一形式截然不同的「空虛放置」。

即便不干涉，也無法釋放的「絆腳石」

那麼，「絆腳石」這邊又是如何呢？在第一形式中時間遲滯，而遲滯的時間絆住了我們。第二形式中又是如何？在第二形式中，時間並不會讓我們感到困擾。因此我們不會數度看錶。換言之，時間是低調地流逝離場。㊵

在第一形式中，我們為時間所苦。因為時間遲滯不前，而遲滯的時間絆住了我們。在第二形式中則非如此。時間這個元素非常低調，在我們打算配合周圍的氣氛或企圖做點什麼的時候，並不會介入。沒有注意時間這個要素的必要。在這個層面的意義上，時間對我們是**採取放任主義、不加干涉的**。

時間幾乎是處於停止狀態。因為時間的流動變化對我們不會產生任何拘束與限制。我們若沒有持續留意時間流動的必要，自然也沒有做點什麼來打發時間的必要。

但是，我們當然無法在時間這個向度上得到絕對的自由。這是理所當然的。無法不受到時間的限制，得到全然的自由（所謂離開時間之外，大概指的就是死亡了）。如此一來我們可以了解到一件事，時間確實對於我們**不加干涉**，但是，並**沒有釋放**我們。此處我們所發現的，是時間這個元素，對人們根源性的束縛。在第二形式中所看到的，是根源性的時間本質，成了我們的「絆腳石」。

試著將這個概念用更容易理解的方式換句話說。

例如，若雙親總是喋喋不休嚴厲斥責，孩子會在雙親看不到的時候趁隙作惡。在無聊的第一形式中所謂的絆腳石，等同於這喋喋不休吵死人的雙親。當雙親不在場的時候監視就結束了。因為遲滯的時間所造成的絆腳石，在固定的時刻到來的時候（列車進站的時候）便宣告結束。

相對於此，放任孩子們做自己喜歡做的事情卻遠遠地看著的雙親，應該反而會讓孩子們感到強烈的壓力吧。確實自己沒有受到干涉，但絕非全然地被釋放。這種感受應該會越來越強烈吧。而且因為是低調退場，也很難跟這樣的雙親面對面開口抱怨。在無聊的第二形式中所謂的時間「絆腳石」，如同以上述型態給予孩子無言壓力的雙親。這是**無言地呼喊著**「你受到我根本性的五花大綁」。

如此，我們發現了在無聊的第二形式中，仍然存在著「空虛放置」與「絆腳石」。自己本身滑進了空虛之中。而且這不是有某種特定事物所造成的，而是以在自身之中孕育出空虛的方式產生。而產生此種空虛的孕育成長的原因，是因為自己停下了時間的運轉。因為自己採取隨波逐流的態度、陷入不再追求不同於現狀事物的狀態，任由自己自停止的時間往空虛滑行而去。即便如此，也沒有從時間的制約中釋放出來，而是被停止的時間給絆住。

在第二形式中，「絆腳石」與「空虛放置」這兩個要素也有著密不可分的關係。這兩者的複合體，正是在第二形式中讓我們感到無聊的「搞不清楚其真相」的物事。

藉由第二形式闡明的事物

至此我們看過了海德格所提出兩種形式的無聊之分析。接下來希望將這些分析與本書的討論組合在一起。各位讀者應該還記得，在本書的第三章我們區分了閒暇與無聊，以有閒／無閒、無聊／不無聊為縱軸與橫軸，交錯出了四個象限的表格（本書第一一〇頁）吧？

我們來複習一下這個表格吧。「有閒且無聊」1 此種事態很容易想像。若是在思考有閒或無聊相關問題的人，不論是誰眼前都能夠立刻浮現這樣的畫面。

閒暇與無聊的類型

	有閒	無閒
無聊	1〈無聊的第一形式〉	4〈無聊的第二形式〉
不無聊	2	3

「有閒但不無聊」2也不難理解。確實有人能夠享受善用餘暇。此外，具有活用餘暇方法的有閒階級亦屬此分類。

由1聯想而出的「無閒且不無聊」3也很容易想像。因為可以將忙於工作、過著充實的生活；沒有什麼餘暇、也不特別感到無聊的人列於此類。

與以上三者相比，「無閒但無聊」4這種事態有如謎團。乍見之下根本不知所指為何。因為我們認為若是無閒，又怎麼會無聊呢？所謂無閒卻又無聊是怎麼一回事？若未將閒暇與無聊特別加以區別，在口頭上混淆兩者的人，一定會抱持這樣的疑問。

第四章我們透過《鬥陣俱樂部》這部電影，來理解這第四個分項。當時我們提到消費社會的人類可歸屬於4此一分類。話雖如此，但那是透過事例加以說明，並非針對這個分項本身的說明。

不過，我想現在我們有辦法針對這個分項本身加以說明了。若我們試著將海德格所分析的無聊的兩種形式，套入這個表格中會如何呢？無聊的第一形式毫無疑問地會對應到「有閒且無聊」1這個分項。那麼第二形式又是如何？與其對應者無他，便是「無閒但無聊」4。這個第四分項是個大謎團。海德格是否在無聊的第二形式的分析過程中，掌握到了4此一分項的本質?此際消遣與無聊是交錯融合在一起。而人們所感受到的是,**無法與消遣區別、獨立開來的無聊**。

本意是要排解消除無聊的事物,卻轉變成了無聊。本末倒置。應該要成為我們的救贖的事物,實際上卻讓我們飽受苦惱。而且因為此種救贖與苦惱還交錯融合在一起,我們到底為何所困都搞不清楚。

第二形式與人類的生存本質

不僅如此。如此將謎團解開之後,我們不禁會想,其實第四分項、亦即無聊的第二形式,才正是**我們在日常生活中最常經歷的無聊,不是嗎**?

我們的生活中,充滿了不知為何而做的消遣。一直盯著電視看藝人們玩遊戲的節目是一種消遣。假日雖然沒有什麼特別想要的東西,但還是出門購物,這也是一種消遣。在推特上推文說自己在哪裡做些什麼,也是一種消遣。持續不停在手機上交換訊息,這也是一種消遣。被認為是「高尚」的事物不也是一樣嗎?閱讀古典文學、欣賞名畫,聆聽莫札特或貝多芬,不也都是消遣嗎?

我們生活中的所有並非都是消遣。但是,我們的生活中充滿了消遣。

某些我們認為是必要而做的事物,也許搞不好都是消遣。也許入學考試也是一種消遣。甚至連額頭淌著汗水工作這件事，應該也無法斷言它絕對不是一種消遣吧。

不是說誰都會將這些消遣感知為無聊。但偶爾這些消遣會與無聊交錯融合在一起。

第四分項乍見之下充滿謎團。不過，卻是在生活中與我們最親近的一種無聊。打發時間的行為與無聊交織在一起什麼的——幾乎生存於世這件事本身，不就是**面臨**、**持續置身**於此種狀況的過程嗎？

海德格發現無聊的第二形式這件事情，具有非常重大的意義。這是怎麼強調都不會言過其實的。與無聊交錯融合在一起的消遣、與消遣交錯融合在一起的無聊、讓人無聊的消遣……。這些，總讓人覺得可以說是一語道破了人類的生存本質。

第二形式的「正常意識」

海德格自身，在比較第一形式與第二形式後有以下敘述。第二形式中存在著「安定」。產生出無聊與消遣交錯融合的此種形式的是，一種「正常意識」。㊶

在第一形式中我們看見的是重大的自我喪失。處於第一形式的無聊之中的人們，嚴重地迷失了自我。這是怎麼一回事？身在第一形式的無聊中的人們，不想失去時間。在車站等待列車的同時，希望列車早點進站而感到焦慮。要說為何會如此焦慮，是為了某些日常的工作之故。趕不上與他人的約定。工作的期限逼近。被這些日常生活中的安排與工作強烈地束縛著，因而感到焦慮。

換言之，感覺到第一形式的無聊的人們，可以說是**成了工作的奴隸**。說得誇張一點，無異於被不想失去時間這種強迫觀念給附身了的「瘋狂」。在第一形式中，因為人們熱心於工作而珍惜每一分每一秒的時間，表象上看起來非常認真。但其實並非如此。根據海德格所言，這甚至會嚴重地沉淪為「世俗性」。

相對於此，在第二形式中，自己預留掌握時間，能夠前去參加宴會。並沒有被時間追著跑。也有面對自己的餘裕。正因為如此在這種形式中存在著「安定」與「正常意識」。

如此一來，難道是人們憑藉「正常意識」過日子，從而產生了消遣與無聊交錯混合在一起的第二形式嗎？正因為是如此，海德格藉由發現此種第二形式的無聊，因而一語道破了人類的生存本質也未可知。

無聊的第三形式

海德格的無聊分析十分尖銳。他的分析超越了無聊的疆界，甚至逼近了生存的本質。那麼，其後海德格會採取什麼樣的步調前進？

海德格在當初開始進行無聊分析時，只提出了「因為某種事物而讓人感到無聊」與「在面臨某些狀況時感到無聊」這兩種形式。但是在這兩種形式的分析結束後，他打算討論無聊的第三種形式。

第一形式的無聊由外而來。相對於此，第二形式的無聊則是從我們內部竄升。從這個意義上來說，第二形式較為「深層」。但是，也還不是那麼深。論其原因，在第二形式中消遣仍然是有可為的。或著更該說，那是與消遣交錯混合在一起的無聊。

海德格由此開始，企圖探究連消遣都不可能的、最高度的「深層」無聊。無聊的第三形式。

到底如此「深層」的無聊是何方神聖？對此，海德格如是說。我們大概也都知道那是什麼。㊷

最高度的「深層」無聊。無聊的第三形式。那是什麼？雖然讀了會讓人忍不住大感驚訝，但海德格在沒有準備的情況下突然提出了答案：

沒來由的無聊。㊸

這就是無聊的第三形式。

不論是第一形式或第二形式，海德格都舉出了具有臨場感的具體事例。針對第三形式猜想應該也是如此的時候，海德格丟出了「沒來由的無聊」這麼短短一句話。㊹

為什麼這是最深層的無聊？而且，為什麼無法像之前的分析一樣列舉具體事例？

這兩個問題的答案有著相互關聯性。據海德格所言，先前的兩個形式總是跟某種具體狀況有所關聯。相對於此，最深層的無聊與狀況無關，而是突發地出現。㊺

與**誰**啊、什麼**地方**啊、什麼**時間**啊這些都無關，就是如此的深層。

話雖如此，但海德格還是稍加具體地說明了。例如「沒來由的無聊」會在這種時候出現。星期日的下午，走在大都會的大街上。然後突然感覺到「沒來由的無聊㊻」。

所謂的第三形式，既是感覺到「沒來由的無聊」、也是清晰地聽見了「沒來由的無聊」的聲音，意即「沒來由的無聊」的聲音本身。而這一連串的現象海德格以「沒來由的無聊」這短短一句話四兩撥千斤加以包羅。

不容許消遣

此種第三形式也必須與之前的討論相同，從消遣的觀點進行分析。而如同前述，針對此種無聊，**消遣要發揮功能已經不可能了**。㊼消遣已經無能為力。在第一形式中，消遣是做為一種對抗無聊的方式選項而存在；第二形式中，消遣則是做為一種似乎可以迴避無聊的方式存在，而又跟無聊交錯混合在一起。將兩種形式中的消遣相比，可以認為在第二形式中消遣較為弱勢。換言之，隨著無聊的深度增加，消遣漸次失去了力量。而在第三形式中，消遣已全然無能為力。

不僅如此。海德格說了些奇妙的話。在此種無聊的第三形式中，我們還知道我們已經容不下消遣的存在。㊽不容許消遣？而且我們還清楚地知道？

總之，讓我們來試著理解海德格的言下之意吧。

在第一形式中，人們企圖藉由消遣來消除無聊。換言之，我們努力著要**讓去聽無聊的聲音這件事變得沒有必要**。不想受到遲滯時間的擺布，尋找著某些應該做的工作。

在第二形式中，原本我們就**不想聽（無聊的聲音）**。並沒有側耳傾聽無聊跟我們說什麼。不直接面對無聊，只是沉浸其中。

那麼，在第三形式中又是如何？海德格如是說。此際，我們**被強制要去傾聽無聊的聲音**。㊾名為「沒來由的無聊」的聲音。這個聲音迴盪在我們人類存在的深處。正因為如此，我們無法逃脫其桎梏。不，是感覺**自己無法逃脫其桎梏**。感覺到自己必須側耳傾聽。因此，對於「沒來由的無聊」這種聲音，我們了解到自己已經容不下消遣的存在了，這是海德格所言。

稍微換個說法的話，應該會是這樣吧。日常生活中，我們不是會忽然聽到「沒來由的無聊」這種聲音嗎？海德格是這麼說的。然後，這個聲音若是從我們的心底深處傳出來，那麼我們無論如何都得側耳傾聽，不是嗎？

海德格所言，即便無法感同身受地加以同意也無妨。但應該可以模糊地理解到他想說的是什麼吧。

第三形式中的空虛放置與絆腳石

而在此第三形式中，也如同前述內容，援用「空虛放置」與「絆腳石」這兩個觀點進行分析。而實際上由此，又能夠描繪出由無聊中解放出來的景象。

首先是「空虛放置」，這一點是明明白白的。[50]在「沒來由的無聊」狀態之中，周圍的狀況、我們自己本身，全部的一切都變得無關緊要了。**所有的一切都一概同等地變得無關緊要了。**在聽到「沒來由的無聊」的聲音的瞬間，人們便被置於全然的空虛之境了。所有的一切都變得無所謂（當然之後會恢復到日常狀態，應該也會忘記什麼都無所謂的情況吧）。

在第一形式的場合中，問題在於不聆聽某種特定的物事（列車抵達）的聲音。而在第三形式中不是不去傾聽某種物事所言。而是自己所言完全沒有任何聽眾。自己的聲音沒有任何聽眾，我們被置於此種狀況的中心。[51]讓人感覺像是吊在半空中。

因此，什麼招數都不管用。也就是說消遣派不上用場。無法堵住耳朵不去聽「沒來由的無聊」的聲音。被強制一定要傾聽。

那麼，對於被強迫要去聽這樣的聲音，人們會如何反應？此時另外一個契機，「絆腳石」登場了。

所謂被置於自己所言全無聽眾的場所，等於**一個人孤立無援地被丟在什麼都沒有的廣闊空間中**。海德格用被置於「一無所餘的完全廣域」這樣的文字來表現。[52]

而被置於這樣的廣域所代表的意義，也就是全盤否定從外在被賦予的各種可能性。因此從外界什麼都無法給予。所有的可能性都被拒於門外。那麼又會如何？人類（在世存有）是看著自己的。不，是被強制看著自己的。㊸那麼被強制看向此處的人們會如何？人們被告知**被授予人類的自我，以及應該必須被授予自我的可能性**。㊹而被強迫要在自身之中，找出突破這種狀況的可能性、為了打開事態發展的可能性的**契機與開端**。

簡單來說，看著自己，就等於注意到自己所具備的可能性。

被可能性的契機與開端所限制、被絆住，因而必須將眼光鎖定在這個地方。這就是第三形式中的「絆腳石」。「絆腳石」在此處並不具有負面價值。論其原因，因為這也代表著將眼光看向打破最高強度的深層無聊所帶來的絕對性「空虛放置」、改變狀況的可能性。此種「絆腳石」，無異於傳達解放可能性的契機。

要說這是怎麼一回事，海德格在此處展開了一個**反轉的理論**。感到「沒有來的無聊」的我們，拒絕了所有的可能性。因為所有的一切都變得無所謂、無關緊要了。但是，**毋寧說是因為拒絕了所有的（外在）可能性，才會促使自己將眼光看向自身所具有的可能性**，這是海德格反論的基礎。㊺

「沒來由的無聊」的聲音，不會告訴我們這個可能性到底是什麼。但是，透過絕對性的拒絕，我們反而被告知了某種可能性。㊻**正因為是零、什麼都沒有的狀態，才可由其看出突破零、突破什麼都沒有狀態的可能性**。這是海德格所言之義。

第三形式與第一形式的關係

如此一來，無聊的三種形式全員到齊了。

他們並非是可以單純並列比較的三種形式。而是隨著由第一形式往第三形式，無聊的程度漸次更形深刻。

此種深刻並非只是言語上的形容詞，也看不出其深度的變化。要說第三形式是最深刻的無聊是怎麼一回事，便是從此種第三形式，**發生導致了另外兩種形式的無聊**。這絕非難以理解之事。讓我們來加以說明吧。

第一形式是在車站等列車進站時，所感受到的無聊。為什麼等車這件事會讓人感到如此無聊？因為車站不聽人言，換言之，因為車站沒有按照我們的希望提供列車。那麼，為什麼這一點會跟無聊連結在一起？因為我們不想失去時間。再進一步，為什麼我們不想失去時間？因為想要把時間花在日常工作上。因為不想浪費時間、想要最大限度地將時間為日常工作所用。

如此一來，如同海德格所述，正因為成了每天工作的奴隸，我們才會感受到第一形式的無聊。如果我們在這一點上是自由的話，不會因為在列車到站之前必須等待就焦慮至此，也不應該會感到無聊。

但是，再試著思考以下的問題。為什麼我們要特意去成為工作的奴隸？為什麼打算讓自己忙碌不已？難道成為奴隸不是一件可怕的事嗎？

不，並非如此。真正可怕的是，**持續不斷聽到「沒來由的無聊」的聲音**這件事。我們之所以要成為日常工作的奴隸，是**為了要從「沒來由的無聊」此種深刻的無聊中逃脫之故**。

我們不想傾聽自身最深處竄升而來的「沒來由的無聊」的聲音，想要對其視而不見……。因此人們透過成為工作的奴隸、變得忙碌，企圖從「沒來由的無聊」中逃離。[57]導致第一形式無聊的，正是第三形式的無聊。無論如何都企圖從「沒由來的無聊」的聲音逃脫，因此我們成為工作的奴隸。其結果，以感受到第一形式的無聊告終。

第三形式與第二形式的關係

那麼，第二形式又是如何呢？

在第二形式中，最初我們找不到消遣何在。透過分析的結果我們知道，第二形式的定義「在面臨某些狀況時感到無聊」中所提到的「某些狀況」，正是所謂的消遣。因而可以說在第二形式中，消遣與無聊是交錯融合在一起。

但是，這裡浮現了一個單純的疑問。原本是為了什麼而從事這個消遣？消遣既然無聊，那麼就不是為了排解無聊而應該從事的活動吧？在這個等式裡，不但找不到應該被排除的無聊，相反地，還因為消遣而創造出無聊是怎麼一回事？簡要來說一言以蔽之，**為什麼要舉行那一場宴會？**

在我們已經知道無聊的第三形式的現在，答案已經不再是個謎團了。無聊的第二形式的特徵在於，我們不想聽。沒錯，「沒來由的無聊」的聲音、這種從在世存有的深處竄升而來的聲音，我們不想聽。因此，進行消遣活動（宴會）。

成為第二形式的開端的消遣活動（宴會），**原本一開始是被作為排除無聊的方案來發想的**。為了不聽「沒來由的無聊」的聲音而能順利過關，舉辦了那一場宴會。即便如此，說來諷刺，在參加這一場消遣的時候我們感到無聊。

如此一來，也許會認為第一形式與第二形式之間沒有太大的差別。不論何者，都是以堵住耳朵不去聽「沒來由的無聊」的聲音為目標。㊿

但是，兩者果然還是不一樣的。在第二形式中，我們給予自己時間。為了不要像第一形式一樣成為奴隸，在第二形式中我們呈現出面對自己的姿態。因此海德格提到，在第一形式中，我們嚴重地喪失了自我。

解放與自由

那麼，關鍵點我們尚未確認。

在無聊的第三形式、「沒來由的無聊」之中，人類呈現了自我的可能性。海德格如是說。那麼此種所謂的可能性是什麼？

答案是令人驚訝的單純。「那就是自由」，海德格這麼回答。59無聊這種情緒告訴我們的是，我們是自由的此一事實本身。

也應該可以這麼換句話說吧。我們是無聊的，因為是自由的所以會感受到無聊。所謂的無聊，也就是自由。

還有後續。

在這個階段，自由還停留在可能性的狀態。只是呈現人類是自由的、這樣一種可能性而已。那麼要如何實現這種可能性？

這個問題的答案又是令人訝異的單純。海德格說，「透過下決斷」。60

海德格所言之義，因為無聊的人們具有自由，應該透過決斷發揮其自由。無聊傳達給我們的是自由。所以，下決斷吧——這就是海德格無聊論的結論。

※

組合本書至本章為止的步伐與海德格的分析，來進行本章最後的總結吧。

海德格透過無聊的諸形式分析，最終抵達了「沒來由的無聊」此種深刻的無聊型態。平常人們為了抑制這個聲音，成為工作的奴隸、或耽溺於與無聊交錯融合成一體的消遣。

但是，無論怎麼做那個聲音總是不斷響起。而當我們側耳傾聽「沒來由的無聊」的聲音時，我們被置於無垠無涯的「廣域」。被置於所有的物事皆退離、我們所言全然無人聆聽的全白空間。

但是，這種零的全無狀態卻也是人類知道自己可能性的機會。因為不論有無反應，我們的目光都被要求看向此種可能性的契機與開端。因為所有的可能性都被拒絕，反而宣告了此種自我的可能性……。

若將海德格的敘述，用本書的脈絡加以翻譯，則會有下列結果。

人類的大腦日益高度發達。如此優秀的能力在遊牧生活中能夠如同自己所期待的充分發揮。但是，與定居此種新的生活型態相遇之後，人類優秀的能力受到限制、沒有必要再不斷地活用，因而產生了能力的剩餘。正是此種能力的剩餘，又帶來了人類文明的高度發展。但，這也同時給予了無聊登場的可能性。

無聊這件事，是人類的能力日益高度發展的象徵。而正因為無聊是人類能力其本身的反射，因此是絕對無法加以排解消除的。因而如同巴斯卡所述，人類絕對耐受不住一個人老老實實地待在房子裡。這不是人類耐受度不高或諸如此類的狀況。而是因為能力有所剩餘，是無可奈何的。無論如何「沒來由的無聊」的聲音都會傳到耳中。

人類總想做點什麼來遠離這個聲音。特意要讓生命暴露在危險之中，購買軍職遠赴戰場、熱中狩獵或賭博等玩樂。但是這樣的逃避對於可能產生的無聊，最終仍是以無力感收場。人類自我的深處響著「沒來由的無聊」的聲音。

海德格雖然使用了困難的語言，但他所敘述的內容絕非如此奇異難解。而且他所敘述的內容，也與其他論及無聊這個主題的論者們的敘述一致。

但是，即便如此，海德格最終的解決策略卻怎麼也無法讓人理解信服。

例如，就算對感到所有的可能性都被否定，有如活在「廣域」中，將自己繭居在房間裡的人們說「你現在被強制看著在世存有（人類）的可能性的契機與開端。好好看著吧。你應該就會看到自己在世存有的可能性吧。若是如此，下決斷實現這種可能性吧」，會演變成如何？

在這個結論之中，還潛藏著不可一笑置之的重大問題，此部分容後再述。

不論如何，海德格的結論有著讓人難以接受的部分。但是，他的無聊分析是極其豐富的。尤其是關於無聊的第三形式的此一發現。此一發現包含著，在思考「閒暇與無聊的倫理學」此一主題時所需的重大線索。

其後我們希望一邊進行針對海德格無聊論的批判性檢討，並歸結出本書的結論。

第六章

閒暇與無聊的人類學

窺看蜥蜴的世界是可能的嗎？

無聊恰好呈現了人類的可能性。海德格是這麼思考的。這種所謂的可能性便是自由。人類是無聊的。不，是**能夠**無聊的。正因為如此是自由的。

海德格因此倡議決斷的必要性。透過決斷，可以發揮作為人類可能性的自由。

這是前一章末尾所敘述的內容，但這個結論有讓人難以接受信服之處。本章希望由其他的觀點來考量這個問題。

海德格認為正因為人類能夠感到無聊，所以才是自由的。不僅如此，他認為**只有人類才會感到無聊**。換言之，他認為人類會感到無聊，但動物不會。

舉例來說，羅素也有同樣的敘述。動物只要健康又有充分的食物就是幸福的。只有人類會苦於無聊。

但是，真能藉由無聊的有無來區分人類與動物嗎？若是可以透過無聊的有無來定義區別動物與人類，屆時，我們該認為人類或動物到底是什麼樣的存在？

這實在是非常有趣的事，海德格在針對無聊進行討論之後，也針對動物加以討論。在對某位生物學家進行批判檢討時，他論及了動物與人類的區別這個題目。此處希望針對此一部分再進一步批判檢討後，嘗試架構出「閒暇與無聊的人類學」。

想想曬著太陽的蜥蜴

有點突然，但希望大家想一下在岩石上曬太陽的蜥蜴。像蜥蜴這樣的變溫動物，是先從日光下溫暖身體之後開始活動。例如停在石頭上、沐浴太陽的光線。曬太陽。

我們看到這個景象，說「蜥蜴爬到石頭上、沐浴在陽光下」。蜥蜴／石頭／太陽三者之間獨特的關係由此可見。但是，希望各位讀者好好想想。若是要針對蜥蜴思考，這樣的看法不是還談不上周全嗎？所謂思考蜥蜴的事，必須掌握的是：將蜥蜴放在**蜥蜴所生存的世界中**來思考。

例如，在研究古代埃及的人類時，無法以現代日本社會的常識或邏輯來解讀。為了要研究古代埃及的人類，就必須了解這些人類所生存的古代埃及的世界。當然，生活在現代日本社會中的人們要理解古代埃及社會是非常困難的，也有其界限。但是，也不能因為如此就說不知道也無妨。研究者需要利用各式各樣的手段，來挑戰這樣的界限。

如此，同樣的事情也必須套用在針對蜥蜴的事情上。在思考蜥蜴相關事物的時候，不能用現代日本社會的常識來解讀是理所當然的，也不可以用人類的常識來綜觀解讀。為了要理解蜥蜴，就必須努力去理解蜥蜴的世界。

如此一來，要思考曬太陽的蜥蜴這件事，就格外困難了。因為必須化身蜥蜴來解讀蜥蜴才行。從我們人類的角度來看，蜥蜴／石頭／太陽三者之間有著獨特的關係，但對蜥蜴本身又是如何？蜥蜴自己是如何體驗太陽的光線或石頭？

把某物當成某物來體驗

那麼，從這裡我們來聽聽海德格怎麼說吧。

他針對蜥蜴說了些非常奇特的話。人類把太陽當成太陽來體驗。但是，蜥蜴沒有把太陽當成太陽來體驗。他如是說。

海德格針對岩石也有著同樣的敘述。蜥蜴打橫在石頭上曬太陽。蜥蜴與岩石之間有著某種關係。但是，難道蜥蜴能夠探問追究石頭的礦物特質嗎？沒辦法。換言之，蜥蜴雖然在岩石上曬太陽，但是蜥蜴沒把石頭當成**具有岩石特質**的東西①……。

海德格到底想要說什麼？其實只要知道成因，他所說的也沒有那麼難理解。他的意思是，只有人類可以將某物當成某物來體驗。能夠把太陽當成太陽、石頭當成石頭來體驗的，只有人類。因此蜥蜴無法把太陽當成太陽來體驗。對蜥蜴而言，太陽不過是種可以把身體弄暖的東西罷了。石頭也一樣，蜥蜴沒把石頭當成石頭來體驗。對蜥蜴來說，那不過是為了要弄暖身體所爬上去的高台而已……。

此一主張不僅適用於太陽與岩石，還能夠擴張到所有的物事；更進一步還可以延伸適用到世界整體。換言之是這麼一回事。人類能夠將世界當成世界來體驗。只有人類才能夠與**世界其**

物發生關係。換言之，只有對人類而言，世界才具有世界的**意義**。這是其他動物沒有被賦予的、人類獨有的特權。論其原因，由於動物無法將某物當成某物來體驗，因而無法把世界當成世界來經歷。

石／動物／人類

當然應該會出現反論吧。但是，希望各位讀者暫時先跟海德格所述的內容繼續交往一下。海德格在上述的思考中提示了以下三個命題：

(1) 石頭是無世界性的。
(2) 動物是貧乏世界❶的。
(3) 人是築造世界（Weltbildend）的。

某種奇怪的東西被混進了上述的命題中。為什麼與「人類」和「動物」並列的是「石頭」？這個疑問是正確的。這個命題自然會讓人們失笑。海德格似是將石頭做為物質性的物品代表例子，但我們可以先略過此點不提。②此處針對第二命題以及第三命題來思考。

根據海德格所言，人類能夠將某物**當成**某物來體驗。舉例來說，能夠將太陽當成太陽來體

❶ 原文為 Weltarmut。

驗。因而能夠將世界當成世界來體驗。人類能夠與世界其物發生關係。與世界之間能夠互動產生關聯，並且能夠構築起這種關係性。海德格以「築造世界」來指稱這件事。

相對於此，動物無法將某物當成某物來體驗。對蜥蜴而言，石頭不是石頭，而是曬太陽時的平台。每一種動物，都只能用牠們各自的方式與這個世界互動。蜥蜴只會用蜥蜴自己特有的方式與世界產生關聯。動物所具有的、與世界之間的關係是限定的。海德格以「貧乏世界」來指稱這件事。

但是，光是這樣的說明還是無法讓人產生清楚的畫面。動物沒有辦法將某物當成某物來體驗是怎麼一回事？與世界其物無相關又是怎麼一回事？不論是何種生物，難道不都是生存在**這個世界之中**嗎？會抱持這種疑問是很正常的。

在此處想要介紹一個非常有意思的思考方式。那便是生物學家魏克斯庫爾所提出、稱為「環境界」的思考方式。海德格以此種環境界的思考邏輯為基礎，對其加以批判，而有上面的敘述。若能夠掌握這個思考方式，海德格所言絕非難解之事。

母壁蝨的世界

魏克斯庫爾（Jacob von Uexküll, 1864-1944）是出生於愛沙尼亞的理論生物學家。他在海德堡大學從事動物比較生理學的研究，其間發展出「環境界」（umwlet）此一概念。

可能這個概念被認為是非科學的，他並未獲得在大學的職位，而是以無所屬的身分持續進行研究。不過在六十二歲的時候，他成為漢堡大學設立的環境界研究所的名譽教授，其後十年間在此指導年輕的研究者。此後魏克斯庫爾的見解在許多不同的領域都產生重大的影響。

那麼，魏克斯庫爾所稱的環境界所指為何？

通常，我們認為包含自己在內的所有生物是生存在同一個世界之中，認為所有的生物**生存在同樣的時間與同樣的空間**之中。魏克斯庫爾便是在此處起疑。他如是說：所有生物都被置放其中的單一世界其實並不存在。**所有的生物都生存在各別的時間與空間之中！**

聽到這裡都如同科幻小說一般。此處我們將援引魏克斯庫爾的著作《由生物所見的世界》（一九三四）開頭所列舉的、讓人非常印象深刻的事例，來思考其理論的意義。③在此處登場的是，非常微小的生物。

這本書是以牧歌式的、關於鄉村景致的描寫來開場：

> 住在鄉間的話，應該就會有很多機會帶著狗在森林間來回走動。若是這樣的人，一定會知道從草木繁茂的小樹枝垂掛而下的小動物。這些傢伙從樹枝垂掛而下，埋伏著等待獵物上門。不管是人類或動物都好。發現適當的獵物之時，便會飛附其上，飽食一頓鮮血大餐。這些傢伙們是大約一公釐或兩公釐大小的微小生物。但吸飽鮮血以後立刻可以膨脹成豌豆大小。

這種吸食哺乳類或人類鮮血、讓人不愉快的生物，就是壁蝨。

正確來說是真蜱。④母真蜱在交配結束之後，會利用八隻腳攀爬上適當的樹枝。攀爬成功後，便在該處等著哺乳類走近。飛落在從樹枝下通過的小型哺乳類身上，或是等待大型動物行經時擦過樹枝，而有攀附其身的機會。若是能夠順利停留在哺乳類的皮膚上，就能夠吸到期待已久的鮮血大餐。

吸血的過程步驟

有趣的地方從這裡開始。壁蝨打獵的樣子我們已經知道了。那麼壁蝨是如何進行狩獵的呢？

首先，他們怎麼找到適合伏擊的地方？其實壁蝨的眼睛是看不見的。使用分布在全身表皮上、稱為光覺的器官，用全身來感覺光的有無，只能以此種方式定位。但如何順利找到適合伏擊的樹枝，並且攀爬其上呢？

假設順利找到了適合伏擊的場所，接下來的問題是，怎麼知道獵物接近了？壁蝨的眼睛是看不見的。那麼該怎麼做？透過聲音？不，其實壁蝨的耳朵也聽不見。獵物接近時所發出的聲音，牠們也無法有所反應。

壁蝨等在樹枝上，等待哺乳類走過樹枝下。而恐怕，獵物是經過距離超過壁蝨身量百倍以上的地方。朝著距離如此遙遠的獵物，這些無法使用眼耳的小生物像是潛水一般地飛附到獵物身上。壁蝨是如何掌握這樣的絕妙良機？

壁蝨是靠著嗅覺感知到哺乳類接近了。壁蝨雖然沒有視覺與聽覺，但卻有著非常發達的嗅覺。哺乳類的皮膚會揮發出一種稱為酪酸的物質，壁蝨可以嗅聞到其氣味。此種酪酸的氣味，就是「從監視場離開縱身一跳」的信號。換言之，壁蝨是在監視伏擊場，專心地等待這種氣味。

那麼，就算現在運氣好，壁蝨等待的氣味飄散過來了。壁蝨飛躍而下。但是，這個時機並不保證一定會成功（再重複一下，只是感知到氣味後飛躍而下，無法瞄準獵物飛躍而去）。也許會落到地面上、也許會被其他樹枝給勾住。不論是何者，如果失敗的話，就必須重新再一次攀登回到做為監視伏擊場的樹枝上。那麼壁蝨要如何得知這個時機是否會成功？在耳既不聰、目又不明的狀況下。

壁蝨之所以知道時機會否正確成功，靠的是敏銳的溫度感覺。壁蝨知道自己的獵物、哺乳類的體溫。感知到其體溫後，壁蝨就知道自己的時機點得手了，會進行下一個步驟。

此種溫度感覺真的非常敏銳。壁蝨並不僅僅是感覺到溫暖。而是精確地感知到攝氏三十七度的溫度。若登陸點雖然溫暖，但溫度是在三十七度以上或以下的話，壁蝨就不會採取下一個行動，而是會再度回到監視伏擊場去。若登陸點的溫度是攝氏三十七度，這時會使用觸覺，盡可能地尋找哺乳類身上毛髮少的地方。找到適當的地方，便把頭深入獵物的皮膚組織之中。如此，壁蝨得到了溫暖的宿主血液。

三個訊號

由上述內容可知，壁蝨是按照三個訊號的關聯而採取行動：

(1) 酪酸的氣味

(2) 攝氏三十七度的溫度

(3) 體毛少的皮膚組織

這三者按照順序持續被接收到後，才開始有了訊號的意義。

整理一下吧。

嗅聞到酪酸氣味的壁蝨會嘗試「跳水」。接著會登陸在某處。感到著陸的衝擊之後，便不會再尋找酪酸的氣味，而是開始尋找三十七度的溫度。跳水行動開始後、壁蝨才會接著尋找三十七度的溫度；即便給予沒有嗅聞到酪酸氣味的壁蝨三十七度的環境，壁蝨也不會開始尋找吸血的接觸點。

訊號(1)受信↓訊號(2)探索↓訊號(2)受信↓訊號(3)探索……

壁蝨會按照這樣依序交替的三個訊號行動。只有在形成這樣的依序連鎖的時候，個別的三者才開始有了訊號的意義。

此外，壁蝨對於這些訊號以外的資訊是完全不接受的。例如在實驗室中將壁蝨置於某個高處讓其等待。在燒瓶內放入酪酸靠近壁蝨。壁蝨便會從高處往下飛降下來。而在可能飛降下來的落點事先放上人工膜，並將人工膜保持在三十七度的溫度，人工膜下則放置一般的水。如此一來，壁蝨會開始在人工膜上進行「吸血」行動。開始吸（其實是水的）「血」。

耗費這麼多工夫為了要吸食到新鮮的血液，也許會以為壁蝨像吸血鬼一樣喜歡血的味道，實際上並非如此。壁蝨雖然具有非常敏感的嗅覺與觸覺，但我們知道這種動物完全沒有味覺。壁蝨無法感覺到味道。

換言之，酪酸的氣味、三十七度的溫度等條件齊備的話，壁蝨不管在哪裡都會準備開始「吸血」的行動。酪酸的氣味是從何而來啦、讓壁蝨感知到三十七度的溫度的物體為何啦，這些都無所謂。因為壁蝨只會根據現在所舉出的三個訊號採取行動。不接受除此之外的資訊。換言之，壁蝨純粹只活在**由這三種訊號所創造出來的世界中**。

環境界

這次我們稍微拉開一點距離，來綜觀一下此種壁蝨的生活。

圍繞在壁蝨周遭的環境非常豐富，同時也非常複雜。森林中飄散著各式各樣的氣味，也交雜著各式各樣的聲音。白天、黑夜，光線也持續在變化。當然也會颳風下雨。

但是，這些現象**對於壁蝨而言是不存在的**。為了狩獵而等待伏擊的壁蝨所能感受到的，只有先前提到的三個訊號。因此在壁蝨的世界中，除此之外的東西都不存在。

再稍加補充幾句。我們不經意就說出「壁蝨在樹枝上等待哺乳類靠近」這樣的話來，也說了「順利地有哺乳類經過的時候，就飛躍至其身上」。

但是，這只是人類所見的壁蝨的行動。希望讀者好好地想像一下。**壁蝨不是在等待哺乳類**。壁蝨是在等待酪酸的氣味。在壁蝨的世界中，並**不存在著哺乳類**。壁蝨並沒有看著哺乳類的身影姿態。飛躍至其身的獵物是鹿、狗還是人類什麼的，壁蝨並沒有認知到這一點。壁蝨只是對於酪酸的氣味有所反應而已。因此對燒瓶裡的酪酸也會有反應，對於被加熱到三十七度的人工膜也會打算採取吸「血」的行動。

壁蝨與我們人類是生存在完全相異的「世界」。例如你走入森林的時候，應該會感受到森林中的空氣、光線，小心在林中寸步難行吧。但是，能夠體驗到這樣環境的只有你而已。對在旁邊的樹枝上一直等待著的壁蝨來說，森林的空氣、光線，或是在林中腳步容易不穩的狀況，牠們完全感受不到。

當然不是只有壁蝨，上面的敘述對於全部的生物都適用。我們在腦袋中投射出所有的生物都屬於其中的「世界」形象。但是，其實任何生物都不生存在這樣的「世界」中。不論何種生物都只會生存在**該種生物特有的世界中**。就像壁蝨生存在由三個訊號所構成的世界中一樣。

如此一來，不是人類以為的「世界」，而是必須考慮每種不同生物所生存的世界。不是在人類的腦袋中、抽象地創造出來的客觀「世界」，而是每種不同的生物，做為一個主體所經歷的、具體的世界。

而這正是魏克斯庫爾所說的「環境界」（umwelt）的真義。所有的生物，都生活在各自的環境界之中。例如壁蝨是生存在三個訊號所組成的環境界中。

人類在自己的腦海中，以抽象的想像所描繪的「世界」，魏克斯庫爾姑且先以「環境」（Umgebung）稱之。這是為了將環境界，與我們平常所想像的「世界」加以區別所使用的詞彙。實際上這個「環境」是虛構的。因為不論任何人、任何東西，都不生存於這樣的「環境」中。每種生物都生存在各自的環境界中。

先前我們舉出了令人印象深刻的壁蝨的環境界為例。但是針對人類，我們也能表達同樣的意見嗎？在森林中做森林浴的散步者、打獵的獵人、巡查森林的森林保育員、採集植物的植物學者，他們對於同樣一個森林，都會產生同樣的體驗與經歷嗎？

獵人應該會察覺到散步者不會注意到的、遠處的動靜與聲音吧。植物學者應該會注意到獵人眼睛根本不看就踩踏上去的、腳下的植物。而散步者只要有森林的光線或香氣，應該就覺得心滿意足了吧。

在森林中有各式各樣的主體在行動。散步者、獵人、森林保育員、植物學者，各式各樣的動物，還有壁蝨……。所有這些主體都體會經歷到同樣的一座森林，實在很難這麼說。確實，能夠想像在該處存在著同樣的一個森林「環境」。但是，這只是在我們腦袋中所組合出來的。實際上被生存的、被經驗的，是一個一個的環境界。散步者的森林、獵人的森林、森林保育員的森林、植物學者的森林，當然還有壁蝨的森林。

壁蝨的驚人能力

再回到壁蝨身上。壁蝨跳水成功以後好好地飽食一頓鮮血大餐。而這一頓大餐，其實是壁蝨的「最後晚餐」。對於壁蝨來說，之後只剩下掉落到地面、產卵後死去這件事而已。

如同先前所述，母壁蝨在等待伏擊之前已經交尾完畢。在交尾之際所收取的精子，母壁蝨會將其收入稱為性包的器官中避免受精。哺乳類的血液進到胃裡面以後，精子會從性包中被釋放出來，與在卵巢內休息的卵子結合為受精卵。哺乳類的血液，是為了下一代所準備的養分。

要說為什麼會形成這麼麻煩的繁殖結構，因為母壁蝨從交尾到吸血之間，可能會經過非常長的時間。簡要來說，因為可能必須在樹枝上等待伏擊非常長的時間。若沒有這個結構，可能在吸到血之前就完成受精了。

那麼，說壁蝨必須等待非常長的時間，具體來說到底必須等待多久？

僅有一公釐大小的動物，在廣大的森林中要挑選唯一僅有一棵樹的樹枝。然後等待其下有哺乳類經過。有哺乳類經過、而且還要順利跳水成功的機率到底有多少？狩獵的成功率無異於幸運的偶然吧。

因此壁蝨具有能夠在樹枝上長期待機的能力。並且，當然是不吃不喝的。而這種能力更是遠遠超乎我們人類所能想像。

魏克斯庫爾介紹了令人驚訝的事實。在波羅的海沿岸的德國城市羅斯托克的動物學研究所中，據說保存有絕食了十八年但仍存活著的壁蝨。

十八年間不吃不喝，只是等待著酪酸的氣味的壁蝨。太令人吃驚了！人類是絕對做不到的。

但是，從環境界的概念我們難道不能這樣想嗎？在這麼長的時間中，專心等待酪酸的氣味這件事，對人類而言是值得驚訝的。但是，對壁蝨而言，其實不過就是一件理所當然的事呢？因為壁蝨與人類生活在迥然不同的環境界中。也許對壁蝨來說，十八年並不是那麼長的時間？

由此，我們必須對於環境界再深化更進一步的考察。換言之，壁蝨與人類不僅在所接收的資訊數量上這一點有所不同，搞不好連時間觀念也不同，我們必須思考這樣的可能性。由此產生的，是所謂的時間是什麼這樣的疑問。

所謂的時間是什麼？

時間是什麼？這是從古代就不斷有哲學家挑戰的難題。哲學對這個問題，可以說有回答，也可以說沒回答吧。但是關於這個難題，魏克斯庫爾倒是以令人驚訝的方式，爽快地給了答案。什麼是時間？——所謂的時間是瞬間的連貫。

光是這樣實在很難懂。若時間是瞬間的連貫，那這個「瞬間」又是什麼？再一次，魏克斯庫爾又令人驚訝地爽快回答。魏克斯庫爾用具體的數字，回答了這個問題。

他如是說。對於人類所謂的瞬間，是能夠明確定義的。對於人類所謂的瞬間，是十八分之一秒（約〇．〇五六秒）。

到底這個數字是怎麼來的？其實魏克斯庫爾是訴諸某個媒體來引導出這個數字。這個媒體就是電影。

各位讀者應該看過電影的膠卷吧，一格一格如同照片的底片。每一格膠卷是縱向連貫在一起。經常招致誤解的是，光是把膠卷放在光源之前縱向播放，是看不到電影的。換言之，畫面不會動。

為了讓畫面看起來會動，必須重複放映一格膠卷之後關上快門、在快門關上的時候移動膠卷、移動完成之後再打開快門的連續動作。換言之，放映機重複著⑴放映膠卷、⑵關上快門，移動到一下格膠卷、⑶打開快門放映下一格膠卷……的作業程序。⑤

電影院的螢幕上放映著流動的畫面。人或物體順暢地動作著。但是，從放映機的運作原理可以得知，在螢幕上其實是膠卷的放映與快門遮光的重複。其實在電影院播放電影的時候，在每一格與每一格的膠卷之間，有著快門遮蔽的瞬間。簡單來說，在我們看電影的時候，其中螢幕有無數次其實是完全黑暗的。

但是，我們的眼睛看不見全暗的螢幕。在電影院我們看得見的是流動的影像。要說為什麼，因為各格膠卷之間的停止與螢幕的遮蔽轉暗，只要是在十八分之一秒內進行的話，黑暗的部分我們的眼睛是感知不到的。反過來說，若這些動作所需時間超過十八分之一秒，影像對我們而言就為變得斷斷續續了（現在的電影，是以每一秒間二十四格的速度來放映影像）。

在十八分之一秒內所發生的事情，人類感覺不到。因此，對人類而言所謂的十八分之一秒，**是無法再加以分割的、時間的最小單位**。對人類來說，在十八分之一秒內所發生的事情是**不存在**的。不論是誰在看電影時，都沒有目擊到全暗的螢幕。

而且令人驚訝的是，十八分之一秒不僅是對視覺，似乎對人類所有的感官而言，這都是時間的最小單位。舉例來說，一秒超過十八次以上的空氣振動，人類就無法分辨而只能聽到單一音色。人類的耳朵無法捕捉到超過一秒內十八次以上的音律振動。

觸覺也是一樣。用棒子敲打皮膚的話，會感覺到咚咚咚的敲擊。但如果一秒內敲打皮膚超過十八次，會有棒子一直壓迫在皮膚上的感覺。

對人類而言，十八分之一秒是感覺的極限。也就是說，稱為十八分之一秒的瞬間、「時間的最小單位」，連貫起來**對人類而言就成為時間**。對於人類而言所謂的時間是什麼？是十八分之一秒的連貫。

鬥魚的時間，蝸牛的時間

在人類的環境界中流動著的是、由十八分之一秒所連貫起來的時間。在人類的環境界中，不存在著比十八分之一秒更短的時間。

這麼一來，很自然地我們會思考其他動物的感覺時間可能比人類短，也可能比人類長。這個猜測正中紅心。對於不同的生物而言，「瞬間」的長度也相異。

某位研究者，從鬥魚看到自己的影像時的反應，來研究鬥魚的知覺時間。根據其研究，鬥魚能夠感知的最小時間單位是三十分之一秒。鬥魚若在一秒內看自己游動的影像十八次的話（換言之，膠卷的停止與快門遮蔽一秒內進行十八次，用這種方式讓鬥魚看影像），鬥魚無法認知到那自己的影像。一秒間放映三十格膠卷的影像，鬥魚能夠認知自己的樣子，並且有所反應。若是鬥魚能開口說話，給牠看（人類的）電影畫面，牠應該會抱怨「畫面斷斷續續好難看」吧。因為人類電影的放映速度對鬥魚的視力來說，牠的眼睛可以清楚地看到每一格膠卷之間的全黑螢幕。

對於生活在這樣的環境界中的鬥魚而言，人類是只能用牠們的六成左右速度行動的慢吞吞生物。在人們所無法注意到的、短時間內所發生的事情，在比十八分之一秒更短的時間內所發生的事情，鬥魚也能夠感知得到。浮現出河魚在河川的激流中靈敏地游動，還能夠發現並吃到餌食的畫面就可以了。那樣子的動作方式對人類來說是不可能的。但是對魚類來說是很普通的事情。論其原因，因為對魚類而言的時間、與對人類而言的時間，兩者是不同的。

反過來說，也有用比人類的時間更緩慢的時間生存的生物。蝸牛無法認知到比三分之一秒（或四分之一秒）更短的時間。在蝸牛的腳下放入棒子，蝸牛會沿著棒子往上爬。那麼試著慢慢地轉動棒子。一秒一到三次，像是用棒子敲打蝸牛一樣的話，蝸牛就不會往棒子上爬了。因為它能夠分辨棒子在動。但是，如果將轉次稍微增加到一秒四次以上敲打蝸牛的話，蝸牛還是會沿著棒子爬上來。因為在蝸牛的環境界中，一秒內振動四次的棒子等同跟靜止的棒子一樣了。

從人類的角度來看，蝸牛是十分緩慢的生物。但是，蝸牛與人類的時間是不一樣的。搞不好，蝸牛以為自己是以瘋狂加速度在行動著。就像我們看到河魚游動時，會驚訝於其靈敏的行動一般，當蝸牛看到散步的人類之際，也許會吃驚於「怎麼行動如此迅速」。

時間的相對性

各位讀者應該可以理解到，所謂的環境界會因為物種不同而有極大的差異。環境界的思考邏輯，並不只在於提出生物有各自特有的世界。甚至提到，所有的生物都**生存在各自不同的時間感中**。⑥

此處將話題轉回那持續等待到天荒地老的壁蝨身上。我們對於壁蝨什麼都不吃持續漫長地等待了十八年一事感到驚訝。但是，每個環境界連時間都不一樣的話，也許其實這不是一件值得如此驚訝的事。

我們之所以會對於這個事實感到吃驚，因為是以壁蝨與人類生活在同樣的時間觀念中為前提。對於壁蝨而言的瞬間是什麼，魏克斯庫爾隻字未提（要調查這一點想來是很困難的），但是，壁蝨的知覺時間與人類的知覺時間恐怕有很大幅度的差異吧。

魏克斯庫爾推測，壁蝨在這段待機時間中，應該是一種近似睡眠的狀態（也許可以類比於冬眠狀態）。人類在睡眠狀態中，也會有數個小時的時間是停止的。這種停止狀態，在壁蝨的身上不僅是幾小時，而是持續數年。之後是靠著酪酸訊號的有無，來解除此種休止狀態，壁蝨會再度開始活動。

時間會將所有發生的一切納入其架構之中，因此我們認為時間是客觀而固定的。但是並非如此。不如說是生活在某個環境界中的主體，支配著那一個環境界的時間。壁蝨、鬥魚也好，蝸牛、人類也罷，支配著自己的生存時間。「過去總說沒有時間，主體就不可能生存，但現在必須說沒有生存主體，時間就不可能存在」⑦。

從環境界看到的空間

同樣的說法也可適用於空間。獨立於生存主體之外單獨存在的客觀空間，確實是一種假說。但是，沒有任何一種生物生存於這樣的空間中。

例如，完全沒有視覺的生物、只有能感覺到光的程度視力的生物，與具有視覺的生物，應該會用完全不同的方式來掌握空間感吧。而且，這些生物也不會因為沒有視覺，就抱怨很困擾不方便。此外即便是具有視覺的生物、夜行性動物或是住在洞窟內的穴居動物，會使用觸覺或聽覺來掌握空間感。這樣的動物，與像人類這樣高度依賴視覺單一感官來掌握空間感的動物，是生存在相異的空間之中。

魏克斯庫爾介紹了關於蜜蜂與蜂箱、極為有趣的事例。在蜜蜂出門不在家的時候，有點惡作劇地把蜂箱移動了兩公尺左右。片刻後回來的蜜蜂，明明蜂箱就在身邊但就是回不去。蜂箱的蜜蜂居民們群聚在蜂箱原本的地方盤旋。盤旋了一會兒以後，經過五分鐘才終於改變方向往蜂箱飛去。蜜蜂具有視覺，但其視覺在掌握空間感上，絕對不是主要的角色。

而且不可思議的是，若是對被移除觸覺的蜜蜂進行同樣的惡作劇，蜜蜂們會直接回到被移動了兩公尺左右的蜂箱。蜜蜂似乎是利用觸覺來掌握空間感，而且比視覺還來得可靠。⑧

物其物？

我們詳細地檢視了魏克斯庫爾的環境界論。此處希望回到本章開頭所提的問題。海德格針對蜥蜴所提出的討論。

海德格批判了魏克斯庫爾的理論，其批評也極為單純。魏克斯庫爾的環境界論用在動物身上是正確的。動物有各自的環境界，但是在人類身上並非如此。將環境界的概念用在人類身上是錯誤的。⑨這是海德格批判的重心。

關於蜥蜴，海德格如是說。蜥蜴沒有將太陽當成太陽來體驗，也沒有將石頭當成石頭來體驗。

從壁蝨的例子來類推，海德格所言之義應該更容易理解。壁蝨為了吸哺乳類的血而在樹枝上等待伏擊。但是，**壁蝨不是等著伏擊哺乳類。壁蝨只是等待著酪酸的氣味**。壁蝨沒有將哺乳類當成是哺乳類。

同樣地，蜥蜴為了讓體溫上升，而找尋溫熱的光源與協助自己吸收光線的平台。石頭只是為了讓自己身體溫暖的平台。也不是感知有太陽這回事，只是要讓身體被光線照射。因此，蜥蜴不知有太陽其物，也不知岩石其物。如同壁蝨也不知道哺乳類一樣。確實可以這麼說。

這件事海德格用以下的哲學表達來說明。對於生存在環境界的生物而言，物其物、或說物的自體性格，是一種構造性的缺乏。動物無法認知到做為物本身的物。⑩對蜥蜴來說，無法認知到太陽是太陽、岩石是岩石，壁蝨也無法認知哺乳類是哺乳類。

但是，若是知道魏克斯庫爾的環境界論的人，一定會對海德格如此的主張持疑。海德格稱動物無法認知物其物、或說缺乏「其物」的構造等否定說法，是因為認為人類有此種認知、具備這種構造之故。

但真是如此嗎？我們真的可以說人能夠認知物其物嗎？追根究柢，什麼是物其物？如同蜥蜴把石頭當成曬太陽的平台一樣，人類不也是從各自的出發點來體驗石頭嗎？

人類雖然可以從宇宙物理學的角度來認知太陽、從礦物學的角度來認知岩石，但蜥蜴做不到，海德格如是說。但是，此處問題出在，難道這樣太陽就不是宇宙物理學家所謂的太陽、岩石就不是礦物學家所謂的岩石了嗎？確實蜥蜴無法針對岩石的礦物學性質提問。但是，為什麼窮究岩石的礦物性質才是認知「岩石其物」的方法途徑？為什麼，我們可以說「岩石其物」是由礦物學的性質所形成？石頭對於蜥蜴而言就只是為了溫暖身體所用的平台、對於礦物學者而言就只是具有礦物學性質的物質，為什麼不能這樣想就好？為什麼無法設想成蜥蜴的環境界、礦物學者的環境界就是兩種不同生物的環境界？沒有辦不到之理。

如同蜥蜴有蜥蜴的環境界一樣，宇宙物理學者有宇宙物理學者的環境界，而礦物學者有著自己的環境界。海德格無論如何都無法認同這一點。並且竭盡全力來駁斥抗拒這個想法。為什麼？因為海德格從一開始就抱持著**人類是特別的**此一信念，而以**合乎此種信念**的方式來立論。

談論蜜蜂的海德格

但是，話雖如此，海德格所言也是一理。

宇宙物理學者的環境界，是由人類所形成的環境界之一。人類除了有個人差異之外，還有創造出宇宙物理學者的環境界、礦物學者的環境界等可能性。但是，很難想像蜥蜴可以如同人類一般，得到各式各樣不同的環境界。確實在這一點上人類與其他生物有所不同。

海德格的理論思想很容易就被駁斥為人類本位中心主義。但是，我們再試著循著他的邏輯脈絡來思考吧。

海德格為了批判魏克斯庫爾，舉出了蜜蜂的例子（這個例子沒有出現在《由生物所見的世界》一書中）⑪。蜜蜂當然就是為我們釀造蜂蜜的那個蜜蜂，憑藉著氣味穿梭在花叢中，採集花蜜。發現花蜜的時候，便加以吸食，吸完了以後再飛離……。

這是不論誰都知道的蜜蜂習性。蜜蜂會找花蜜，找到了就加以吸食。吸食之後不會一直停留在該處，應該會有飛離的時候。這難道不是天經地義的嗎？為什麼要特別把蜜蜂的習性當成故事來說？

海德格如是說。因為這樣的事情一點都不天經地義理所當然。不如更應該說是個**徹頭徹尾的謎團**。像這樣將蜜蜂的習性整理出來，我們其實一點也不理解。倒不如說我們應該這麼問。為什麼蜜蜂要飛離？

那麼趕快來問吧。為什麼蜜蜂要飛離？當然會預想答案是「因為花蜜沒有了」。那麼就必須問下一個問題。蜜蜂是確認過花蜜沒有了，因此才飛離的嗎？

海德格提及了某個實驗。首先，為了讓蜜蜂無法一氣把蜜給吸飽，先把蜜蜂帶到裝了很多花蜜的淺碟之前。其後，蜜蜂雖然開始吸食花蜜，但吸食了一陣子後便結束行動而飛離。蜜蜂丟下眼前的花蜜而離開。

這是因為蜜蜂無法將淺碟上的花蜜全數吸食完畢，在此時我們當然會如是想。但令人驚訝的是接下來的發展。接著要進行有點殘酷的實驗（海德格沒有提到「殘酷」）。至於是什麼實驗呢？當蜜蜂正在吸食淺碟中的花蜜時，小心翼翼地在蜜蜂的腹部劃上一刀。如此一來會如何？

花蜜汩汩地從蜜蜂的腹部流出。但是，即便如此，蜜蜂仍然若無其事地繼續吸食花蜜。⑫換言之是這麼一回事：蜜蜂眼前有著吸也吸不完的花蜜。但是，蜜蜂並**沒有確認**這一點，因此只管持續吸食花蜜。不僅如此，連腹部被劃了一道口子這件事情都沒有確認（針對這一點，海德格說「這種事情還是確認一下的好」⑬）。

蜜蜂應該會透過某種方式得到飽腹的感受。這個飽腹的訊號，會引導出「飛離」此一接續其後的動作。正如同酪酸的氣味或攝氏三十七度的溫度，對於壁蝨而言是啟動下一個動作的訊號一樣。因此，若沒有接收到飽腹的訊號，就會埋頭持續吸食花蜜。

		尋求花蜜的衝動		企圖飛離的衝動
吸食花蜜	=	停止解除	=	停止
		↓		↓
飽腹	=	停止	=	停止解除
		↓		↓
發現花蜜	=	停止解除	=	停止
↓		↓		↓

「被驅動」與「被捕獲」

為了指稱蜜蜂如此的「舉動」，海德格說蜜蜂是受到餌食「所驅動」。所謂「被驅動」是指受到某種衝動所驅使。蜜蜂受到尋求花蜜的衝動所驅使。因此驅動力而尋找、發現並吸食花蜜，最後飛離。

為什麼蜜蜂會結束吸食花蜜？那是因為飽腹了。換言之，飽腹會**停止**吸食花蜜的衝動。接著，原本被停止的飛離衝動**被解除**，因此蜜蜂飛離。

動物是重複著「衝動的停止」與「衝動的（停止）解除」的過程來行動，這是海德格的見解。

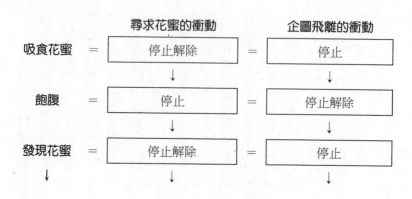

壁蝨的狀況也可用同樣的模式來解讀。酪酸的氣味解放了跳水的衝動，也同時停止了等待（伏擊）的衝動。不論是蜜蜂或壁蝨，都是因為衝動的停止與（停止）解除而採取行動。海德格以「被捕獲」來指稱此種狀態。

海德格以「自我內在被捕捉」的詞彙來形容❷。⑭要說這是何義，是指落入衝動的停止與（停止）解除的架構——以海德格的說法是「抑止解除的環」——中。動物只能憑藉此種衝動的停止與（停止）解除的驅動力來行動，**無法按照除此以外的方法採取行動**。

「被捕獲」對譯過來的德語是 Benommenheit，一般而言是代表「輕度麻痺」或是「意識朦朧模糊」之義，在醫學用語上則指「無意識、對外部刺激無反應」。海德格雖然附加了很多但書，但在這個詞彙的選擇上，代表了他強烈的價值判斷是無庸置疑的。換言之，海德格想要表達的是，動物恆常性地處在一種麻痺狀態，只能用接收並回應特定訊號的方式來生存。動物的特徵在於，他們是與人類不同的單純生物。

相對於此，「被驅動」Hingenommenheit 則是中性的詞彙，代表被衝動所刺激的意思。例如動物會被某種餌食「所驅動」。而這樣的生物樣態，海德格以「被捕獲」來標註為特徵。海德格所言，代表著被某物／事「所驅動」，是一種「被捕獲」的存在。⑮

蜜蜂**無法將眼前的花蜜當成花蜜**。蜜蜂雖然跟花蜜產生關係，但產生關係的方式是「被捕獲」。動物被停止、或解放衝動的訊號「所驅動」。

行文至此，各位讀者應該明白海德格接下來想說什麼了吧。他想說的是，**人類沒有「被捕獲」**。若要讓海德格說明為什麼，則是因為人類能夠**認知花蜜其物**，能夠**把花蜜當成花蜜來理解**。將這一點擴張來說，人們能夠認知世界上所有的事物。換言之，能夠藉由世界的表象與其

❷ 海德格指動物行為是一種被本能驅動的表現，被自己所捕捉而驅動。

建立關係。

相對於稱動物是「貧乏世界的」，海德格稱人類是「築造世界的」。各自代表的意義現在我們理解了。人類能夠藉由表象與世界產生關係，並能夠創造出世界其物。但是動物**只能接受特定的訊號**。因此無法透過表象建立關係。

蜥蜴的環境界，宇宙物理學者的環境界

至此已經可以看出海德格主張的大綱。將相關內容再整理一次。

動物無法將某物當成某物本身來理解與接受。對蜥蜴而言，太陽並非是太陽。相對於此，人類能夠理解太陽是太陽。具備理解事物表象能力的唯有人類。這是海德格的主張。

對此我們如此反論。海德格說的是，蜥蜴無法以宇宙物理學的邏輯來理解太陽。但是，為什麼以宇宙物理學的邏輯來理解太陽，便是透過太陽的表象來與其建立關係？蜥蜴在蜥蜴的環境界中與太陽建立關係。宇宙物理學者在宇宙物理學者的環境界中與太陽建立關係。難道不能這麼說嗎？

確實，蜜蜂沒有確認眼前的花蜜是不是喝也喝不完，即便從被切開的腹部汩汩流出花蜜，還是只管持續吸食眼前喝也喝不完的花蜜。海德格指著這個狀況說，這叫蜜蜂沒有與花蜜其物建立關係。但是，為什麼能夠說人類與花蜜建立了關係？說到底，花蜜其物、花蜜的表象是什

麼？

可以用宇宙物理學者與曬太陽的人來比較。他們用完全不同的方式來體驗太陽。若是如此，難道不能說如同蜜蜂生存在蜜蜂的環境界、蜥蜴生存在蜥蜴的環境界一般，宇宙物理學者在宇宙物理學者的環境界、曬太陽者在曬太陽者的環境界中生存嗎？

天文學者的環境界

實際上，魏克斯庫爾也論及了人類的環境界。出現在《由生物所見的世界》最後的是天文學者的環境界。

天文學者像是坐在離地球無窮盡遙遠的高塔之上。從該處他們看著能夠望穿宇宙遙遠星星的望遠鏡。在那個環境中，太陽與行星用莊重的步伐轉動著。因為他們**可以看到**這樣的天體運行。「要穿越這樣的環境界空間，即便快如光速也需要數百萬年的時間」⑯。

天文學者用這種方式眺望著宇宙。一般人感激著「啊，星星好美」，旁邊的天文學家是用完全不同的方式在體驗著夜空。他們看得見星星的運行。不，不如說他們埋頭於星星運行著的宇宙空間。完全就像坐在由地球延伸而出的高塔上一般。

對一般人而言，石頭什麼的就只是石塊。但是，礦物學者卻熱心地望著這些看起來沒什麼、像是沒有價值的石塊，並加以分類。即便是同樣的石頭，兩者看待的方式卻完全不同。為什麼？因為礦物學者活在礦物學者的環境界之中。

在餐廳裡流動著古典音樂。餐廳裡吃飯的人只會聽見整體音律的持續。但是，若是音樂家可以聽出所有的分部與樂器。可以明確地分辨出弦樂、管樂與打擊樂的樂音。為什麼？因為音樂家活在音樂家的環境界中。

我們能夠舉出無數個如同上述的例子。甚至可說這樣的例子多如牛毛，充滿在我們日常生活中。那麼，難道像海德格這樣的大哲學家會沒有注意到這一點嗎？豈有此理。

這麼一來，讓人不禁認為海德格是在強詞奪理。不承認人類的環境界，把動物當成「被驅動」之際，海德格其實是相當勉強的。

那麼為什麼要如此主張？為什麼強詞奪理也要拒絕承認人類的環境界？為什麼要主張動物是「被捕獲」的？

理由有數個。但是對本書所討論的內容而言，重要的理由大概是以下這一點。

海德格是以解明無聊這種根本性的情緒為目標。據海德格所言，陷入「沒來由的無聊」此種深度的無聊人類，感覺自己所言全無聽眾，所有的事情都無所謂。而這種無聊反映出的是人類的可能性，並與自由的實現連結在一起。

但是，若人類是生存在環境界中，就無法說明這樣的狀況了。**根據海德格的說法**，所謂生存在環境界中，是一種「被驅動」的生存狀態，意即是一種「被捕獲」的麻痺狀態。

簡要來說是這麼回事。只有人類會感到無聊。為什麼？因為人類是自由的。動物不會感到無聊。為什麼？因為動物處於「被捕獲」的狀態，並非自由之身。——海德格想要如此主張。如此，應該就無法認同人類的環境界。總之，因為在海德格的思考中，所謂生存在環境界中，意味著**如同動物一般**「被捕獲」的狀況，生存在一種麻痺狀態之中。

人類與動物的差別

在至今的篇章中，我們已經相當接近海德格無聊論的本質核心。但是，我們尚未回答先前所提出的問題。

假設我們承認人類也與動物一樣具有環境界，那麼，難道我們等於承認人類與動物無異嗎？

海德格無論如何都想區別人類與動物有所不同。為此堅決不肯認同人類也具有環境界。但是，毫無理由不承認人類同樣具有環境界。若是如此，可以因此單純地說人類與動物是相同的嗎？

人類也好，動物也好，都具有環境界。但是，即便如此，我們難道不是仍然覺得人類有什麼是與其他動物不一樣的嗎？人類與其他的動物之間，果然還是有什麼不一樣的地方吧？

完全順著本書的脈絡，關於動物與人類不同之處此一大哉問，嘗試著提出一個答案吧。自然，援引為參考的就是環境界論。

希望各位讀者回想起，之前我們曾經有如下敘述。宇宙物理學者的環境界是人類所形成的環境界之一。人類有著個體差異，能夠得到宇宙物理學者的環境界，也能夠得到礦物學者的環境界。

但是，很難想像蜥蜴也能夠如同人類一般，得到各式各樣的環境界。讓人認為此處可能存在著人類與動物的差異。

首先從這裡開始思考。環境界會因為物種不同而有著**極大差別**。其間所呈現出來的差異也是南轅北轍。那麼，當我們說各式各樣的環境界差異**極大**之際，這個**極大**具體來說指的是什麼？到底我們是以何為基礎稱每一個環境界有著極大差異？

壁蝨的環境界由三個訊號所構成。這個環境界與人類的環境界大相逕庭。要說為什麼想說「大相逕庭」，是因為**要壁蝨體驗人類的環境界，或是要人類體驗壁蝨的環境界，都是極為困難的事**。

那麼我們應該可以這麼說吧？所謂各式各樣的環境界的差異極大，具體而言，能夠透過**從一個環境界要移行到另一個環境界非常困難**這件事情來呈現。

從導盲犬來思考——關於在環境界之間的移動

這種困難，透過魏克斯庫爾所舉的例子來思考吧。那個例子就是導盲犬。⑰

眾所皆知，要成功地訓練出可以獨當一面的導盲犬是非常困難的。接受導盲犬訓練的犬隻無法全數都成為能夠實際派上用場的導盲犬。

為什麼要訓練出可以獨當一面的導盲犬會如此困難？那是因為，在狗兒生存的環境界中，不是由為了狗兒利益的訊號主導，而是必須將為了盲人利益的訊號植入狗兒的環境界中。簡要來說，必須讓該隻狗兒的環境界變形，**讓其更接近人類的環境界才行**。

導盲犬必須迂迴避開也許會讓盲人撞到的障礙物。而且這個障礙物對狗兒來說可能完全沒有妨礙影響。例如窗子對著街道而開，狗兒可以毫無困難地一躍而過，但人就會撞上去了。為了讓一隻狗兒成為導盲犬，必須特別訓練那隻狗兒去留心、在牠原本的環境界中根本不用去在意的東西。這是極為困難的。

這個例子所告訴我們的資訊非常重要。導盲犬透過訓練，讓狗兒的環境界往與人類的環境界接近的方向移動。這**雖然很困難，但並非不可能**。導盲犬出色地完成了環境界間的移動。

大概對於生物演化過程的考察，也可由此處更進一步深化。如同達爾文以杜鵑鳥的托卵行為、會奴役他類的螞蟻與蜜蜂的巢房等令人驚訝的例子來說明⑱，生物會適應自己所生存的環境，並且讓自己的本能產生變化。若無法充分應對所處環境，甚至可能會導致種族滅絕。

那麼，適應環境、本能變化，理所當然地都伴隨著環境界間的移動。這是經過長期的生存競爭所累積出來的變化。絕非易事。但是，絕非不可能之事。如此看起來，應該可以說**所有的生物都具備在環境界間移動的能力**。

人類也具有在環境界間移動的能力。這一點與其他的動物（更應該說生物整體）並無二致。不過，人類的狀況與其他的動物稍微有點不同。要說有何不同，那就是令其他動物難以望其項背的——人類可以輕鬆地在環境界中移動。換言之，人類在環境界間移動的能力相當發達。

例如，即便是對於宇宙物理學一無所知的高中生，在大學攻讀宇宙物理學四年的話，也能夠眺望著與高中時代完全不同的夜空。學習作曲的話，聽慣了的流行歌曲聽在耳裡也會完全不一樣吧。學習礦物學的話，單純的石頭每一個看起來也都會醒目有特色吧。

不僅如此。來往、巡迴於複數環境界之間，便是人類的生存方式。例如，上班族在辦公室要注意人際關係、對於資料與數字要有敏銳的反應，這是生存之道。但是，回到自家之後就不用發揮此種注意力。孩子們玩耍並優遊在幻想的世界，在他們的眼中，娃娃們看起來就像有生命，什麼地方都可以是遊樂場。但是到了學校，他們就必須注意老師說的話，要對朋友的臉色有所反應，也必須集中注意力在學習上。要找到像人類一樣，來往、巡迴於環境界而生存著的生物，恐怕是很困難的吧。

其他的動物無可比擬，人類可以輕鬆地移動到其他的環境界。這一點正是海德格忽略，不，是他刻意忽視的人類特性。

而從環境界論看出的人類與動物的差異為何？那就是相較於其他動物，**人類具有在環境界間移動的極高度能力**這一點。相較於其他的動物，人類**較為容易**在環境界間移動。

「較為」這一點是很重要的。對其他的動物來說雖然很困難，但仍然有可能在環境界間移動。先前導盲犬的例子就屬於此類，而生物藉由演化過程來適應環境也是環境界間的移動。但是，人類此種移動能力，在生物中是出類拔萃地高。換言之，動物與人類之間的差異是具有相對性的。而雖說是**相對性**，在量上有著極大的差異，具有**相當的**差別。這不正是可以看出人類與其他動物區別所在的地方嗎？

此種在環境界間移動的生物能力，本書想要將其命名為「環境界間移動能力」（inter-umwelt mobility），並希望提倡這一點是為了思考人類與動物之間差異的嶄新概念。

環境界與無聊

若採用環境界間移動能力，應該就能夠讓海德格的討論有不一樣的開展。據海德格所言，人類是「築造世界的」，因為能夠理解世界其物與表象，因此會感到無聊。而此無聊是證明人類是自由的證據。為此海德格堅決不肯承認人類環境界的存在。若生存於環境界中，就是以「被捕獲」型態存在的動物。

但是，不認同人類環境界是強詞奪理的主張。人類也生存於各種各樣的環境界中。但是這裡重要的是，即便與其他的動物一樣生存於環境界中，人類具有相當高度的自由能夠在環境界間來去移動。相較於其他動物，雖然是相對地，但人類具有相當高度在環境界間移動的能力。

如此一來，海德格立論的問題點為何？我認為是將此種不過是相對高的能力，視為一種**絕對能力**。為此而將人類描繪成一種超越環境界的存在。

確實，人類的高度環境界間移動能力，是其「自由」的展現。但是，這並不是絕對的。更進一步說，不是使自環境界絕對脫離這件事變得可能的「自由」。

那麼，從這裡來思考無聊又會如何？人類生存在環境界中，但擁有相當的自由可以在環境界間移動。這代表的意義是，人類擁有的只是相當不安定的環境界。人類很容易就離開一個環境界，移動到另一個環境界去。無法**沉浸**在單一環境界中。恐怕，這是一種人類會苦於極度無聊的存在的理由。人類無法只停留在一個環境界中。

稍微解說一下海德格的例子吧。在無聊的第一形式的說明中，在車站等待著的他，因為無聊而走出車站外。然後開始在地面畫起圖來。開始畫圖以後，支撐著自己的地面馬上就化身為畫布。用彎腰屈膝往下看的姿勢，就會以與過往完全不同的方式來體驗地面。眼所不見、用腳來確認的東西，現在成了近在眼前、擴展到視線以外的平面。不在意走在道路上的人的臉或上半身，只感覺得到腳步的聲音或動靜。換言之，一開始在地面上畫圖的時候，人便進入了全然不同的環境界。但是，海德格也是如此，要沉浸在這個環境界裡是很困難的。尤其是成人能夠立刻發揮環境界間移動能力，離開這個環境界，移動到別的環境界去。

而在無聊的第二形式的說明中討論到的香菸也是如此。有抽菸的人應該就會明白，抽菸時的煙霧會帶來獨特的時間感。煙霧緩慢的形狀變化非常美麗，抽菸的人屢屢因此失神。這個時候，時間會慢慢地流逝。忙於工作的人在抽菸的時候，時間的速度會有著極端的變化。換言之，進入了完全不同的環境界。但是，很難持續被香菸的煙「所驅動」。人類立刻又會發揮環境界間移動能力，離開抽菸者的環境界。

也許能夠輕易地在環境界間移動是人類「自由」的本質。但是，這種「自由」與環境界的不安定性實為一體兩面。**若能夠持續被某個特定的對象「所驅動」，人類就不會無聊了**。但是，人類很容易被其他的對象「所驅動」。

如此一來，應該能夠將海德格的無聊論替換成以下的敘述。

人類不是因為能夠理解世界其物與表象而感到無聊。**人類是因為具有相當的自由度能夠在環境界間移動自如，而感到無聊**。

無聊的動物

不僅如此。關於動物與無聊的關係，應該能夠開展出完全不同的討論。

蜜蜂確實收到尋求花蜜的衝動「所驅動」，受到這種衝動的刺激。海德格由此更進一步，指出蜜蜂是處於「被捕獲」的狀態。意即，海德格主張只能靠著衝動的停止與（停止）解除來行動，是某種麻痺狀態。

但是，就算存在著「被驅動」的狀況，並不代表該種生物「被捕獲」。例如慣於被飼養的狗兒，也有無視餌食的情形。導盲犬雖然看到自己喜歡的食物，也不會無視盲人的存在而自顧自地去吃。狗兒有可能從被餌食「所驅動」的狀況得到自由。

本來人類也有「被驅動」的情況。處於飢餓狀態的人會被食物吸引的衝動「所驅動」。話雖如此，人類這種物種，難以因為如此就稱其處於只憑藉衝動的停止與（停止）解除來行動、「被捕獲」的狀態。換言之，「被驅動」無法成為「被捕獲」的證據。

如此一來，只有動物生存在環境界中這一點當然如此，連同動物處於「被捕獲」狀態的主張，終究是怎麼也無法獲得足夠的支持。換言之，生存在環境界中這件事，並不意味著處於僅憑衝動的停止與（停止）解除來行動的「被捕獲」狀態。

人類也好，動物也好，都生存在環境界之中。人類也好，動物也好，都在應對新的刺激與新的環境（例如達爾文論及為了應對新環境，發揮智能來面對的蚯蚓）[19]。而不論是人類或動物，都會在環境界間移動。[20]

那麼，據此針對動物與無聊我們可以談些什麼？人類雖然具有高度的環境界間移動能力，但所謂的「高度」不過是一種相對的能力。其他的動物也具有這種能力。若是如此，少說也是一種可能性，**必須說其他的動物也有可能無法沉浸在單一的環境界中，因而感到無聊**。稱動物絕對無法逃脫身體性的衝動是沒道理的。那麼，舉例而言，應該可以想像出無法沉浸在單一環境界中的狗兒吧。這隻狗也有可能會感到無聊。

確實，也許人類以外的動物感到無聊的可能性很低。此外，與狗兒相較，也許蜜蜂從特定的「被驅動」中解放出來得到自由的可能性也相當低。但是，若人類與動物之間的差異，是藉由環境界間移動能力可以說明其相對性，那麼就必須考慮無聊動物的可能性，也能夠思考這個問題。當然，不實際去詢問是不會知道的，但又無法實際去詢問。㉑

並且由此，我們又可以重新去叩問人類與動物之間的區別所代表的意義。此一區別在多數的場合，是為了說明為何人類居於比動物處於優勢地位而被探究、被形成。㉒本書也同樣再度提到，相較於其他動物，人類具有相對但相當高度的環境界間移動能力。

但是從上述環繞著無聊與環境界的討論中，可能產生出完全顛覆此種上下關係的價值判斷。論其原因，我們可以說相較於人類，動物具有相對但相當高度的、沉浸在單一環境界中的能力。這難道不是為了架構出「閒暇與無聊的倫理學」的一個提示嗎？

※

本章在關注魏克斯庫爾的環境界理論的同時，思考了人類與動物的區別這個議題。採用延伸發展自上述理論所得出的環境界間移動能力概念，用本書獨特的方式來定義此種區別。

此外也利用這種概念來重讀海德格，利用別的方式來重組其立論。海德格發現的人類「自由」絕非一種絕對的概念。與其他的動物相較，這種自由完全是基於相對但相當高度的環境界間移動能力所形成的。

話雖如此，確實此種「自由」是人類的無聊的根基。因為此種「自由」，所以人類無法沉浸在單一的環境界中。

那麼，我們無法構想出與海德格不同的結論嗎？海德格處心積慮，無論如何都想將人類與動物加以區分。為此，甚至連雖然生存在環境界中，卻擁有高度環境界間移動能力此種人類的**條件**，都無法進行考察。

難道無法從這個條件中，試著找出與無聊相對共處的方法嗎？最後一章將針對這一點進行思考。

第七章

閒暇與無聊的倫理學

下決斷是人之所以為人的證據？

海德格無聊論的結論是決斷。人類是無聊的。而此種無聊，也正是證明名為自由的、人類可能性存在的證據。因此請透過決斷來實現自己的可能性吧……。

海德格的立論妝點著難解的哲學語彙。因此，其意圖也許讓人很難立刻理解。其實這個所謂的結論，不外乎是對無聊的人打氣激勵「不要灰心沮喪，下定決心，打起精神來！」。但這究竟是不是實際可行的解決方案？或仍然又只是一種理想型的期待值？

現在我們將透過置換重組海德格的立論，來找尋其他的解決途徑。雖然活用海德格的理論，但將引導出與其不同的結論。這是本章的目的。

關於人類與動物與自由——海德格的想法

讓我們再一次整理一下海德格的結論與提案吧。其內容可以概括地歸納成以下兩項。

(1) 人類是無聊的，只有人類會感到無聊。因為只有人類是自由的。

(2) 透過下決斷，人類可以發揮其自由的可能性。

海德格不承認人類的環境界。我認為這是非常不合理的。要說為何海德格會主張如此不合理之事，那是為了要描繪出先前提及的深度無聊。換言之，人們在深度的無聊之中，被交託給了全然不聽己言的整體世界，而海德格是為了要描述這種狀態才如此主張。所謂「被交託給全然不聽己言的整體世界」，舉例來說，可以想像成是什麼都沒有、一片空白的廣闊無垠空間。

那麼，要說為什麼能夠如此主張，是因為這個主張以唯有人類能夠與世界其物、其表象建立關係的想法為基底。

據海德格所言，人類能夠從某物的本質來理解某物，能夠透過物的表象來與其建立關係。因此，能夠與世界其物建立關係。**因此**，反過來說，也可能被交託給全然不聽己言的整體世界。因為人類能夠自由地與所有物事建立關係，因此與整體世界沒有任何關係的狀態也是可能的。

相對於此，動物處於「被捕獲」的狀態，無法從特定的訊號中解放出來獲得自由。因此，無法被交託給整體世界。所以不會感到無聊。

這樣的主張，由海德格「雖然動物生存在環境界，但人類並非生存在環境界」的信念所支撐。但是，這個信念是錯誤的。人類也生存在環境界之中。

確實，腹部被劃了一道口子的蜜蜂，並沒有確認眼前的花蜜多到吸食不盡。但是，能夠確認「那隻蜜蜂的眼前，有著牠吸食也吸食不盡的花蜜」的人類，並**未確認該花蜜就是花蜜其物**。該花蜜之於該人類而言，就是實驗材料的一部分。飢渴於甜食的人們會想從蜂蜜中得到甜美的滋味。說到蜂蜜應該也有人會聯想到喜歡蜂蜜的小熊維尼。「花蜜／蜂蜜其物、其本質」什麼的根本不存在。

海德格對於如此理所當然之事視而不見。那麼，要說海德格為何要如此強詞奪理，雖然已經重複多次，是為了要說只有人類是自由的。

而這一次，對於海德格所倡言的決斷，也浮現了重大的疑問。那是如下的疑問。倡言決斷的海德格，難道沒有促使各位讀者，故意創造出需要下決斷的狀況嗎？換言之，難道沒有促使大家故意陷入、己言全然無聽眾的空虛狀態嗎？

為了要下決斷，必須被交託給全然不聽己言的整體世界而感到空虛無聊。所謂的決斷，所指稱的應該是在什麼都沒有的狀態下創造出一些什麼來吧。因而，所謂的決斷經常是毫無根據的。

在此會發生一個奇妙的狀況。海德格倡言決斷。如此一來，必然會出現不想被迫做決斷，而是**希望主動做決斷**的人。這樣的人會採取什麼樣的舉措呢？恐怕會對給予接下來的行動根據或指南的物或人故意敬而遠之吧。即便不下決斷，琢磨考慮眼前被給予的條件或資訊，也許能夠找出今後行動的指南；但特意對些條件或資訊視而不見，特意投身去下決斷，這種狀態是我們能夠想像得出來的吧。

稍微試想一下日常生活的狀況。若真的陷入感覺到己言全無聽眾的狀態中，一定是束手無策的難受。但是，在日常生活中我們會有與人或物交流的機會。其中若有任何傾聽我們的聽眾，也許就能夠以此為契機打破無聊的事態發展。

例如對自己來說，很重要的歌手的歌曲。覺得沒有人了解自己的心情時，但，也許是偶然、或說應該是偶然吧，這位歌手唱出了自己的心聲。並沒有特別找人商量，也沒有得到什麼人生指南；但是在痛苦的時候，只要聽那首歌就覺得總能撐下去。

又或者，在學校被孤立、在家裡也被孤立，感覺沒有安身立命之所。偶然在歸途中碰到的老人，在公園裡聽自己傾訴。自己甚至想過要去死。老人不見得有針對這一點說什麼。但是，他說了自己小時候、年輕時候的事情，只要提問，老人就會回答。

日常生活中存在著與人或物的偶然的、不經意的交流。當然**不能說一定會碰上**這樣的事情。但是以下決斷為目標的人，明明實際上眼前有著這樣的機會，卻故意斷絕交流的機會。論其原因，因為所謂的決斷，是在與物或人建立關係這件事情變得不可能的時候，才會發生。意欲下決斷的人，會特定讓建立關係這件事情成為不可能。

如此一來，把「若是無聊的話下決斷吧」這樣的結論端到人們面前的海德格，其結果，難道不是等於有以下敘述嗎——為了要下決斷，**蒙上眼睛、掩住耳朵，什麼也不看、什麼也不聽；不要凝視、不要傾聽**。

哲學家齊克果（Søren Aabye Kierkegaard, 1813-1855）❶曾說「所謂決斷的瞬間是一種瘋狂」。

確實，決斷會使人盲目。而且，確實存在著需要這種「瘋狂」的場合吧。

但是，若如同海德格一開始便堅信不疑決斷的必要性、「瘋狂」的必要性，將會出現人所

❶丹麥神學家與哲學家，一般被視為存在主義之父。

不樂見的本末倒置。意即，被逼到絕境的人們，不是在別無他法、對於周圍的狀況變得盲目狀態下，投身於此種名之曰決斷的瘋狂；而是追求此種名曰決斷的瘋狂，蒙眼掩耳，**故意將自己與周圍狀況加以隔離**的事態發展。

免除自己對於周圍狀況所有的顧慮與注意，專注於朝向決斷所命令自己的方向行動。這無異於**成為名曰決斷的「瘋狂」的奴隸**。

再重複一次，在某些事態發展下，這是必要的。

但是重要的是，如此的「瘋狂」有可能是刻意為之的。這裡還必須加上另外一點。**實際上，沒有比此更大的樂事了**。

免除自己所有的顧慮與注意，只管朝向決斷的方向就好。而且，再也聽不見「沒來由的無聊」的聲音。決斷可以讓人從痛苦中逃避。順從是一件讓人感到舒暢的事情。因此必須這麼說。**人是希望順從的**。

人們希望成為奴隸。第一章所提及的尼采不也這麼說嗎？「歐洲的年輕人們」有著「無論如何都想追求某種痛苦的欲望」。希望從這種痛苦引發讓自己採取行動的、最為理直氣壯的理由。他們希望成為奴隸。

「決斷」這個語詞散發著某種英雄氣氛。但是，實際上出現在此處的是與英雄姿態非常遙遠的狀態，無異於一種**舒適的奴隸狀態**。

那麼，如果我們用這種方式來思考決斷，針對海德格所描繪出的、無聊的三種形式，將發現其間有讓人大感意外的關係存在。依序來說明這是怎麼一回事吧。

在第一形式中，人們成了日常工作的奴隸。正因為成了奴隸，所以才覺得（等待的）時間可惜，因而感到無聊。因遲滯的時間所造成的「絆腳石」，以及期待對象沒有聆聽與回應需求所導致的「空虛放置」，是第一形式的無聊的特徵。

海德格稱此處有著莫大的自我喪失。看不見成了日常工作奴隸的自己，失去了面對自己的機會。

那麼，為何人們會成為日常工作的奴隸？是因為想要逃離「沒來由的無聊」的聲音的束縛。以常識來說，成為奴隸是一件非常令人不快的事情。但是，沒有什麼事情比煩惱會聽到這個聲音更令人痛苦。

這個狀況在第二形式中亦相同。人們為了要逃離這個聲音會經常性地進行消遣。而在消遣之中無聊又模糊地現形，兩者交融混合。這便是第二形式的無聊。

換言之是這麼回事。企圖逃離「沒來由的無聊」的聲音之際，若選擇成為日常工作的奴隸，會產生第一形式的無聊；若選擇與無聊交錯混同在一起的消遣，則會產生第二形式的無聊。

而第三形式的無聊中的深度無聊，可以透過決斷加以反轉，並連結到實現「自由」，此一人類的可能性，其梗概大致如此。海德格為了要引導出決斷這個結論，誇張地強詞奪理（不承認人類環境界等等）一事，則如同前章所見。海德格的此種決斷主義存在著非常嚴重的問題。

但是，不僅如此。海德格的決斷主義不僅存在著問題，還有著某個重大的缺陷。在言及決斷的時候，海德格忘了一件非常重要的事。要說是什麼，那就是下了**決斷以後的人類**的事情。下了決斷以後的人類，具體來說會變得如何？應該如何走下去？這個部分海德格完全未加討論。這個部分全然被遺漏了。

第一形式與第三形式的意外關係

那麼海德格所遺漏的部分，由我們讀者自己來想吧。下了決斷之後的人類會如何？

他們選取了某個內容，下了決斷。因為下了決斷，就必須專注於遂行決斷的內容。所謂的決斷，就是追求對於所決斷內容的從屬關係。下了決斷的人，無論如何都必須順從決斷的內容。若非如此就稱不上決斷。若能夠簡單的加以背棄就談不上是決斷。因此，如同先前所述，下了決斷的人，其實就成了**所決斷內容的奴隸**。

「奴隸」這個詞語是從海德格本人借來的比喻，即便不使用也無妨。重要的是人囿於某種束縛與限制這一點。

下了決斷的人在那個時間點會有什麼感受？關於這一點如同前述。他直到做出決斷之前為止，都感覺周圍全然無一人一物是自己的聽眾，也不知道該做什麼才好。但是，沒有必要再苦思煩惱了。因為無論如何，只管完成自己所決斷的內容就可以了。

沒錯，他透過決斷逃離了「沒來由的無聊」的聲音。因此他現在感到**舒適快意**。已經決定要做什麼，只要加以執行就好。

那麼，在此處我們會回想起第一形式。在第一形式中，人們成了日常工作的奴隸。要說為什麼特意成為奴隸，**是因為這樣比較舒適快意**，不用再聽「沒來由的無聊」的聲音了。

這麼一來就出現了令人意想不到的關係。經歷第三形式的無聊而下了決斷的人們，與身處第一形式中的人們是一模一樣的。因為他們都是透過絕對順從於某項事物，而能夠逃離「沒來由的無聊」的聲音。

不，更甚於此。我們還能夠如是想。

我們稱在第一形式中，人們成了日常工作的奴隸。但是搞不好，也許人們是透過決斷而選擇了工作。

決斷的電車旅行

如此一來，我們能夠想像出一幅非常滑稽的畫面。

A君被拋棄在全然不聽己言的整體世界（廣域）之中。但是有一天，正是因為處在此種廣域之中，A君注意到自己其實很接近現世存有（人類）可能性的契機與開端。他下了決斷。透過決斷，打算實現現世存有被賦予的可能性。

那麼，A君因為這個決斷而被賦予任務。A君必須成就這件任務。但是，為了要完成這項任務。好像有赴遠方的必要。沒有車的A君打算搭電車去目的地。

電車好像必須在途中轉乘。轉乘前的第一趟電車的旅程很長。A君在旅途的一開始，對於自己下決斷而產生的任務，自豪之情高漲。想著自己的未來，胸中充滿期待與希望。

但是，電車之旅未免太長了。漸漸地對窗外的風景感到厭煩，也開始浮現了煩膩的情緒。

終於，到了轉乘的換車站。A君稍微安心鬆了口氣。下了電車，在票口附近的時刻表確認要換乘電車的時間。什麼，下一班電車居然是四小時後。

這個地區也沒什麼特別的吸引力。其實背包裡還有一本書——那麼，要看書嗎？不，好像沒那種心情。那還是來思考什麼大道理大問題？嗯，好像也不是那種氣氛。他讀一下列車時刻表、詳細看一下從這個車站到其他地區的距離一覽表，但這些地區的狀況也完全搞不清楚。看看錶——終於過了十五分鐘……。

把畫面描寫成這樣，也許有點太過壞心眼了。但是，第三形式與第一形式之間有著如何的共通性，如此便一目瞭然了吧。第三形式與第一形式最終是無法區別的。換言之，應該將這兩者各自理解為，**同一個連動運作的一部分**。

海德格針對第一形式，稱其中有著莫大的自我喪失。若是如此，針對第三形式也必須有一樣的定論才行。決斷的人類也有著莫大的自我喪失。

第二形式的特殊性

此處第二形式的特殊性十分突出。即先前所述，與消遣以獨特的方式交錯融合的無聊。如同海德格所述，第二形式其中存在著「對在世存有『人類』更高度的均質與安定」。那是一種「正確意識」。①

隨波逐流、附和周圍氣氛的談話——海德格用極為負面的方式來描寫處於第二形式無聊中的人類姿態。但是，較之於第三形式＝第一形式的話，人類在（第二形式）其間的生存是相對平穩的。因為不管怎樣，在第三形式＝第一形式中，人類是奴隸。

第二形式中，人類並非打從心裡享受著某項事物。確實模糊地感覺到無聊。但是，仍然有樂事。也許這也存在著海德格所說的「自我喪失」。不過重要的是，在第二形式中人類仍然有面對自我的餘裕。

那麼難道不能這麼說嗎？此種第二形式，正是**過著與無聊無法切割的生活的人類姿態樣貌**。人類平常就是過著第二形式這樣的生活。此處存在著「對在世存有而言更高度的均質與安定」。因此人類追求這種形式，也是理所當然的。若是有人要非難這一點，這人對人類本質的看法其實是錯誤的。

那麼，無聊的三種形式的關係可以整理如下。

平常，人類生活在由第二形式所帶來的安定與均質當中。但是，在某種原因的影響下，感覺到「沒來由的無聊」的聲音不受控制地越來越大，苦惱於自己是否有應該投身其中的事物。此時，人們會**逃入**第三形式＝第一形式中。對於自己的身心，或是周圍的狀況都刻意漠視不關心，只是埋頭於工作或（因決斷所帶來的）任務之中。與其說是因為喜歡而做，不如說**成為該工作／任務的奴隸能夠得到安寧**。

例如，對為了未來出路而煩惱的大學生而言，要思考自己能夠做什麼、有些什麼工作讓人感到苦惱。而且也不知道該做什麼才好。恐怕這種時候，「沒來由的無聊」的聲音會開始迴盪。這十分令人難耐。因此，開始找尋其他音量更大的聲音。比如說，「沒有證照的話出社會不會得到認同」、「先考過證照的話就安心了」這種世俗的聲音。側耳傾聽這些音量更大的聲音的話，就可以從苦惱中逃離。然後，下了要去考證照的決斷。下決斷以後真的是舒心快意。成為證照考試的奴隸乃是無上的樂事。而且，社會還會稱讚「很認真努力耶」。換言之，就是會被周圍稱讚。

海德格指稱這樣的狀態為「瘋狂」。**這不是因為喜愛才投身於某項事物**。而是為了**逃避**自己內心深處所響起的聲音而**成為奴隸**。

恐怕在大多數的場合，人類都想做點什麼把這聲音打發掉來過日子。因此在無聊與消遣的交融混合中生存，因而完整了生存的「正確意識」。

如此一來，便不能不這樣思考。所謂人類的生存，難道不就是過著第二形式的生活嗎？又或者說，以無聊的第二型態生活，難道不才正是人類的「正確意識」嗎？

活出人類本質這回事

如何面對「沒來由的無聊」的聲音這一點，海德格有所評價；而自此開始，我們也必須指出海德格上述評價的問題點。

人類確實會側耳傾聽這樣的聲音。但是，不會總是為其所苦。透過消遣與無聊交融結合在一起的第二形式無聊的生活方式，總是能夠打發掉這個聲音。

海德格以負面否定的方式來描繪這樣的人類姿態。將舉辦／參加宴會的人類的態度，描寫成讓自己迎合周圍並隨波逐流。但這難道不是一種不當的評價嗎？論其原因，因為在第二形式中所描繪出的消遣，不如說是人類為了排除**生而為人的痛苦艱辛**而發展出來的智慧。

被迫必須面對無聊的人類，發展出稱之為文化或文明的體系。而後，例如藝術亦因此誕生。又或是在衣食住上下工夫，妝點自己的生存／生命。人類絞盡腦汁，思考著該如何豐富人們的心靈。

上述無論何者，即便不存在人類依然能夠持續生存，就是這種類型的努力。被迫必須面對無聊的人類，這是為了與此種痛苦艱辛和平共處而創造出來的方法。

海德格所舉的宴會例子，應該也是完全相同的。就算沒有這樣的宴會，人類也能夠生存下去。但是好吃的食物與愉快的談話，能夠緩和人們的心靈。雪茄的香氣有助於放鬆情緒。享受這些事情能夠讓人們的心靈豐富。

為什麼海德格只能以否定的方式來理解這個情況？為什麼不能將其視為人類的智慧？為什麼**活出人類本質**這回事，亦即以**無聊的第二形式的方法生存**的價值無法被認同？果然只能認為是海德格特殊的人類觀，對此造成了妨礙。

當然，「沒來由的無聊」的聲音，有可能在某種契機下音量越來越大。「也可以做這個，也可以做那個，但是我在做這樣的事情……」人類若是耐不住這樣的聲音，便會投身到無聊的第三形式＝第一形式的構造中打算成為奴隸。某種意義上來說這是不可避免的。因為「沒來由的無聊」的聲音，確實會讓人們極度苦惱。

但重要的是，不是經過第三形式而至下決斷。那只是因為置身於第三形式與第一形式的迴路中罷了。

科耶夫——歷史的終結，人類的終結

以上述內容為基礎，希望從其他的觀點再一次思考人類與動物的區別這個問題。成為參考的是，亞歷山大．科耶夫（Alexandre Kojève, 1902-1968）有關「歷史的終結」的討論。

科耶夫生於俄羅斯，是經歷過二月革命與十月革命的混亂，其後流亡至德、法，並持續其研究的哲學家。他的工作經歷中有名的，是從一九三三年至一九三九年在巴黎講授關於黑格爾的課程。其後在哲學或文學領域大有所成的人們（拉岡、巴塔耶、梅洛－龐蒂、布勒東等人）皆在台下聽講。講學內容其後出版為《黑格爾導讀》。

與本書相關的，是其中的一個註腳。他在該處言及了「歷史的終結」與「人類的終結」。討論的內容至今仍然對關於人類的理解，尤其是關於人類與動物之間區別的理解有著影響力。詳加介紹一下吧。

所謂「歷史的終結」為何？這所指的既不是時間的停止，也不是世界的毀滅。人類的歷史，因是以向某個目的邁進的過程為前提而形成，若處於該目的已然達成的狀態，便可稱之為「歷史的終結」。

假設歷史的目的為自由，人類會思考自由是什麼，然後創造出哲學。否定妨礙自由的社會、身分制社會等制度，並發動革命。歷史確實染著血。但是，克服這些犧牲，人類因而得以進步。

黑格爾將上述否定與克服這樣的連動運作整體以「辯證法」一詞加以統稱。根據科耶夫的說法，人類經由此種辯證法的過程，來達成歷史的目的。

例如，拿破崙榻甕了自由平等的法國革命的理念，並在一連串的拿破崙戰役中奮戰，他正是達成歷史目的的人物。黑格爾將決定拿破崙戰爭勝負的耶拿會戰，視為「歷史的終結」。

解說黑格爾理論的科耶夫也同意此種想法。人類不會一直持續進步下去，他也是這麼想的。

那麼，與本書討論相關的內容在其後。接著，科耶夫提到所謂歷史的終結，**意味著人類的終結**。

雖說是「人類的終結」，當然指的並不是做為物種的「智人」（Homo sapiens）的滅絕。與先前關於歷史的討論相同，與人類的終結相關的討論也是以其特殊的人類觀為基礎。

人類的歷史背負著目的。不滿足於被給予的東西，否定這些東西、專心致力以追求進步為目標邁進。科耶夫將這樣的人類樣貌稱為「本來的人類」。

「本來的人類」牽引著至今的歷史發展。但是，如同先前所看到的，歷史已然終結。既然如此，若歷史終結、其所背負的目的已然實現，人類自然無法再持續這樣的生存方式。換言之，人類便不再是至今這樣的樣貌。「本來的人類」就消滅不復存在了。

那麼，其後人類又將如何？科耶夫簡潔地回答了這個問題。革命或戰爭都將消滅不復存。

因為已經不再有為了歷史的目的而付出生命戰鬥的必要了。此外，也不再需要哲學了。因為人類讓自己產生了根本性的變化，所謂的世界是什麼、所謂的人類是什麼等等，也不再需要去思考了。

但除此之外，所有的一切都會被保持下去。「藝術或愛或遊戲等等……簡單來說，讓人類感到幸福的所有一切都會被保持」。沒有理由連這些東西都一併消除。只會消去至今支持著「本來的人類」的事物。②以上的狀況科耶夫以「人類的終結」稱之。

已然來臨的「歷史的終結」

「歷史的終結」應該是種讓人難以支持的想法吧。尤其是對知道其後的歷史、特別是兩次世界大戰的人而言，也許會認為拿破崙戰爭就代表歷史終結什麼的，不過是過去的哲學家短視的信念。

但是，科耶夫大概是真心相信這個想法。其證據就是，他雖然是一位非常傑出的哲學家，卻非常輕易地就捨棄哲學，而以外交官的身分活躍於世。理由很簡單。黑格爾已預言了歷史的終結。其後為了要順利實現這個預言，只需要從事政治就可以了，已經不再需要哲學。

而且，不僅如此。從此開始才進入正題。科耶夫不僅相信「歷史的終結」，還在自己實際生存的時代中**發現**了「歷史的終結」。在以外交官的身分訪問各國的過程中，主張自己親眼目擊了「歷史的終結」。提及這一點的，便是同書第二版所追加的、有問題的那個註腳。③

科耶夫有如下敘述：

在準備這本有關黑格爾的書的第一版時，差不多是一九四六年左右，我認為「歷史的終結」還不到時候，以為它會在不久的將來才來臨。

但是，自一九四八年到一九五八年之間旅行至美利堅合眾國與蘇聯之後，讓我確信「歷史的終結」已然到來。**合眾國已經到達歷史的終結**。美國的生活方式（American way of life），正是歷史終結後的世界的生活方式。美利堅合眾國實現了「無階級的社會」。他們美國人，不知要**否定**與克服所被給予的狀況，只是沉浸在滿足之中。

黑格爾從拿破崙戰爭看到歷史的終結。也許我們會認為，確實在拿破崙戰爭之後仍有戰爭，歷史也絕對不是平靜無波的。但是，其後的戰爭，不仍是為了自由與平等這些在拿破崙戰爭時所高舉的理念而戰嗎？

若是如此，結果在拿破崙戰爭時人類應該解決的問題就已經定下了，只是要解決需要多花一點時間罷了。歷史已然終結。然後美國人生活在歷史已然終結的世界中……。

美國人是動物

科耶夫把美國想成、描寫成大量生產／大量消費的社會。在這個社會中不需要忍耐。所希望的一切都會被給予，而且是超過必要的程度。他們**沒有探求幸福的必要**，只是持續處於滿足狀態。在那裡沒有「本來的人類」。這就是「人類的終結」。

若人類已然終結，那麼在那裡的是誰？不，甚至不該說是「誰」，在那裡的是什麼？根據科耶夫的說法，在那裡的是動物。人類終結之後，智人這個物種仍然存續。不過**不是做為人類，而是做為一種動物**。從合眾國中所見歷史實現之後的世界，我們可以得知，在歷史終結之後，人類會回歸到動物性。

應該今後人類也會建設紀念碑、或橋、或隧道吧。但是，這就如同鳥類築巢、蜘蛛結網一般。像蛙鳴蟬叫一樣開音樂會、像幼獸一樣遊戲，像成獸一樣散發性慾。這就是「後歷史」的動物。

這麼想的話，只有蘇聯人、中國人與雖仍貧乏但急速富裕起來的美國人符合此種種狀態。這些國家的國民，生活在歷史的最終目的——共產主義革命已然完成（或將要完成）的社會中。所有的一切皆已實現。他們也生活在歷史的終結中。他們已經不可能再進步（不如說，若以進步為目標的話，反會被視為反革命份子而被警察逮捕）。

共產主義國家的國民生活在歷史的終結。而其生活方式其實與美國的生活方式並無二致。他們很快會變得像美國人一樣。換句話說，美國人就是比較富足的中國人或蘇聯人（希望大家想起，科耶夫如是說的時候，也是冷戰最緊張的高峰期）。

歷史正在結束，而歷史終結後人類會變成動物。這種「後歷史」的動物，不再追求幸福，只是沉浸在滿足之中。美利堅合眾國就體現了這種狀況，蘇聯或中國不論何國也都將變得如此。所有人類都會**成為美國人**。**換言之是成為動物**。

這是在一九五八年這個時間點，科耶夫的想法。

持續作為人類的日本人

將美國人視為動物是在歐洲經常有的偏見。歐洲人經常把美國人當成笨蛋。話雖如此，但科耶夫是以自己的觀察為本，認真地將美國社會列舉為「歷史的終結」的生存樣態。

但是，豈有此理（！），科耶夫又完全顛覆了自己的見解。他撤回了自己原本提出的「歷史終結之後，人類將成為美國人、意即成為動物」此一見解。

而撤回的契機在於一九五五年的日本訪問之行。見到日本人之後的科耶夫，開始認為日本人才是**歷史（終結）之後的人類樣貌**。而且，他稱**日本人一點也不動物**。來看看是怎麼回事吧。

日本是經歷約三百年的鎖國時期，其間既無內戰也無對戰爭的罕見國家。這個時代確實就是歷史的終結。這個時代完全缺乏否定所被給予的東西而後進步的歷史發展。論其原因，因為原本就無此必要。因為是完全的和平狀態。日本已經體驗過歷史的終結。

那麼，已經體驗過歷史終結的日本人，到底有什麼樣的特徵？科耶夫用了「紳士主義」（snobbism）這個字眼。一般而言這個詞彙指的是「模仿紳士或有教養者，俗不可耐的態度」，但科耶夫將其廣義解釋運用。用以指稱相較於實質，更重視形式的傾向。完全失去了歷史的意義或內涵，只有形式化後價值被視為絕對的立場。說得簡單易懂一點，就是「耍帥裝酷」。

但是這在日本，是一種令人難以置信的高度洗練。毫無意外地，科耶夫所舉的例子是能樂、茶道或花道，且不僅如此。推到極致，以純粹的紳士主義為中心思想，每個日本人都能夠進行完全無償的自殺行為，科耶夫如是說。這指的是切腹、「特攻」之事。據他所言，「這樣的自殺，與所謂以社會政治性內容中所具的『歷史』價值為基礎而遂行的鬥爭，所帶來的生命危險全然無關。」

科耶夫想說的應該是武士切腹單單只是重視其形式，藉由切腹無法解決任何迫切的事態；飛機有勇無謀地衝向戰艦，也無法創造出自己國家的勝利。科耶夫將透過犧牲自己能夠導引出戰爭的勝利、成就革命這種「歷史價值」，而願意賭上自己性命的行為，視為「本來的人類」樣貌，對他而言，此種「無償」的自殺行為，沒有報酬的自殺行為是很新奇的。

因為是由紳士主義所支配，所以日本既不需要宗教也不需要道德或政治。即便沒有這些東西來規範人類，紳士主義已經帶來了最高程度的規律。紳士主義「遠遠凌駕於戰爭或革命等鬥爭或強制勞動所產生的規律之上」。

無法接受科耶夫所言也無妨。重要的是他由此所導出的結論。

據科耶夫所稱，不管什麼動物都不可能重形式（snob）。因此**重形式的日本人是人類**。

那麼會演變成這樣。美國人不過是生活在「歷史的終結」的初期。最近開始的日本與西洋世界的交流之後，應該與西洋人的日本人化有所關聯。繼而，即便是迎來了歷史的終結，只要智人這個物種還存在一天，人類就不會消滅。所有人類都會**成為日本人而繼續生存下去**。

科耶夫的誤會

這是科耶夫關於歷史終結的預言。這樣彙整起來還稍稍帶一點滑稽的趣味。但是，這個討論至今仍然有其影響力。④尤其是此處所討論的動物與人類的區別、又或是人類的動物化等事態，在其後也數度在架構或中心思想改變的狀況下重複。

但是，這個討論中橫亙著**不合邏輯的誤會**。所謂的誤會即是「本來的人類」的形象。「本來的人類」會否定自身所被給予的狀況、嘗試去克服現況，並且相信歷史的價值，甚至願意為此賭上性命。但是，這樣的人類真的是「本來的」嗎？

對海德格的無聊論進行批判性解讀的我們，要定位科耶夫的誤會是很容易的。「本來的人類」可以將其對應到無聊的第三形式（自然等於第一形式）所描繪的人類。他們下了決斷，讓自己成為奴隸。那麼，到底這樣的狀態可以稱為「本來的」嗎？

人類大抵是以第二形式無聊的方式在過日子。偶爾，因為某種原因而耐不住第二形式的無聊時，會逃往第三形式＝第一形式。不論是黑格爾或科耶夫，都只是**將逃到那裡去的人類任意地加以理想化罷了**。

本來嘛，明明先說的是後歷史的人類會變成動物化的美國人，哦，不對，應該還是會變成仍是人類的日本人什麼的，這種輕率變更結論的作法令人無法相信。而若以本書至今為止的討論為基礎來檢討，科耶夫態度改變的理由也就明明白白了。

科耶夫之所以能夠草率地變更結論，是因為他所說的「美國人」或「日本人」其實**沒有太大差異**。「美國人」的動物性或「日本人」的紳士主義，**都只是第二形式的無聊的展現**。

不論是科耶夫所提到的「美國人」或「日本人」，都是生活在以獨特的方式與消遣交融混合在一起的無聊之中。不管是一邊吃喝裝在像籃子一樣容器裡的爆米花與可樂、一邊在汽車電影院看電影，或用形式化的方式泡茶，如果不是第二形式的無聊所描繪的生活，還能是什麼？這些都是消遣。為了要逃避「沒來由的無聊」的聲音的消遣。而這些消遣又跟無聊本身交融混合在一起。

任意的理想化

若這麼看下來，連關於切腹或特攻隊的見解也啟人疑竇。為什麼能夠說「與『歷史』價值為基礎而遂行的鬥爭，所帶來的生命危險全然無關」呢？不論是上述何者，不都是下了決斷之後成為奴隸嗎？兩者雖然全無關係但屬於同一類型（當然，強迫或勸說人們從事這種行為的社會，不論是哪一個都非常愚劣）。

原本將切腹或特攻隊，放在與茶道或花道同一個項下討論，就讓人納悶不解。若說前者與無聊的第三形式＝第一形式相關，後者則與第二形式相關。這根本就是大雜燴式的討論，而之所以能夠把這些東西給綁在一起，不過只是始於科耶夫對日本不切實際的幻想。根本上來說，只是稍微旅行一下就能夠知道那個國家的本質嗎？

繼而，以「歷史以後的生存」或「歷史的終結」等命題為基礎的「人類的動物化」等討論云云，全都是**嚴重的誤會**。理由非常簡單，因為沒有掌握到人類的本質。因為只是將鮮少發生的事態任意地加以理想化罷了。從此一討論沒有出口這一點也可充分得知其問題點。楬櫫現實中不存在的理想（相信歷史的價值，否定己身所被給予的東西，賭上自己性命的戰鬥的「本來的人類」），而人類將會變成如同美國人般的動物，又或是像日本人一樣過著徒存形式過日子的「人類」。這個討論的終點只有絕望——啊，歷史已然終結，像過去一樣耀眼的「本來的人類」已不復存……。

最困擾的是美國人和日本人，然後還有動物。雖說歐洲人很容易把美國人視為動物，但是歐洲人最喜歡的宴會——海德格所厭惡的宴會——與邊吃爆米花喝可樂在汽車電影院看電影有什麼不一樣？不論何者都是消遣。是第二形式的無聊。

強迫切腹或自殺特攻隊的體制，與以國民國家的理念為基礎引發大戰，把自家國民派到戰場送死的歐洲各國的社會體制又有什麼不同？不論何者，利用的都是想要逃避無聊的第三形式（＝第一形式）結構的人性弱點。再重複一次，不論何者都是愚劣的。

美國人是動物？人類是耐受不住「沒來由的無聊」的聲音，總是在從事消遣的，如同巴斯卡所稱的「悲慘」存在。**動物可沒有這麼悲慘**。動物不會耐受不住自身的存在，而因此要逃到某處去。

勸大家成為恐怖份子？

人類大體都活在第二形式的無聊之中。而偶爾會因為某種原因，遁逃到第三形式＝第一形式的結構之中。換言之，人類大抵會停留在其中一方，但偶爾也會在兩方之間來回。這就是人類的生存。

在這種狀況下，悲劇應該是在赴另一方之後，就這麼成了不歸人吧。因為那代表著要不就**一直是奴隸**，要不就是**以奴隸之姿死去**。

由此我們應該可以在上述討論中再加入另一個話題。

在本書的序章中，我們介紹了斯洛維尼亞的哲學家楚朋絲葛的詞句。她如是說。對於希望能夠為了大義而殉死的激進派或狂熱信徒們，我們懷抱著既恐懼同時又羨慕的心情。[5]

為什麼人們會羨慕激進派或狂熱信徒們？現在我們能夠明確地回答這個問題，因為激進派或狂熱信徒們**看起來**，像是從「沒來由的無聊」的聲音解放出來**得到了自由**。

在恐懼與羨慕他們的時候，人們變得更耐受不住這個聲音，**夢想著**可以蒙眼掩耳來成就一項任務，意即**成為奴隸**。

無須贅言，此處所言及的激進派與狂熱信徒的身影，與科耶夫所稱的「本來的人類」形象完美地重疊在一起。他們不正是，基於「歷史的價值」否定自己所被給予的，賭上自己生命的「本來的人類」嗎？

科耶夫啊，你知道自己煽動了對於恐怖份子抱持著憧憬的人們的欲望嗎？你嚴重的誤會絕對不是純潔無瑕的。⑥

習慣的動力學

人類大致是生活在無聊的第二形式的結構中，在其間盡可能地努力過日子。再進一步思考其所代表的意義。

比起人類，動物具有更強的本能。當然物種之間會有差異、同一物種之間也有個體差異，但動物在出生時就會同時獲得，遠勝於人類的、更為安定的環境界。⑦

相對於此，人類的狀況是在出生後過著非常不安定的生活。所謂的「不安定」，在此處指的是人類的環境界每一天都在變化。對於形式的認知、對於自己與他者之間區別的認知，習得語言溝通能力等，如同發展心理學與精神分析的研究結果所示，人類的發展伴隨著令人眼花撩亂的環境界的變化，以及到新的環境界之間的移動。

人類的出生好像原則上都是早產。因為人類的高度發展的大腦十分巨大，若等到大腦發育完全的階段，就無法離開母體了。因此，是在尚未發育完全的階段就離開母體出生到世界上來。

如此一來對人類而言，所謂的延續生命、以及成長發育，能夠認為等於是**獲得安定的環境界的過程**。不，不如應該說是藉由許多努力，**創造出**自己特有的、安定的環境界的**過程**。

第一次被放到托兒所、幼稚園，又或是學校這樣群體生活的環境中時，孩子們會展現出強烈的拒絕反應。這是因為，他或她至今所創造出來的環境界崩壞瓦解，而必須移動到新的環境界才行。這是一個極為困難的課題。因此常常也會遭逢失敗。

在人類的環境界中佔有極大份量的，是被稱為「習慣」的規則。提到習慣，也許會讓人想到每天重複的固定行事、或某種無聊。正因為如此羅素以「希望事件發生的心情遭遇挫折」來定義無聊，而習慣這個詞彙中與羅素的上列定義，也確實有相通之處。

但是，如果我們說人類的環境界會受到習慣的強烈影響，而且每個人各自的環境界都必須經過努力不懈才能創造出來呢？那麼我們對於習慣的看法應該會隨之改變。所謂的習慣，是經過困難的過程所創造出來、才能得到的東西。習慣其實是一種動態。

而且，即便是一度獲得的習慣也無法長此以往永保安康。習慣必須經常更新。學年、導師、學校、家庭關係、朋友、上司、同事改變的話，習慣也必須更新才能因應。我們持續不懈地更新自己的習慣，才能夠得到片刻安穩。

試膽與習慣

再試著以更接近環境界論的方式來思考習慣。從環境界論的思考方式而言，所謂的創造習慣，代表的意義是將周圍環境變換成一定的記號體系。如同紅燈停、綠燈行一樣，將整體的生存環境都代換為記號。

明明是經常在走的路，但路旁某棟建築物被破壞後，卻怎麼也想不起它原來的模樣，這是常有的事。這是因為我們已經將那棟建物當成不再需要認知之物。

第一次造訪的街區所有的景物都是新鮮的，全部都會映入眼簾。若是住在該處的人根本不會注意到的東西，都會引人在意。

但是，若一旦開始住在該處，對於每天看慣的風景就不會一一有反應。所謂將周圍的環境代換成記號體系就是這麼回事。

為何會進行這樣的代換？因為與新東西的相遇需要消耗大量的能量。若對每天映入眼簾的所有東西都要有所反應的話，是非常疲倦的。⑧習慣會讓人類得以從這樣繁雜的手續中解放出來。

打個比方，進入新環境這件事跟試膽很像。試膽的最高潮是發生在黑暗之中，東西看不太清楚，也不知道從哪裡會跑出什麼來。身心緊張，需要很多能量來因應。

但若重複參加幾次試膽後又會如何？當然就不再感覺恐怖了。然後能量的消耗就會減少，因為已經將試膽的規則變換成記號了。所謂的習慣，等同於為了慣於試膽的規則。

思考

但是，現實生活與試膽不同。要說哪裡不同，在試膽的場合中，只能尖叫「啊──」然後照著決定好的規則來走；但在現實生活中能夠用自己所思考決定的方式來應對，或被強迫必須應對。

「做什麼會惹那個老師生氣？」、「跟誰做朋友才好？」、「這附近要在哪裡買東西才好？」，新環境會強迫人們思考。在這樣思考的過程中，人們會創造出習慣。建立習慣之後，就能從思考後應對的繁雜過程中解放出來。因為所謂的創造習慣，就是將環境變換成單純化的信號體系。

由此，應該可以得出關於思考一事的有趣結論。教育界楬櫫「建立孩子們的思考力」為教育的目標之一。

但是，光說「思考很重要」的人們，遺漏了一個重大的事實。這個事實就是，**人類是以不用思考就可以搞定一切為目標在過日子**。

人類無法一直思考著過生活。每天，若無法預想在教室所見到的老師的人品如何，孩子們會非常疲倦。若每天都必須思考上哪裡購物，人也會非常疲倦。因此人類創造出無須思考的習慣，建立環境界。人類在生存的過程中，變得不去思考是必然的。

德勒茲的「思考」

稍加以哲學的方式來思考這個問題。

針對思考，吉爾・德勒茲（Gilles Deleuze，1925-1995）此位哲學家有以下敘述：過去的哲學家們，皆言人類喜歡思考。但這是完全不正確的。人類是幾乎不思考的。

若是如此，人類會在什麼時候思考？德勒茲如此回答。人類的思考，是一件沒辦法、被強制的事情。不是「思考吧！」這樣的情緒高張而思考，不如說因為**受到某種衝擊**（shock）才去思考。⑨

思考的開端、引發思考的，是某種衝擊。

從這個意義上來說，引發思考的，絕非令人愉快之物。德勒茲也將此種衝擊稱之為「不法入侵」。⑩

為什麼會引發思考的，是衝擊、是「不法入侵」呢？德勒茲雖然沒有更進一步說明，但剛剛我們所見的習慣理論應該能夠回答這個問題吧。

人類創造習慣，獲得環境界。如此一來就能夠將周圍環境變換為信號體系。要說為何如此做，是為了無須思考就可以搞定一切。每天二十四小時都與新事物相遇而後思考，人類是無法生存的。

那麼反過來說，人類之所以迫不得已必須思考，應該就是所創造出來的環境界產生變化的時候吧。換言之，環境界中有某種新的要素「不法入侵」，或多或少強要習慣變更，應該就是這樣的時候（需要思考）吧。

當此之際，必須**思考**此一新的要素，並加以應對。對於構築出凡事不須思考環境界的人類，此種「不法入侵」當然是一種衝擊吧。

如同上述，所謂的思考，與或多或少破壞至今和自己生存相關的習慣的過程，是切分不開的。

海德格所生存環境界的崩壞

舉一個很有意思的例子。

據稱海德格晚年，見到從太空所拍攝的地球影像時愕然失色。⑪德語中的 Erde、還有語感多少有些不同但類似的詞彙如英語的 earth 或法語的 terre，皆既有「大地」也有「地球」之意。對海德格而言，所謂「大地」（Erde），萬物皆在其上產生與消滅，是生的條件。海德格雖然是二十世紀的哲學家，卻思索著生存在由天動說所支配的環境界中。

但是，在電視上所放映出來的地球影像，這個 Erde 無疑就是一個**物體**的事實，威脅了海德格。海德格所生存的環境界中，至今是大地（是一個條件）的，現在成了地球（是一個物體）。而且這件事還被清清楚楚地記錄在電視畫面中。如果這不能稱得上是對海德格環境界的不法入侵、破壞海德格大地觀的衝擊，又有什麼是呢？也許這是稍嫌過分的例子。不是這麼誇張的例子也無妨。仔細想想，我們的周圍充滿了此種「不法入侵」。要說何出此言，是因為原本我們的環境界，就是藉由環境的單純化才得以成立的。

我們的周圍充斥著無法一次處理消化完畢的資訊。例如去大學路上的看板、在校園內碰到的友人的臉色、行道樹顏色的變化、自行車鍊條的狀態、掉落在路旁的傳單。所有的東西都具有「不法入侵」自己環境界的可能。

但是，透過建立習慣，我們得到了對抗此種「不法入侵」的盾牌。因此，可以保護我們不受充滿在我們周圍的、會引發思考的事物影響。再重複一次，若非如此我們便無法生存。

而偶爾，這個盾牌可能無法充分發揮作用。發展出讓世界上的哲學家們讚嘆的哲學的海德格，其自身所建立起來的盾牌也有被破壞的時候。

快感原則

人類是朝著不思考就可搞定一切的方向過日子。這一點，以如何思考「對人類而言，快感是什麼」的方式也可加以說明。

精神分析學的創始者弗洛依德（Sigmund Freud, 1856-1939）曾敘述人類精神生活的所有面向，皆是以追求快感的快感原則來支配。⑫精神，更正確地說是無意識，是會追求快感、避免不快的。精神的複雜動態，其根源是被如此單純的傾向所支配。

問題在於此處所言之「快感」指的是什麼。此處所指並非如同「快樂」此一字彙讓人想像的，是一種激烈的興奮狀態。而是恰恰相反。生物視興奮狀態為不快。生物會企圖讓自己維持在一定（穩定）的狀態下。

因此，乍看之下或許會覺得不可思議，但對於生物而言，所謂的快感是減少興奮量，所謂的不快則是興奮量的增加。換言之，生物會將維持在某種一定恆常的狀態，視為快感。

這麼說應該馬上就會有反對的聲浪。性的快樂是人類所強烈追求的快樂，難道這不能說是興奮量的增大嗎？若是如此，弗洛依德所言的快感原則，難道不是與此一單純的事實相互矛盾嗎？

弗洛依德自己提出這個反論，並同時提供了解答。性的快樂與快感原則之間並無矛盾。論其原因，因為性的快樂，不過就是將興奮提升到最高程度，藉此一口氣將興奮消除的過程。得到高潮後，興奮之情一口氣歸零，身心都重新回到安定的狀態（弗洛依德敘述在性高潮之後的身體近似死亡的狀態）⑬。性的快樂是為了**回歸到此種安定狀態**。

人類在日常生活中，無論如何都不可能避免性欲高張。性的快樂是透過一口氣提升性的興奮感，從欲望中解放身心。換言之，這也是以興奮量的減少為目標，與快感原則之間全然沒有矛盾衝突。

話鋒稍微偏離了主題。生物對於興奮感增加會感到不快的事實，也與我們至今透過環境界論所討論的內容一致。習慣可以讓人類維持在一定的安定狀態。藉由重複的行為建立習慣——其所代表的意義**並非是因為某種事物能帶來快感因此加以重複**，是因為重複而建立習慣，並由此得到快感。⑭

但是，以快感原則為基礎所說明的內容，大概對於生物整體而言的一般傾向是正確的，但關於人類必須追加進一步的說明才行。論其原因，此種快感狀態，不論當事人的意願如何，都會產生出無聊此種不快（為什麼弗洛依德沒有論及快感原則與無聊的關係呢？）。

人類被強迫建立習慣。若非如此無法生存。但是，在創造習慣的過程中，又會感到無聊。先前，提到人類大致上是活在消遣與無聊交織融合、即無聊的第二形式中。這件事由此應該可以確認吧。雖然不建立習慣便無法生存，但在過程中又必定會感到無聊。因此，為了要緩和消除這些無聊，又要從事消遣。甚至我們可以說，人類在**本性**上，便被強迫過著無聊與消遣以獨特方式交錯融合的生活。

從「活得像個人」脫軌

由此，最後再一次將話鋒回到無聊的第三形式。

首先確認一下吧。海德格稱與無聊的第二形式相比，第一形式自我喪失的程度為高。而第一形式的結構，與第三形式的結構是相通的這一點，經過分析也很明確了。

在第一形式＝第三形式的結構中，人們藉由成為某種事物的奴隸，企圖從「沒來由的無聊」的聲音中得到自由。而在第二形式中，則看不到這個應對方式；確實在第二形式中人們有著隨波逐流的態度，但是其中也有面對自己的態度。而且其具有「安定與均質」的特性。

所謂的人類，大致都生活在第二形式的無聊中，然後有時，會遁逃到第三形式＝第一形式後又再回到一般的生活。因而，人類是很**辛苦**的。因為所謂的人類，意味著要面對無聊而生存。話雖如此，為了面對無聊而生存，人類開發出了各式各樣的手段方法。我們人類能夠讓這些手段方法進一步發展進化，而我們也更能夠享受這些手段方法。

但是，人類所剩下的可能性不僅如此。人類進一步還有另外一個可能性。這便是，從辛苦的人類生存**脫軌**的可能性。此又所指為何？

人類很容易脫離一個環境界，而移動到另外一個環境界去。無法沉浸在單一的環境界中。因此，置身於如第二形式所述，消遣與無聊交融混合在一起的生活中。即便感到無聊，也會恆常性地給予自己各式各樣的消遣。今天去看電影、明天去參加宴會。在宴會中品嘗美食、聽音樂，還有人遞上雪茄。雖然有相應的無聊，卻也有相對應的樂趣。這就是活得像個人的常態。

但是這種常態也有崩解的時候。因為某些事物的衝擊，自身的環境界被破壞的人類，由此是開始思考之時。不論是震撼世界的新聞也好、身邊發生的事情也好、藝術作品也好，新的想法也好。「不法入侵」環境界的某種事物，攫獲住人類不放。此際，人類會因為這項事物而「被捕獲」，除了這項事物無法思考其他事情。

所謂的思考，便是被某種事物「所捕獲」。此時，人們只能身陷由思考對象所帶來的新的環境界。

而為衝動「所捕獲」，若是擅長沉浸於單一的環境界中的動物，可以將這種狀態統稱為「成為動物」吧。人類「成為了動物」。

無聊是人類的生存無法擺脫的強烈宿命。但是，這裡也殘留著逃離「活得像個人」的可能性。這便是「成為動物」的可能性。

人類自由的本質

而我們指出人類大致是活在無聊的第二形式的結構中，其重要性由此可以看出。在此結構中，有著隨波逐流的態度。但同時，也有著面對自我的態度。換言之，此處存在著，**接受成為思考契機的、某種事物的餘裕**。

相對於此，投身至第三形式＝第一形式的逃避，將會招致非常令人恐懼的事態發展。因為一旦遁逃到上述結構中，就無法接受會強迫我們思考的事物了。

回想一下。在第一形式中，因為某項特定的事物不聽己言，人們感到無聊、被放置到空虛之中。但是，如同海德格本人所言，那個鄉下車站的周圍並不是空虛的。有車站建築、也有街道與行道樹。也許該處存在著「不法入侵」至今自己所處環境界的事物。

這個城鎮原來有這樣的食物啊……。咦，為什麼商店街到處都歇業沒有開門做生意？明明是這麼漂亮乾淨的街區……。人們也很親切。但是，若商店街這麼冷清的話，生活應該很苦吧。身在都市時，雖然新聞上有報導，但原來鄉下的商店街陷入苦戰是這麼一回事啊……。

當然這只是一個例子。雖然對街區有興趣但什麼事物／資訊都無法接收也是十分有可能的。但是，逃避到第三形式＝第一形式中的人類，連有接收可能性的對象，都變得無法接受。因為在此結構中，人類已然成了奴隸。

請不要誤解。人類沒有習慣是無法生存的。無論如何，人類都不得不生活在消遣與無聊交融混合的狀態中。因此，必須超越這個前提條件，讓人類接受所有思考契機而後思考，強制人們「睜開眼睛！」與「打開耳朵！」。這與「人類能夠接受世界其表象」此一信念乃是一體兩面。而此一信念又回歸到人類的奴隸化。

人類將環境變換為記號體系而形成環境界，換言之，對於種種事物眼睛不看、耳朵不聽地過日子是理所當然的。重要的是，不要陷入無聊的「第三形式＝第一形式」的結構之中，意即不要成為奴隸。

對於人類而言，思考以及「成為動物」這兩件事之所以可能的根據，大概在於前章所提及的環境界間移動能力。相較於其他動物，人類具有極為高度可於環境界間移動的能力。再次重複，動物身上也存在著於環境界間移動的可能性。但是其他動物望塵莫及，人類讓此種能力高度地發展了。

人類易於接受破壞自己所處的環境界一事。能夠接受對於自己的環境界「不法入侵」的事物，加以思考，然後創造出新的環境界。此種環境界的創造，也經常會成為對他人有重大影響的行為。例如所謂的哲學，便是如此產生的一門學問。

雖然屢有幸運的例外，但人類大抵還是得用人類的常態度日。可是，人類仍然具有從人類的生存中脫離的可能性，那就是「成為動物」的可能性。當然，其後人類仍然必須再度回到人類的生存常態。人類會追求建立習慣，因為若無習慣則無法生存。不過，若假設這正是人類自由的本質，那麼即便很渺茫，但還有著確切的希望。人類過去所打開的、名為無聊的潘朵拉盒子中，確實還殘留著希望。

結論

討論「閒暇與無聊的倫理學」的嘗試，至此必須提出結論了。

如同各位讀者所知，這個嘗試是經由各式各樣不同的領域來進行，閒暇與無聊此一問題其實是與許多領域相關聯。因此針對這個問題，哲學或倫理學自然不在話下，必須活用包含考古學、人類學、經濟學、政治學、社會學、心理學、精神分析學與文學，甚至是生物學與醫學等各式各樣學問領域的見解，今後從事更進一步的檢討分析才行。

做為本書作者，筆者也期待這樣的嘗試今後可以在各式各樣的領域持續下去。先說明這一點後，我們將提出本書的結論。結論共有三個。按照順序加以說明吧。

第一個結論

本書以「閒暇與無聊的倫理學」為題。因是倫理學，所以應該還是要說明什麼是當為之事吧。所謂的倫理學，是叩問該如何生存的學問。但是，做為本書第一個結論所揭櫫的，卻是不需要煩惱必得這樣才行、必得那樣才行的內容。

「你保持自己現在的樣子就好」、「做自己就好」，或是「所有人都應該接受現在這個樣子的你」，這個結論斷然不是這樣的內容。而是與其正好相反。

讀到現在這個結論的你，已經通讀了本書。透過通讀本書，已經獲得了關於閒暇與無聊的新觀點。理解閒暇或無聊為何會讓人痛苦、得到如何將閒暇與無聊在人類史中定位，以及在思考閒暇與無聊時必須注意的事項等知識，知道過去閒暇與無聊如何被論及，並看見了「閒暇與無聊的倫理學」應該走的方向。

而這正是「閒暇與無聊的倫理學」的**第一步**。關於讓自己苦惱的事物，在獲得對其有新認知的人類身上，將會產生某種變化。閱讀本書，以及閱讀本書至目前的章節這些事情本身，無異於「閒暇與無聊的倫理學」的實踐之一。

因此，正確而言，也許應該說**你已經成就了某事**。你不是要從現在才開始去實踐「閒暇與無聊的倫理學」，而是**已經在此實踐的過程之中了**。

史賓諾莎與「知之」的感覺

為了詳述這一點，並且過渡到以下的結論，先來介紹一位哲學家的想法吧。

這位哲學家是史賓諾莎（Baruch de Spinoza, 1632-1677）。他對於真理的理解，有著非常有趣的想法。我們能夠去理解事物，和有心想「我知道了！」的時刻。此時，當然我們對於成為「知之」對象的事物有所理解。例如，聽到數學公式的說明而有「知之」的感覺時，就是理解了該項公式。

但不僅僅是如此。人在**知道什麼**的時候，也同時理解到對於自己而言，**所謂「知之」是怎麼一回事**，得到「知之原來是這麼一回事啊……」的實感。

人們各自有其理解事物的順序或速度。即便用同樣的方式對於同一事物加以說明，每個人也都有著不一樣的理解。因此，人們為了要理解各式各樣不同的事物，必須找到自己所特有的、理解事物的方法才行。

要如何才能找到此一方法呢？並不需要什麼特別的作業。實際上，透過重複與累積理解某項事物的經驗，人們漸漸地會發現自己知性的特徵或本質。論其原因，因為「知道了」這種實感，將教會人們對於自己所謂的「知之」是怎麼一回事。史賓諾莎將理解此種行為的這一面，稱之為「反省的認知」。①因為認知並不僅限於「知之」的對象，也是面對（反省的）自己。因此，重要的是理解的過程。這樣的過程讓人獲得了理解乃至於生存的方法。

反過來說，當無視這個過程的重要性之際，人們淪為不過是所接收到資訊的奴隸。**因為不得不如此，所以才這麼做**。舉例來說，不去理解數學公式的內容或背景，只想著把數字代入，這個人就成了這道公式的奴隸。如此一來，**無論何時都不會得到「知道了！」的感覺**。繼之，也無法得到生存之道。那只是按照所被告知的方式、來從事所被告知的事情罷了。②

為什麼不能只讀結論？

針對本書的結論，我們也必須提出一樣的事情。以下是我們將本書至此的內容彙整之後，做為結論，提出兩個關於「閒暇與無聊的倫理學」的方向性。但是，這兩個結論，**要在歷經通讀本書的過程之後，方始有意義**。

所謂跟著論述的腳步，換言之也就是讀書這件事情，是**每位讀者發現**與此論述的相處方式的**過程**。本書所討論的主題是關於閒暇與無聊。但是，即便用同樣方式說明同樣的事情，也不會每個人都以同樣的方式來理解同樣的事情。

舉例來說，在本書中介紹了巴斯卡關於消遣的討論。若是自己的話，也許在某個時刻所採取的某項行動，與狩獵兔子其實是很相近的；如果出現這種想法，巴斯卡的理論其實就貼近了自身經驗。本書的後半則針對海德格的無聊論詳加檢討。為什麼海德格在參加宴會的時候也會以那種方式感到無聊呢？如果出現這種想法，就能夠保持與海德格的理論之間的距離，繼續閱讀此書。當然，與海德格有同感而繼續閱讀此書也是一個方法。

讀者在閱讀至此的章節內容的過程中，應該會發現自己特有的、與這本書的相處之道（若是沒有發現的話，要通讀到這裡應該是很困難的）。這是比什麼都重要的。這將涵養出關於閒暇與無聊這個主題，每個人自己特有的理解與掌握的方式。這正將開啟每個人各自的「閒暇與無聊的倫理學」。而有藉此方式所開展出來的、每個人各自的「閒暇與無聊的倫理學」為開端，本書的結論才有意義。

因此，光只讀以下結論的讀者，應該毫無疑問地會感到幻滅。而在同樣的意義上來說，光舉出本書的結論，對其加以評論或非難也是毫無意義的。因為一起跟隨論述的過程，會讓主體（指讀者）產生變化，這樣的過程才是真正重要的。

以下所提出的結論，不論何者都不是「只要照著做就可樂觀期待有辦法克服無聊」這一類的內容。而是要由讀者用各自的方法，來開拓出面對這兩個方向性的道路之結論。③

第二個結論

以上述內容為前提所引導出來的第二個結論，就是收復奢侈。

所謂的奢侈就是浪費，所謂的浪費就是取用超過必要程度以上的物事，而浪費正是豐饒富足的條件。

在現代社會中，浪費受到了妨礙。人們不是浪費家，而是被強迫成為消費者。不是受取物品，而是持續著沒有盡頭終點的、觀念消費的遊戲。

浪費雖然是過度取用物品之意，但由於實體物質的受取終究有其界限，到了極限之際自然會停止。此時出現的狀態便是滿足。

相對於此，因為消費不是以物、而是以觀念為對象，不管到何時都不會結束。因為既沒有終點也無法得到滿足，為了追求滿足又繼續消費，消費行為終於漸次趨於過激化。明明是想要得到滿足，但越是為了追求滿足而消費，越是與滿足漸行漸遠。此處登場的便是無聊。

這正是現代消費社會所引起的無聊的樣態，本書將其稱為「異化」。

如何才能脫離此種狀態呢？透過消費行動，人們並未受取物質，因此才會持續消費。若是如此，那麼就只能以能夠受取物質為解決之策了。受取物質，正是開啟了通往奢侈的道路。

為了享受的訓練

但是，這裡有幾個課題。所謂的「受取物質」，指的是享受其物。舉例而言，享受衣食住，或是享受藝術、藝能或娛樂活動。

不過，所謂的享受，絕非一件易事。正因為不容易，消費社會才有機可乘。

羅素如是說。「以前所稱的教育，大概可以認為指的是一種**享受能力的訓練④**」。羅素之所以能有此敘述的前提，在於為了享受先行準備是不可或缺的，以及為了要達到樂在其中的狀態，是需要訓練的。

那以品嘗美食為例吧。為了要享受美食，很清楚地訓練是必要的。在口中要能夠分辨複雜的味道，利用各種感覺或感官部位（口、舌是當然的，除此之外，喉、鼻甚至是眼、耳，看狀況連手等全身都會派上用場）來受取物質，需要訓練才能辨得到。若是沒有經過這樣的訓練，除了特定的成分以外，人們是感受不到美味的。

確實我們每天都會進食。但是，也許我們卻沒有在吃，單單只是從嘴巴攝取有營養的東西罷了。又或者是，我們沒有把美味的食物當成美食來感受，也許只是人云亦云，人家說好吃的東西，為了讓自己也說好吃而動嘴巴。

若真是如此，我們得讓自己真的是在吃東西才行。⑤

日常的快感

品嘗食物是「受取物質」中，最為日常而生活化的例子。這是與我們毫無距離的樂事。以此為例是有理由的。

一說到「為了能夠樂在其中，訓練是必要的」，好像總會有讓人聯想到高度文化（high culture）❶這種令人討厭的傾向。實際上，羅素所考慮的也不是像品嘗食物這種樂事。他附加在上述那段引用文字中，所謂需要訓練的享受，指的是「與毫無教養的人們無緣的、纖細的享受」（此處所展現的，是羅素做為哲學家的侷限）。

羅素所言並沒有錯。為了享受古典文學，需要相當的訓練。若不懂古希臘語，由古希臘語

❶相對於大眾文化（mass culture）。

所寫就的古典文學，就無法讓人樂在其中。若不懂得中文漢語，就無法享受漢（中文）詩的境界與樂趣。

繪畫與音樂也是相同的。即便突然看到抽象表現主義的畫作，看上去不過就是在極大的畫布上塗了原色，根本不明所以。但是，若是知道這幅畫完成時的歷史背景，就能夠樂在其中。音樂也是這麼一回事。

如同這樣，能夠更加樂在其中享受生活，是一個熱切的希望與期盼。但是，需要訓練的，並不只是需要「教養」的娛樂。如同品嘗食物這種根植於我們生活之中的樂事，也同樣地需要訓練。⑥正因為如此，本書才希望強調如品嘗食物這樣日常的樂事，**具有更加被享受的可能性**。

再談宴會

希望各位讀者回想起海德格所提出的、無聊的第二形式的事例，也就是那場宴會的場面。圍繞著這場宴會，凡事皆是有趣而愉快的。而在宴會中附和著周圍的方式，海德格從中看到的是隨波逐流的態度，並稱空虛是在自我內部之中孕育生成。

但是，這個場合裡只有這些嗎？宴會中有美食，空間中流洩著音樂，然後還有雪茄。為什麼海德格針對這些沒有再多說些什麼呢？不，本來嘛，為什麼**海德格無法享受這些事物**？

雪茄與香菸不同，還留著菸葉的芳醇香氣。雪茄與其說是攝取尼古丁的手段，更像是享受香味，焚香或品香所使用的道具。這個香味具有療癒日常工作的疲憊，為人帶來平緩心情的效果。海德格為什麼沒有享受雪茄，用這個方法來療癒因講課而疲倦的自己呢？

食物又是如何呢？據海德格所言是「如同往常慣例的食物」。但是，所謂與慣例相同，結果又是如何？這說的應該是從餐前酒與前菜開始的上菜順序吧？但菜色內容實際上是如何？若不好吃就不好吃也無妨。若東西好吃可以說算是賺到了。反而不可思議的是，海德格並沒有對這些食物明確地下判斷這件事。關於音樂也是如此。

簡要而言，在這個場合海德格之所以感到無聊，只是因為他無法受取食物或音樂或雪茄這些物質，意即**因為他無法享受物質**。而要說為什麼他無法享受這些物質，答案也很簡單；非常遺憾地，是因為海德格沒有接受享受這些物事所需要的訓練之故。

消費社會與無聊的第二形式

所謂的人類，大致都生存在無聊的第二形式中，意即生存在無聊與消遣以獨特的方式交融混合在一起的狀態中。在某種契機下第二形式中的無聊浮出檯面的時候，人們會逃往無聊的「第三形式＝第一形式」中。

若是如此，我們可以這麼說。所謂的收復奢侈，是盡情地享受無聊的第二形式中的消遣，換言之，**便是享受生而為人這件事**。

無聊的第二形式，可以說是海德格的無聊論中的精采發現。這一點無論如何強調都不會言過其實。雖然此刻是在討論與海德格所倡議的決斷主義相異的結論，但這件事之所以可能，是因為海德格發現了此一第二形式。

若運用無聊的第二形式此種概念，關於消費社會亦可能有其他的定義。換言之所謂的消費社會，可以稱得上是濫用無聊的第二形式的結構，激化消遣與無聊的惡性循環的社會。

人類大抵生活在消遣與無聊的混合體中。因此為了不要落入無聊而轉向消遣，至今也都是這麼走過來的。消費社會著眼於此種結構，應該將做為消遣而存在的物品，悄悄地替換為記號或觀念。而沒有注意到這一點的我們，明明理應可以透過享受物質而獲得滿足，即便總覺得「好像有點怪怪的」，但在不知不覺間，我們「被」變成沒有終點的消費遊戲的玩家（player）。明明是打算成為浪費家，最後卻成了消費者。

人類具有創造出**消遣此種樂事**的智慧。由此也出現了稱為文化或文明的人類活動。因此這種活動與無聊的第二形式是形影不離無法分割的。但是，消費社會濫用這一點，打造出越是從事消遣越會感到無聊的社會構造。因為消費社會的緣故，人類的智慧瀕臨危機。

莫里斯、藝術、社會改革

希望大家回想一下在序章中提到莫里斯的相關內容。他想著「若明天就是革命來臨之日應該如何」，一邊馳騁思考和想像於「革命後」的豐富生活。他認為藝術必須走入群眾才行。這並不僅是將過去屬於貴族的東西，交到民眾的手中而已。所謂在生活之中融入藝術，換言之，是在日用品、生活雜貨、家具、住宅、衣服等，民眾日常生活會接觸到的東西之中，要能夠體現出藝術的價值。這便是「民眾的藝術」（雖然莫里斯沒有言及，但在此處加上食物應該也說得過去）。

此時所展現出來的生活，是生存於其中的我們每一份子，都能夠**品味**這些藝術作品的生活。雖然我們剛剛說為了樂在其中，訓練是必要的；但恐怕在莫里斯的構想中，**這樣的訓練是在生活之中，做為日常的一部分來進行的**。論其原因，因為人們每天都在接觸藝術的價值之故。舉例而言，因為能品嘗到值得品味的食物之故。

咸言人類光靠麵包無法生存。不，連麵包都應該好好品嘗。而同時不僅是麵包，也應該追求玫瑰。人類的生活不能沒有玫瑰妝點。

人類的生活若有玫瑰妝點，人際關係與產業構造也會漸次慢慢發生變化吧。成為非典型雇用溫床的、後福特主義的生產體制，也必須進行調整來因應。這會連動到大幅度的社會改革。「閒暇與無聊的倫理學」並不以革命為目標，而是以社會整體的改革為目標。

第三個結論

若說第二個結論，是與反應人類本質的生存、意即不得已必須與無聊共存的生活該如何過日子的叩問相關，第三個結論，則是與脫離此種生存一事相關。

海德格稱動物「被捕獲」乃是一種麻痺狀態，人類不會如此。動物無法從特定的衝動之中得到自由，但並非生存在環境界中的人類不會如此。會感到無聊一事被當成人類自由的證據，並由此推導出如下理論：藉由決斷，可以將無聊翻轉為人類的自由。

但是，不論是動物處於「被捕獲」的狀態，或是人類不生存於環境界中這兩點，都是錯誤的。生存於環境界中並不意味著處於「被捕獲」的狀態下。而且人類與動物皆生存於環境界中。

話雖如此，要說人類與其他的動物完全相同，亦無此理。人類與其他動物相比，具有相對但相當高的環境界間移動的能力。而這個事實，也正是生而為人之所以如此艱辛的原因。論其原因，因為人類無法沉浸於單一個環境界中，正意味著容易感到無聊之故。

人類若要活得像個人，就無法脫離無聊。如此一來，便可以做此思考。人逃離無聊一事，就是從活得像個人的常軌中脫軌之際。而動物具有沉浸在單一環境界中的高度能力，若是經常有被某個對象「所驅動」的情況，這種狀態應該可稱為「成為動物」吧。

「成為動物」的日常性

人類具有高度的環境界間移動能力，會在複數的環境界中移動，因此無法停留或是沉浸在單一的環境界中。這便是人類無聊的根基。

但是，人類此種環境界間移動的能力，也有很不明顯的時候。要說是什麼時候，那就是不得不去思考某事的時候。人在自己所生存的環境界中遭到某種事物「非法入侵」，自己的環境界崩壞之際，被迫要去應對上述的某種事物，便會開始思考。在思考的時候，人類會受到思考的對象「所驅動」，而產生「成為動物」的狀態——「沒來由的無聊」的聲音就不會響起。

但是，請回想一下。透過分析習慣此種大幅支配人類環境界的規則，我們所得知的事實是，環境界的崩壞與再創造乃是家常便飯。沒錯，現實無時無刻都在變化，不可能以完全相同的方式適用相同的習慣持續生存。人是經常性地再創造環境界。

換言之，我們其實在日常生活中不斷地在經歷體驗「成為動物」這件事。這沒有什麼特殊之處，甚至稍加思考，便會覺得難道這不是理所當然的嗎?不如說要持續徹底沉浸在無聊的狀態之中是很困難的。「沒來由的無聊」的聲音是忽然可聞，而不是以難耐的大音量在耳邊流動。「成為動物」一點也不稀奇。

但是，即便如此我們仍經常感到無聊。論其原因，因為人類具有高度的環境界間移動能力。即便被什麼所驅動了，也能夠立刻從驅動因子離開。即便環境界遭到某種事物「非法入侵」，也可以立刻透過建立習慣，來熟悉入侵而來的新事物。

那麼該如何是好？只能以接受更強大的驅動對象來應對。不是能夠以習慣化立刻加以因應的「非法入侵」，而是只能被其他某種事物所驅動。

但是，這要如何才可能成為現實？

此處我們從第三個結論轉個彎，朝向第二個結論而去。

如同我們已經數度提及的，人類大抵是活在無聊第二形式的狀態中。所謂反應人類本質的生存，便是在此種狀態中雖然時而感到無聊，但仍享受物質、樂在其中這樣的生活。

如同海德格所述，此種狀態中存在著「安定與均質」。換言之，**存在著餘裕**。

人若下了決斷而成為奴隸，便無法接受強制思考的物事。但是，即便時而感覺到無聊，但仍享受著物質的生活中，存在著接受這樣物事的餘裕。

這代表如下的意義。**享受與思考是有所關聯的**。論其原因，因為不論是享受或思考，都代表著**接受**。人們在知道享受之際，便對思考敞開了大門。

而且，為了要能夠享受，訓練是必要的。此種訓練便是擴張對於物事的接受能力。而這也是接受強制自己思考的物事的訓練。人們一邊學習著什麼是樂事、什麼是樂在其中，同時也變得能夠針對事物進行思考。

這是一點都不用傷腦筋的。

最愛吃並樂在享受美食的人們，漸漸地就變得會針對食物進行思考。變得會去思考美味的食物是如何做出來的、要怎麼做才能讓食物更加美味。愛看電影、總是在看電影的人們，漸漸地就變得會針對電影進行思考。變得會去思考這到底是誰的電影作品，為何這部作品會如此精采。其他還能再舉出無數的例子來吧。

如此一想我們便明白，「成為動物」此一第三結論，是以享受「生而為人」此一第二結論為其前提的。

伺機而動

先前我們提及了史賓諾莎的反省認知。人們在理解事物的同時，也學習到了何謂理解。關於享受我們亦可沿用相同的邏輯。

雖是理所當然，但無論是如何精采美好的事物，也不見得所有的人都會受其驅動。若是如此，那麼自己到底會被什麼所驅動？人們在享受的同時，也在學習這一點。

提到思考是被強制的吉爾．德勒茲，非常喜歡電影與繪畫。他的著作中包含了電影論與繪畫論。德勒茲被問到「為什麼你每個週末都要上美術館或電影院？這個努力的動機到底是從何而來？」時，如此回答：「我在伺機而動。」⑦

德勒茲是在等待自己被驅動的瞬間，是在等待「成為動物」發生的瞬間。而他知道去哪裡容易發生這樣的狀態，在他的狀況是美術館或電影院。

他所使用的「伺機而動」（être aux aguets）此種詞彙表現，也有動物埋伏等待獵物的意義。動物知道該去哪裡才容易捕捉到獵物。經由本能、透過經驗，能夠知道這一點。在人類的狀況，無法僅憑藉本能；只能一點一滴地漸次學習。而如同第二個結論所述，為了享受的訓練是可以在日常生活中完成的。

對於自己而言，什麼是驅動的對象這一點，無法立刻得知。而且，因為人類是不想思考的，驅動的對象也很有可能是自己本人所排斥抗拒的物事。

但是，世界上充滿了強迫思考的東西或事件。透過學習享受、體驗思考之強制，人們會變得能夠接受這一點。藉由享受「生而為人」，能夠伺機而動等待「成為動物」。這就是本書《閒暇與無聊》的結論。

「閒暇與無聊的倫理學」的下一個課題——朝向有閒的「王國」

本書最初的叩問是：無論如何都會感到無聊的人類生存，該如何面對並與其共處。關於這個問題，引導出了享受「生而為人」，伺機而動等待「成為動物」的結論。

這個結論，當然回答了最初的問題。但是，若將本書一路走來的歷程與此結論並列，又可以看出這個叩問其他的方向性。要說是怎麼一回事，我想說的是離開變得懂得享受、被迫思考，能夠伺機而動的人類，會如何運用這些能力來面對無聊而生存這個問題，會擴張到其他的方向。最後論及這一點，希望以此來結束本論。

人們時而會碰到讓自己感覺到有些奇怪、讓自己感到不可以有這種事情的事物。在自己的環境界中不可能出現的事實出現在眼前，人們一瞬間會動彈不得。然後會進行思考。但是，要持續思考是一件很困難的事情。論其原因，因為人們是希望避免思考的。

不過，若是充分了解「成為動物」一事的人，也許會接受讓自己覺得奇怪的事物，而能夠持續思考這些事物。而後，也許能夠思考如何才能夠改變這些奇怪的事物。

無聊與消遣交融混合的生存，無聊相應地存在其中、而樂趣也相應地存在於其中的生存，這便是反應人類本質的生存。但是，在世界上有許多無法容許人們「活得像個人」的生存狀態。戰爭、饑饉、貧困與災害——我們所生存的世界，充滿著不容許反應人類本質生存的事。即使如此，我們對此不加思考地生活著（德勒茲如是說。「我們對於自己所處的時代，持續著應該感到羞愧地妥協。這種羞愧的感情，是引發哲學思考的、最強大的動機之一」⑧）。

該如何面對並與無聊共處，再怎麼說都是與**自己小我**相關的叩問。但是，能夠與無聊共處而生的人們，大概也會變得能夠思考不是自己，而是與他人相關的事物。這應該被稱為「閒暇與無聊的倫理學」的下一個課題吧。換言之，該怎麼做大家才會變得有閒、該怎麼做才會建立起能夠容許大家有閒的社會這樣的問題。

馬克思稱「自由的王國」的根本條件是勞動日的短縮。任誰都能享受有閒生活的「王國」、有閒的「王國」，這才是「自由的王國」。必須打造出任誰都能保有此一「王國」根本條件的社會才行。而若受取物質、享受生活是奢侈的話，為了建立有閒「王國」的第一步，便是從奢侈之中開始。

後記

已經是超過二十年以上的事了。

還是高中生的我，暑假的時候在美國的科羅拉多州待了一個月。而且是待在寄宿家庭裡。

由於這是我第一次到國外，一切事物感覺都新鮮極了。在寄宿家庭裡有我自己專用的浴室讓人驚訝、午餐的便當一定會有包洋芋片讓人驚訝，寄宿家庭中的男孩子支持發動波灣戰爭也讓人驚訝。

當時，我與三人組的女孩們變得熟識。她們是非常虔誠的基督徒。她們帶我一起去參加聖經的讀經會。地點……我想應該是在附近牧師自宅的一個房間。

我在此之前沒有接觸過聖經。明明是神聖的一本書，但她們所持有聖經的文字卻各自有著微妙的差異，令人覺得十分不可思議。過了一會兒，我注意到那是因為翻譯的問題。

牧師解說了聖經的其中一節。解說結束後，他說「讓我們一起禱告吧」。

此時，我開口了。

「為什麼要禱告？」

牧師的回答我已經不記得了。但是我記得自己是這麼說的。

「在非洲有人因飢餓而死。結果我們只是禱告嗎？」

我想當時自己不是為了要找人吵架而這麼說，只是覺得禱告這種行為很不可思議。

讀經會結束後，與帶我去參加讀書會的其中一個女孩交談。

「功一郎到底有什麼想法？是佛教的想法嗎？」

她確實是這樣問我的。

「我不是佛教徒。我現在正在創造自己的哲學（philosophy）。」

我很清楚自己是這麼回答的。這是我第一次在他人面前開口說「哲學」這個字眼。

她要我跟她說明這是怎麼一回事。我說因為還在創造中，所以無法說明。

當時我只是個不熟悉哲學的高中生，也沒有讀過什麼哲學書籍。因此，當時自然而然脫口而出「哲學」這個詞彙時，自己也覺得不可思議。

完成這本書之時，我想這也許就是當時我所說的「哲學」吧。當然不是指這二十年來我都持續在思考相同的問題。並非如此，而是意味著「我在思考這樣的事情。你怎麼想？」，並完成了可以遞交出去的東西。

這本書所處理的主題，只是自己一直以來的疑惑。而想到「閒暇與無聊的倫理學」這個詞彙，是很久以後的事了；總之，本書所處理的主題——無聊的苦惱，是我自己一直感受到的。

但是，要考察議論這個題目，卻無法輕易辦到。

斜眼看人把世間當成笨蛋，把這個煩惱打發過去的狀況有之。把這個煩惱當成是誰的錯的狀況亦有之。以為非得下決斷不可的狀況有之。尋求發洩不滿的出口，以激烈而不可理喻的態度對待周遭的狀況亦有之。

但是，當時無法將自己的苦惱做為考察分析的對象。應該是在進入研究所的博士課程之際吧。為什麼無法做這件事情，自己雖然也不是很清楚；但現在想想，是因為已經某種程度學習了哲學之故。稍加學習了被稱之為哲學或思想的領域，開始知道該如何面對自己的苦惱。學習實在是一件很棒的事。

而由此開始的考察分析，試著在目前的階段將其彙整起來的結果就是本書。這本書是為了要問他人「你怎麼想？」而寫成的。自己所提出的答案，也可說像是完成了一幅畫，是抱持著希望聽到各位讀者的評斷與意見的心情而寫作此書。因此，若能聽到各位讀者的意見與反饋我會非常開心的。

書籍的後記經常是以表達對該書的編輯，或是若無此人該書難成等人物感謝之意。我正是希望對擔任本書編輯的赤井茂樹先生表達這樣的心意。

赤井先生所負責的工作，一開始其實是內容完全不同的一本書。但是另外那本書無論如何都寫不出來，苦思煩惱之後的結果，便是將之前僅有構想未付諸文字的「閒暇與無聊的倫理學」為主題，總之先把序文寫出來讓赤井先生過目；並拜託赤井先生，希望可以把新書的主題調整為「閒暇與無聊的倫理學」。

赤井先生很快地就答應了我任性的提案。不僅如此。序文是以艱澀生硬的論文語調所寫成（序文以論及列寧的《帝國主義論》為開端），赤井先生說用這種文體太可惜了，下點工夫讓更多人可以輕鬆地閱讀本書吧，反過來向我提出了建議。

寫完的、寫完又改過的文章都會寄給赤井先生看，每次收到他所回覆的感謝或提議，對我而言都是莫大的鼓勵。希望向赤井先生表達我由衷的謝意。

本書是以在明治學院大學法國文學系、多摩美術大學藝術學系、高崎經濟大學經濟學系等各大學的授課講義為基礎。在此對給我授課機會的各大學相關人員，再次表達我的感激之意。同時，也對上我的課的同學們表達感謝。同學們在課堂上所展現出來的同感與共鳴，是我繼續研究「閒暇與無聊的倫理學」這個主題的一大動力來源。

某一次在課堂中，提到本書也論及的「定住革命」的相關內容。總是一身運動服，感覺像是「社團活動結束後順便過來上課」，課堂上老是在睡覺的女學生，突然睜開眼睛認真地聽課，那一堂課結束以後寫出了長長的心得感想。那名學生在學期末，寫出了討論赫伊津哈（Huizinga, 1872-1945）的「遊戲人」（homo ludens）的精采報告。

某一次我在課堂上採用貝克特（Beckett,1906-1989，當代戲劇重鎮，曾獲諾貝爾文學獎）的戲劇作品《等待果陀》。因為找不到這部作品的DVD，沒辦法只好由我自己來朗讀。同學們覺得有趣咯咯笑個不停。而根本沒有聽過貝克特的名字，對文學也無甚關心的學生們，在隔週把所發下去的講義全都給讀完了。

而在用研討會形式討論海德格的《形上學導論》時，某個學生說「實在搞不懂什麼是無聊的第二形式」。他一直很煩惱，因為搞不清楚為什麼海德格在參加聚會時會感到無聊。但是，坐在對面的女學生，卻用認真的眼神喃喃低語著「不，海德格所說的這種無聊，我非常清楚」。

精采出色的研究、藝術作品或哲學，具有向人們傾訴的力量。教會我這一點的是這些學生們。

我希望，本書能夠成為各位讀者與這樣的研究、藝術作品或哲學相遇的助力。

二〇一一年九月
國分功一郎

註釋

序章　什麼是「喜好」？

①「管見以為，必須認定西歐各國的青年知識份子，找不到讓自己最出眾優秀的才能得以發揮的工作，是易於陷入不幸的成因。但是，在東洋各國則無此種狀況。今日，青年知識份子比起在世界的任何地方，大概在俄羅斯是最幸福的。在該處，有應該被創造的新世界，又存在著於創造新世界之際，應該引以為據的信仰。（中略）在印度、中國或日本，由於與政治關係密切之外的因素影響，妨礙了年輕知識階級的幸福。但是，並不存在著如同西歐般的內在障礙。有許多對於年輕人而言重要的活動。只要這些活動成功了，年輕人就是幸福的。」（Bertrand Russel, *The Conquest of Happiness*, Liveright, 1996, pp. 116-117〔伯特蘭．羅素《羅素——幸福論》，安藤貞雄譯，岩波文庫，二〇〇六年，一五頁〕）。

②John Kenneth Galbraith, *The Affluent Society*, 40th anniversary Edition, Mariner Books, 1998, p.2（約翰．高伯倫《富裕社會》〔決定版〕，鈴木哲太郎譯，岩波現代文庫，一九九一年，一六二—一六三頁）。

③*Ibid.*, p. ix（同前，〈四十週年紀念版序文〉，六頁）。

④*Ibid.*, p. 127（同前，二〇三—二〇四頁）。

⑤Max Horkheimer, Theodor W. Adorno, *Dialektik der Aufklarung-Philosophische Fragmente*, Theodor W. Adorno, *Gesammelte Schriften*, Band 3, Suhrkamp, 1997（霍克海默、阿多諾《啟蒙的辯證法：哲學的斷想》，德永恂譯，岩波文庫，二〇〇七年）。

⑥*Ibid.*, pp. 145-146（同前、二五八－二五九頁）。

⑦「您們（以及我們）得到所渴望的一切時，接下來要做什麼？我們各盡本份努力讓其發生的此一大變革，如同其他的變化，會如同夜間的盜賊般悄然來臨。當我們還未注意到時，變革已兵臨城下邊。但是，此一變革的完成如此突然而劇烈，若我們假定所有心術正直的民眾皆會認同並歡迎此一變革，那麼此時我們要做什麼？為了不再讓帶來痛苦勞動的時代復辟，不再讓新的腐敗有機會累積，我們應該做什麼？當新的旗幟從被剛掛上的旗杆上褪下，當宣告新秩序的喇叭聲響猶在耳邊時，這次我們要以什麼為目標？什麼是必要的方向與目標？／我們的工作，除了每天的勞動以外，應該何去何從？」（William Morris, "The Art of the People (1879)", *William Morris on Art and Socialism*, edited by Norman Kelvin, Dover Publication, 1999, p.22〔威廉・莫里斯〈民眾的藝術〉《民眾的藝術》，中橋一夫譯、岩波文庫、一九五三年、一二一一三頁。日文舊字體改為新字體〕）。

⑧「因此藝術的目的在於，透過給予人們可以利用閒暇時間、不會對休息感到厭膩、具有美與趣味的事物，透過給予人們在工作之際希望與肉體上的快樂，讓人們品嘗到幸福的滋味。簡言之，在於讓人們愉快地勞動，並充分休息。從而對人類而言，真正的藝術乃是一種純粹的祝福。」（William Morris,

"The Aims of Art", *Signs of Change: Seven Lectures, Delivered on Various Occasions*, Longmans Green and Co., 1896, p.122〔莫里斯〈藝術的目的〉《民眾的藝術》、四四—四五頁〕）。

⑨吉本隆明〈馬太福音試論〉《馬太福音試論・改宗論》，講談社文藝文庫，一九九〇年。

⑩Alenka Zupancic, *Ethics of the Real: Kant and Lacan*, Verso, 2000, p.5（楚朋絲葛《真實的倫理：康德與拉康》，富樫剛譯，河出書房新社，二〇〇三年，二〇頁）。

⑪必須注意的是，那件「恐怖攻擊」會妨礙我們正視存在我們之中的那種情緒（譯註：欽羨獻身或狂熱者的情緒）。被過度報導的衝突影像與非人道殺戮的殘虐程度，會從這個讓人不想承認的事實轉移我們的目光。而這無異於著了北美某個國家策略的道，此策略便是把這個事件的犯人視為特別，並讓全世界都捲入所謂的「反恐戰爭」中。那件恐怖攻擊的犯人其實沒有什麼特別。而那樁犯罪也沒有什麼特別。那是殺人事件、大量殺人的事件。必須將殺人事件當成殺人事件來調查，並把犯人當成殺人犯來裁決。

第一章　閒暇與無聊的原理論

①Lars Fr. H. Svendsen, *Petite philosophie de l'ennui*, Fayard, 2003, p. 72（拉斯・史文德森《最近比較煩：一個哲學思考》，集英社新書，二〇〇五年，六八頁）。

②Pascal, *Pensees, texte etabli par Leon Brunschvicg*, GF-Flammarion, 1976, §347, p.149（巴斯卡《沉思錄》，前田陽一、由木康譯，中公文庫，章節編號三四七，二二五頁）。

③「解悶找消遣。關於人類許許多多的騷動，在宮廷或戰爭中讓自己暴露在危險或辛勞中，由此產生的許多紛爭、情念，或膽大包天等邪念；我在思考上述問題時，常說的就是人類所謂的不幸來源之一，全都是因為無法靜靜地待在房子裡休息所引起的。若是擁有足以支持生活財產的人，要是能夠開開心心地待在家裡的話，應該就不會跑到海邊或是要塞的包圍前線去了吧。花那麼高的價金購買軍職，也只是因為沒辦法老老實實地待在城鎮裡。尋求社交或賭博這一類的消遣，也只是因為無法開開心心地待在自己家裡的緣故。」（*Ibid.*, §139, p. 86〔同前，章節編號一三九，九二頁〕）。

④*Ibid.*,§139, p. 87-88（同前，章節編號一三九，九三—九五頁）。

⑤“〔…〕le tracat qui nous detourne d'y penser〔à notre malheureuse condition〕 et nous divertit.”（*Ibid.*,§139, p. 87〔同前，章節編號一三九，九三頁〕）。

⑥*Ibid.*,§139, p. 89（同前，章節編號一三九，九七—九八頁）。

⑦“Il faut〔…〕qu' il se pipe lui-meme.”（*Ibid.*, §139, p.90〔同前，章節編號一三九，九八頁〕）。

⑧「就像這樣，所謂的人類，是連在甚至沒有倦怠的理由之際，會因為自我氣質的本來狀態而陷於倦怠的、如此不幸的生物。而且，明明滿是讓自己陷於倦怠的本質原因，但就連打撞球這麼無聊的活動，都能夠充分地成為消遣，要說空虛，莫此為甚。但是，要說是為了什麼樣的目的做這件事，人們會這麼說：那是為了第二天在朋友之間，要炫耀自己比誰誰撞球打得更好。相同地，解開了至今為止誰都解不開的代數問題並想向學者展示，因此在書房揮汗解題。還有為數如此眾多的其他人，為了之後炫耀他們所佔領的要塞，而讓自身暴露於極度險境之中。這要讓我說的話，是一樣的愚蠢。而最後，

還有其他人為了指出上面這些事情而不辭勞苦。這也不是為了要透過洞悉這一切讓自己變得更聰明，只是單純想要展現自己知道這一點。這些人們，**才正是上面這些傢伙中最為愚蠢的**。論其原因，乃這些人明知這是一件蠢事還這麼做。關於前面幾種人，若知道其所行之事的愚蠢，應該就不會成為愚者了。」（*Ibid.*, §139, p. 89〔同前、章節編號一三九，九七頁〕）黑體字為引用者所加。

⑨巴斯卡在寫著關於消遣內容的紙張欄外，記下了「空虛。向他人展示空虛的歡喜」這樣的字句。（*Ibid.*, §139, p. 88〔同前，章節編號一三九，九四頁〕）。這裡所稱的「愚」人，應該就是以此種「歡喜」為生存之糧吧。

⑩「對於苦惱的欲望〔Die Begierde nach Leiden〕無法再忍受無聊、再忍耐自己的數百萬年輕歐洲人，到了發展出為了尋求持續不斷的刺激而有某種欲望之際，我認為他們內心之中有這樣的欲望是沒有錯的。意即，從自己的苦惱之中，找出讓自己採取行動的、最為冠冕堂皇的理由，不計代價都要讓自己更為痛苦的欲望」（Friedrich Nietzsche, *Die frobliche Wissenschaft*, Erstes Buch, §56, Reclam, 2000, p. 80尼采《歡悅的智慧》第一卷，章節編號五六，信太正三譯，筑摩學藝文庫，一九九三年，一二六頁〕）。

⑪Leo Strauss, "German Nihilism" Interpretation, Spring 1999, Volume 26, Number 3, Queen's College, New York（史特勞斯〈德國的虛無主義：一九四一年二月二六日所發表之原稿〉，國分功一郎譯，《思想》第一〇一四號，二〇〇八年十月，岩波書店）。

⑫若將此處所提及之「近代文明」一詞代換為「戰後民主主義」，則這段文字就可直接做為對於生存於

冷戰結束之後日本社會的年輕人之分析。九〇年代以降，年輕世代的右翼化被視為嚴重的問題，這個問題最終可以歸納如下。上一個時代，對於自己所加諸在年輕人身上的各種理念至今沒有任何省察，不過是盲信與盲從這些理念罷了。因此對於謀求能夠因應時代變化答案的年輕人的訴求，完全無法回答。年輕世代憎惡、嘲弄此種偽善，並企圖回歸到上一個世代所否定的價值觀以為對抗。此時浮現的便是「日本」、「傳統」或「愛國心」。但是，年輕世代對於這些被否定的事物一無所知。因此，年輕世代的反動無法超越反動的境界，而收斂為在網路上空虛地重複對於日本鄰近各國國民的歧視發言。原武史在《滝山公社一九七四》（講談社，二〇〇七年）一書中，精采地透過自身經驗，描繪出戰後民主主義的「人人平等」理念在小學中製造出令人恐懼的秩序，而這本書所描繪的戰後民主主義的樣態，必須與其後日本年輕世代的傾向並來加以檢討。

⑬ *The Conquest of Happiness*, p. 15（《羅素——幸福論》，一一頁）。

⑭ 兩位哲學家的討論內容中有相互呼應之處這一點也受到矚目。海德格是強調「大地」重要性的哲學家。羅素也提及了相同的事情。今天的人們之所以不幸的原因，在於缺乏與大地的接觸。「我們是『大地』之子。我們的生存是『大地』的生存的一部分，與動植物相同，由大地中吸取養分」（*Ibid.*, p. 54〔同前、七二頁〕）。若考慮到在此之後海德格與納粹急遽接近這一點，在此時期，反法西斯思想家羅素與海德格同時都在構思無聊論這件事，具有非常重大的意義。無聊論會召喚帶有法西斯主義色彩的解決策略。而羅素應是要起身對抗吧。但是，羅素與海德格提出了共通論點。而納粹取得政權，是緊接在其後的一九三三年。

⑮*Ibid.*, p. 49（同前，六三頁）黑體字為引用者所加。

⑯*Ibid.*, p. 113（同前，一五七頁）。

⑰*Ibid.*, p. 123（同前，一七二頁）。

⑱*Ibid.*, pp. 116-117（同前，一六二─一六三頁），另希望各位參照序章註①。

⑲*Ibid.*, p. 121（同前，一七〇頁）。

⑳「真正的熱情，換言之，其實即不追求遺忘那一類的熱情，是人類與生俱來資質的一部分」（*Ibid.*, p. 132〔同前，一八七頁〕）黑體字為引用者所加。

㉑*Petite philosophie de l'ennui*, p. 83（《最近比較煩：一個哲學思考》，七九頁）。

㉒「意義，可以用種種不同的方式來探求，也可以用各式各樣的方式呈現。意義若存在於某些已經規範好的事物之中（例如宗教共同體），也可能存在於接下來應該要加以實現的事物之中（例如無階級的社會）。此外，可能以集團形式出現，相反地，也有是個人的時候。西洋自浪漫主義時期以降，實際存在的意義完全進入了個人範疇，實現個人的計畫、個人的信念，始有意義。我所理解的『個人的意義』，也可直接稱之為『個人信條』或『浪漫主義』。」（*Ibid.*, p. 42〔同前，三七頁〕）。

㉓所謂在前近代由集團賦予個人意義這一說法，雖然沒有錯，但卻太過於粗糙簡陋。史文德森也承認這一點，並說「在正確發揮機能的社會中，人易於經由人生發現意義，但在沒有發揮功能的社會中，卻非如此」。（*Ibid.*, p. 43〔同前，三八頁〕）。在前近代人們並未苦於缺乏意義、在近代人們則經常缺乏意義什麼的，並無此理。即便說是近代也無法一言以蔽之，由集團賦予個人意義的社會到最近也都

還存在，現在應該也還存在。因此，史文德森所主張的，將歷史發展歸納為前近代＝集團主義的／近代＝浪漫主義的公式，無異是過於粗略的工具。不如說我們應該更有意義地利用他所提出的主題：〈浪漫主義與無聊〉。

㉔ *Ibid.*, p. 83（同前，八〇頁）。

㉕ 此外，如同史文德森所介紹的，浪漫主義問市的時間點，已經有人很明確地指出這個問題點。從當時這個思潮就被認為是有問題的。而明確陳述這一點的，是黑格爾（1770-1831）。簡單摘要整理他的批判如下。浪漫主義者極端拘泥於自我。只看得見自己。因而無法認同除了自己以外的價值。其結果，所有皆成為空虛。因為除了自己以外的事物都是無價值的。繼而浪漫主義者在無價值的空虛之中，隻身一人保持著無上的自我價值。換句話說，是有如在自己所創造出來的空虛王國中，擺出一國之主姿態的暴君一般。但是，因為是身處空虛之中的暴君，他們自己也只會變得空虛。他們所見、所體驗的一切都是無價值的。如此一來，他們當然也只能與空虛相對。理所當然地，最終將陷入無聊中……。

㉖ *Ibid.*, p. 142（同前，一三九頁）。

第二章　閒暇與無聊的系譜學

① 西田正規《人類史中的定住革命》，講談社學術文庫，二〇〇七年。

② 岡村道雄《日本的歷史01：繩文生活誌》，講談社學術文庫，二〇〇八年（此文庫版，是以二〇〇〇年十月被發現的遺跡捏造事件後，重新改寫的改訂版為基礎）。

③在某地製作的石器完成品可能會在該遺跡被使用，反之，在該地製作的石器完成品可能會被帶到遷徙地的其他遺跡，因此在同一遺跡所製作的石器若能夠重新接合回復成原來石頭的模樣，據稱多數僅能修復到三分之一的程度（《繩文生活誌》，三五頁）。這成為佐證在使用一塊原石製作石器的期間，會遷徙到三個不同居住地點的資料。在日本發現了、在不同的遺跡所發現的石器確認是由同一塊原石所製作的「遺跡間接合」，非常有趣而發人深思的事例（同前）。例如在神奈川縣綾瀨市岡遺跡所發現的石器，與藤澤市用田鳥居前遺跡所發現的石器，確認判定是由同一塊原石所製作的案例。此為當時的遊牧移動非常頻繁的具體證據。

④進行遊牧生活的集團今天也存在於世界上。西田報告了在菲律賓的內格里托族（譯註：也稱矮黑人）的營地調查經驗。某次，下了豪雨，水位高漲的河水逼近了營地。判斷有危險的人們，整理好自己的東西、收集好柴薪等，移動到安全的高地去的時間，約僅需要四、五分鐘。「他們即便面對的是偉大的自然力量，也只需要花數分鐘的時間就能夠輕易閃躲迴避」。（《人類史中的定住革命》，一三頁）

⑤應用從考古學甚至到語言學等領域的知識，來尋找日本稻作起源的池橋宏《稻作渡來民：追尋「日本人」形成之謎》（講談社選書專門店、二〇〇八年）一書非常有趣。

⑥《人類史中的定住革命》，四六頁。

⑦據岡村道雄的說法，從考古學上而言，若一個聚落具備了定居住所、垃圾場、墓地三者，則可以定義為定居聚落（《繩文生活誌》，七九—八〇頁）。

⑧《人類史中的定住革命》，三二頁。

⑨同前，三三頁。此外，如同西田也強調的，咒術的世界觀等所謂被視為農耕文化特徵者，不如說應該被視為定居社會的特徵。

⑩同前，三三頁。黑體字為引用者所加。

⑪稍微有點離題，旅行做為最受人們歡迎的休閒活動受到喜愛的理由，也許可由此加以說明。所謂的旅行，就是擬似性的遊牧生活。人們也許有時是透過模擬遊牧生活，來滿足對於遊牧生活時代的憧憬。

⑫Martin Heidegger, *Bauen Wobnen Denken*, Gesamtausgabe, Band 7, Vittorio Klostermann, 2000, p. 149（海德格〈建・居・思〉《KAWADE道之手帖——海德格》，大宮勘一郎譯，河出書房新社，二〇〇九年，一三〇—一三一頁）黑體字為引用者所加。

⑬Martin Heidegger, *Sein und Zeit*, M. Niemeyer, 2006, p. 54（海德格《存有與時間》，細谷貞雄譯，筑摩學藝文庫，一九九四年，上卷，一三三頁）。

⑭Martin Heidegger, *Brief über den《Humanismus》*, Gesamtausgabe, Band 9, Vittorio Klostermann, 2000, p. 358（海德格《關於人道主義的信》，渡邊二郎譯，筑摩學藝文庫，一九九七年，一二九頁）。

⑮Heidegger, *Bauen Wobnen Denken*, p. 163〔〈建・居・思〉，一四六頁）。

第三章　閒暇與無聊的經濟史

①Thorstein Veblen, *The Theory of the Leisure Class*, A.M. Kelley bookseller, 1975, pp. 37-38（托斯丹・范伯倫

《有閒階級論》，高哲男譯，筑摩學藝文庫，二〇〇二年，五〇頁）。
②*Ibid.*, p. 7（同前，一七頁）。
③*Ibid.*, p. 19（同前，三〇頁）此外，范伯倫關於「原始未開狀態」之於和平社會的想法，與過去馬克思
主義者所稱之原始共產制度幾乎能夠相互對應。
④「產生掠奪文化的最低條件，受到產業條件的左右。存在著超過為了衣食溫飽而工作的人們所需的剩
餘——值得透過戰爭去取得的剩餘——在產業體系的效能與效率提升到能夠產出此種剩餘之前，不論
任何對集團抑或是階級而言，掠奪都不可能是常態性的集團策略。同樣地，當武器尚未發達到讓人類
成為令人恐懼的動物之前，掠奪文化亦應不存在。當然在初期，所謂工具與武器的發達，是從兩個相
異觀點出發所看到的同一事實。」（*Ibid.*, p. 20〔同前、三一頁〕）但是，掠奪應該是不管對方有無剩
餘生產物都會發生的吧？我認為范伯倫的說明缺乏說服力。
⑤*Ibid.*, p. 22（同前，三三頁）。
⑥針對「所有」制度的產生，再稍加詳細說明吧。「這是我的東西」如此理所當然的事，也許很難想像
這種想法是從某個時期開始的。但是希望各位試著思考。我們知道自己手上握著的東西是自己的。但
是，現在不在自己手上的東西卻為自己「所有」，又是怎麼一回事？
例如，我們說「所有（擁有）土地」。但是，所有（擁有）土地是怎麼一回事？其上既沒寫著自己的
名字，也不可能把土地握在手中。那麼，為什麼這樣的東西會成為「所有」的對象？
因為記載在登記簿上，這是可以預期的答案。那麼為什麼記載在登記簿上就可以成為所有的對象？因

為藉此法律便保障了所有權。但是，法律是由人類決定的。這是一個重要的論點。要說是怎麼一回事，便是「所有」並不是自然產生的，而是做為一種人類的決定而存在的。換言之，在法律所不及的範圍中，不存在著「所有」。

假設有既不屬於任何國家、也不屬於任何人的土地。即便宣稱「這是我的東西」，萬一之後又有人說「不，這是我的東西」，就無法解決了。只會開始有吵架紛爭。

法律便是為了不要讓這種紛爭發生而制定了所有權。因此，所有絕對不是以自然為基礎的制度。請各位讀者回想起前一章所論及的遊牧生活。遊牧生活者無法擁有眾多財產，也無此必要。生活工具在彼此之間相互借用，食物則在群體內平均分配。當然，會有拿人東西、東西被拿這樣的爭吵，但圈地、積累財貨、財產繼承等。所有權被制度化的社會所特有的行為是見不到的。

⑦「雖然衍生出這樣的有閒階級，但這些職務原本是為了確保正當有閒階級的正面風評，而以代行方式來遂行其閒暇。此種代行性的有閒階級，藉由其所習慣的生活方式與風格的特徵，與固有的有閒階級有所區別。至少也是表面上的，主人階級的閒暇被視為是厭惡勞動性向的解放，抑或是主人本身的幸福或生活滿足度的提升。但是，被免除了生產勞動的傭人階級的閒暇，意即對他們而言是一種被強制的行為。通常抑或是本來，皆不是為了他們自身的愉快舒適而發生。」*Ibid.*, p. 59（同前，七三頁）。

⑧據范伯倫所述，比起女性，發達的代行性閒暇更適合由男性來執行。「如上述，當雇用特別的傭人集團來遂行顯示性閒暇的慣行相當發達之後，為了其中如此明確的炫耀用途，比起女性，男性會是更受歡迎的受雇者。如同穿著制服的僕役或侍從被要求的，尤其是身強體壯外表體面的男性，比起女性看

起來（炫耀的）力道更強大，而且很明顯地，看起來雇主在他們身上也花了更多經費。由於他們能夠代表（雇主）消費了更多時間與資源，因此比女性更適合這份工作。」（*Ibid.*, p. 57〔同前，七〇頁〕）。

⑨ *Ibid.*, p. 58（同前，七一頁）。

⑩ 此種社會「並且充滿了過多的強制與階級之間的同仇敵愾心理」（*Ibid.*, pp. 63-64〔同前，七七頁〕）。

⑪ *Ibid.*, p. 94（同前，一〇九頁）。

⑫ 除此之外，在經濟學上凱因斯在《就業、利息與貨幣的一般理論》（一九三六）這本書中，對利息生活者下了「希望讓利息生活者安樂死」的宣告。（譯註：凱因斯原文是藉由通貨膨脹讓「利息生活者安樂死」）。

⑬ *Ibid.*, p. 15（同前，二六頁）。

⑭ *Ibid.*, p. 93（同前，一〇九頁）。

⑮「此種（製作者本能）會促使人們非難物質或努力的浪費。製作者本能存在於所有的人類內在之中，因此無論是在如何的逆境之中，此種本能都會自行出現。繼而，特定的支出實際上不管有多浪費，為了使用撐場面這種手段，少說也必須在某種程度上找到一個自圓其說的藉口。」（*Ibid.*, p. 93〔同前，一〇八頁〕）。

⑯「在特殊的情況下，此種本能會衍生高貴階級與卑賤階級之間的上下區別，以及對於勇者的喜愛。此

點如同之前各章所指出的。」（*Ibid.*, p. 93〔同前、一〇八—一〇九頁〕）。

⑰「當生活的環境或傳統，帶來了圍繞著效率與效能為中心進行人與人的比較之際；製作者本能終究會在人與人之間帶來引起競爭、抑或是嫉妒的比較。此種比較會發展到何種程度，相當大的部分是由個人的氣質所決定。在此種引起個人間嫉妒心的比較成為慣行的社會中，因為『名譽』具有極大的效用，會演變成追求能夠於外在所見的成功為目的。獲得名譽與迴避惡評，會成為人類的能力證明。以結果而言，製作者本能會導致以競爭心為基礎的力量誇示。」（*Ibid.*, pp.15-16〔同前、二六—二七頁〕）。

⑱Theodor W. Adorno, Veblen Angriff aud die Kultur, *Prismen*, Theodor W. Adorno, *Gesammelte Schriften*, Band 10-1, Suhrkamp, 1997, p.82（阿多諾〈范伯倫的文化攻擊〉《三稜鏡：文化批判與社會》，渡邊祐・三原弟平譯，筑摩學藝文庫，一九九六年，一一三—一一四頁）。因同時併參了《有閒階級論》之日譯本，因而變更調整部分譯文。

⑲阿多諾針對「製作者本能」有以下敘述。范伯倫將「愛好和平的文化」推定為「樂園」。「樂園是實證主義者的困惑來源。即便如此他仍將樂園與工業時代，用相同的人類學分母加以通分，發明出了製作者本能。據他所言，人類在成為罪人以前已經必須額頭流淌著汗水謀求溫飽」。（*Ibid.*, p. 90〔同前，一二五頁〕）。

阿多諾接下來的論點非常發人深省。「今天，文化確實帶著廣告的性格，意即帶著純然欺騙的性格，但對於范伯倫而言，文化本就除了廣告什麼都不是。換言之，文化是權力、戰利品或利潤的誇示」

（*Ibid.*, p. 78〔同前，一〇七頁〕）。

⑳「（中略）找尋充作合於目的之用的能量所抱持的壓力，讓其找到了其他方向的出口。此外，伴隨著有用努力的不名譽，也伴隨著強制性的奴隸勞動的消失，進入了相對不那麼被易於察覺感受到的階段。而自此以後，製作者本能的持續性與一貫性漸次增強，而開始進行自我主張。／隨著最無抵抗感的職業開始產生變化，過去從掠奪行為中看見出口的能量，現在一部分轉向的表面上具有用性的目的。很明顯地，無益的閒暇遭到非難，這一點，尤其是對於生為平民的大部分有閒階級而言，完全中的。因為，由於生為平民的身分，造成他們與所謂『充滿品味的閒暇』（otium cum dignitate）是相當疏遠的。」（*The Theory of the Leisure Class*, p.95〔《有閒階級論》，一一一頁〕）引用部分的末端文字，因原譯本之日文十分難以理解，請各位讀者留意。因而作者參照原文大幅地調整了日語譯文。

㉑本章開頭所提出的另一個問題，意即感到無聊之際，該人是否必定處於有閒狀態這一點，將於次章中檢討。

㉒Paul Lafargue, *Le droit a la parsees*, Ediions Allia, 2003, p.11（拉法格《懶惰的權利》，田淵晉也譯，平凡設圖書館，二〇〇八年，一四頁）。

㉓*Ibid.*, p. 64（同前，六六—六七頁）。

㉔以下所述內容，主要參照栗木安延《美國自動車產業之勞資關係：福特主義之歷史考察》（社會評論社，改訂版，一九九九年）一書。

㉕福特公司成立了名為保安部的部門。這是配戴手槍的武裝暴力集團。保安部又更進一步組織了稱為監

視員的祕密部隊。監視員以一般勞動者的身分在工廠工作，同時負責監視其他勞動者。此外還會潛入工作或共產黨中，執行向公司報告其會議狀況的間諜工作。希望各位參照栗木安延《美國自動車產業之勞資關係》一書第二部第一章的內容。

㉖「在美國，勞動的合理化與禁酒主義毫無疑問地是有所關聯的。資本家為了調查勞動者的私生活、管理勞動者的『道德』，數個經營體所創設的查察機關（如同先前所述利用間諜的監視—引用者註），是在新型態的勞動方式的必要性下的產物。」（Antonia Gramsci, Americanismo e fordismo, *Quaderni del carcere*, Volume terzo, Edizione critica dell' Instituto Gramsci, Giulio Einaudi editore, 1977, pp. 2164-2165〔葛蘭西〈美國主義與福特主義〉《新編　現代的民主》，上村忠男編譯，筑摩學藝文庫，二〇〇八年，三七二頁〕）。此外，葛蘭西接續在此引用文之後，有以下敘述。「若是嘲笑這些新措施（initiative），並僅能視其為『清教主義』（puritanism）的偽善，便自行奪走了理解並掌握美國現象的重要性與意義，以及其客觀價值的可能性。這**也**是企圖以前所未有的速度與至今史上所未見的目的意識，打造出新型態的勞動者與人類的、截至目前為止所出現的、最大規模的集合式努力。」藉由清教主義來說明美國社會的論述經常可見。但是，出現在禁酒令的，是創造新型態勞動者此種前所未聞的計畫（project）。

㉗葛蘭西亦提及了有關性的問題。「另一方面性的問題也與酒精問題有所關聯。**濫用性功能（濫交）或以非常規的方式揮霍性功能，是僅次於酒精中毒的、神經系統的危險敵人**。此外，勞動者有沒有被酒精與女人「纏住」與牽著鼻子走，是被日常性地加以觀察注意的。福特成立查察機關，干涉其

從業員的私生活，企圖從從業員的薪資使用方式來管理其生活方式，便是此種傾向的徵候之一。」（*Ibid.*, p. 2166〔同前、三七五頁〕）黑體字為引用者所加。

㉘ *Ibid.*, p. 2139（同前，三五〇頁）。

㉙「所謂的高薪資，便是在此必要性下的產物。這是選擇適合生產與勞動體系的整體勞動者，與維持上述體系安定的工具。但是，高薪資是雙面刃。必須讓勞動者『合理地』消費增加的金錢才行。增加的金錢應該要被花費在維持、更新，最好是增加他們筋肉與神經的效率上；而不能花費在破壞或損耗這些效率上。而起身對抗破壞勞動力的危險因子——酒精——的責任之所以落在國家身上，其理由也在於此。」（*Ibid.*, p. 2166〔同前，三七四頁〕）。

㉚ *The Affluent Society*, p. ix（《富裕社會》，六頁）。

㉛ *Ibid.*, p. 128（同前，二〇四頁）。

㉜ *Ibid.*, p. 2（同前，一五頁）黑體字為引用者所加。

㉝ 費迪南·拉薩爾《憲法的本質·勞動者綱領》，森田勉譯，法律文化社，一九八一年，一四六—一四七頁。

㉞ *The Affluent Society*, p. 244（《富裕社會》，三八八頁）。

㉟「勞動的報酬不是工作，而是薪水。」（*Ibid.*, p. 249〔同前，三九六頁〕）。

㊱ *Ibid.*, p. 250（同前，三九七頁）。

㊲ *Ibid.*, p. 251（同前，三九八—三九九頁）。

㊳*Ibid.*, p. 252（同前，三九九頁）。

㊴*Ibid.*, p. 252（同前，四〇〇頁）。

㊵*Ibid.*, p. 251（同前，三九八頁）。黑體字為引用者所加。

㊶*Ibid.*（同前）黑體字為引用者所加。

㊷*Ibid.*, p. 250（同前，三九七頁）。

㊸本書雖未觸及處理相關議題，但此種消費模式與環保問題有所關聯這一點，自不待言。「閒暇與無聊的倫理學」此一課題與環保問題亦有所關聯。

第四章　閒暇與無聊的異化論

①「為了要讓豐足成為一種價值，不是要有充分的豐足，而是必須存在剩餘的豐足，必須在必要與剩餘之間維持顯著的差異。這全然是一種浪費的機能。」（Jean Baudrillard, *La societe de consummation-ses mythes, ses strucures,* Denoel, 1970; Collection 《Folio/essais》, Gallimard, 1996, p.52）（布希亞《消費社會的神話與構造》，今村仁司、塚原史譯，紀伊國屋書店，一九九五年，四二頁）。

②「消費的對象不是物質的物／生產物這一點，必須清楚地先行敘明。上述的物與生產物，不過是必要與滿足感的對象。在所有的時代中，人們雖然購買、擁有、享受與使用，但那絕不是『消費』。『史前人類』的祭祀、封建領主的浪費、十九世紀布爾喬亞的奢侈，這些都不是消費。」（Jean Baudrillard, *Le systeme des objets*, Gallimard, 1968; Collection 《Tel》, Gallimard, 1978, pp. 275-276〔布希亞《物體

系》，宇波彰譯，法政大學出版局，新裝版，二〇〇八年，二四五—二四六頁〕）。

③「消費無界限這一點可以藉此說明。若消費是人們可以樸素踏實地接受，換言之吸收、貪圖的，那麼人人們必須因此而達到滿足才是吧。若消費是相對於必要體系的存在，人們必須尋求一種滿足才行。但是我們知道並非如此。人們漸次希望期待的是更多的消費。對於消費的此種強迫衝動（如同至今為止一直在喝酒的人還要繼續喝）既不是由某種心理上的命運所導致，也不是基於社會的威信此種單純的強制。若將消費視為無法抑制割捨的行為，那是因為消費是與必要的滿足，或是現實原則皆毫無關係，是一種完全觀念論的行為之故。」（*Ibid.*, p. 282〔同前，二五一頁〕）。

④*Ibid.*, p. 277（同前，二四六頁）。

⑤布希亞舉出以下這些廣告的例子。「請根據你的喜愛，從七十六色六七九種內裝的賓士中，選出你的賓士。」「發現自己的個性並加以發揮，如此一來就會找到專屬於你的樂趣。為達此目的只需要一點點改變。我經過很長時間終於注意到了。若讓頭髮的顏色稍微明亮一點點，就會與我的皮膚與眼睛的顏色產生最完美的和諧。」他對於這些廣告的內容，有以下加入了諷刺的評論。若那個人是自己的話，為什麼需要「真正地」成為自己？若虛假的「自己」是存在的，那麼光是加一點「稍微明亮一點的髮色」，就足以收復自己嗎？（*Le societe de consummation*, p. 123〔《消費社會的神話與構造》，一一二頁〕）。

⑥有必要再度論究消費社會中的「個性」問題。土井隆義分析了流行歌曲強制孩子們「產生對only one的強迫觀念」的狀態。孩子們不管是誰都有夢想與個性，並被嚴重強迫接受到必須成為「獨一無二的

自己」的觀念。（《「個性」被煽動的孩子們：親密圈變化之思考》，岩波書店，二〇〇四年）。

⑦*Le systeme des objets*, pp. 282, 283〔《物體系》二五一、二五二頁〕）。

⑧*Le societe de consummation*, p. 99〔《消費社會的神話與構造》，八六頁〕）。

⑨Marshall Sahlins, *Stone Age Economics*, Aldine-Artheton, 1972（馬歇爾・薩林斯《石器時代經濟學》，山內昶譯，法政大學出版局，一九八四年）。

⑩*Ibid.*, pp. 30-32（同前，四二—四五頁）。

⑪*Ibid.*, p. 14（同前，二四頁）。

⑫*Ibid.*, p. 34（同前，四九頁）。

⑬*Ibid.*, p. 27（同前，三九頁）。

⑭佐原真指出，薩林斯不過是舉出了生存在最優渥環境中的食物採集民族為例子；一般而言，食料採集民族較食料生產民族來得貧困（佐原真《衣食住的考古學：佐原真的工作5》，岩波書店，二〇〇五年，二〇頁）。如同佐原所述，狩獵採集民族並不是活在天堂之中。但是，即便如此，薩林斯論述的重要性仍然維持不變。狩獵採集民族生活的豐富與他們的浪費生活連結在一起；這一點，對於反轉生活在消費社會之中的我們的價值觀，是有所助益的。

⑮「與數個史前未開化社會的例子相反，我們生產至上主義的產業社會是由稀少性所支配，被做為市場經濟特徵的稀少性此種觀念，陰魂不散地糾纏不休。我們的生產越是增加、越處在豐富的物質之中，便離可以被稱之為豐足的最終階段（中略）更確實地越是遙遠。（*Le societe de consommation*, p. 90

〔《消費社會的神話與構造》，七七頁〕）。

⑯在尚盧．高達的電影《德國玖零》（一九九一）中，因冷戰結束而不得不由東德回國的西方間諜雷米．寇遜（Lemmy Caution），聖誕節前夕看著店家的櫥窗如此喃喃自語：「隨著聖誕節，恐怖也會一起到來。店裡堆滿了廢物，找不到必要的東西。」

⑰消費理論「支配著文化全體、性行為、人際關係、幻覺，甚至是個人的衝動。」（*Ibid.*, p. 308〔同前，三〇二頁〕）。

⑱*Ibid.*, p. 248（同前，二三五頁）黑體字為引用者所加。

⑲*Ibid.*, p. 249（同前，二三六—二三七頁）。

⑳「餘暇中的時間並不是『自由』的時間，而是被支出的時間，不能說是全然的無益與徒勞。其理由在於，這樣的時間在社會層面的意義上，對個人來說是生產地位的時間。」（*Ibid.*, p. 249〔同前，二三六頁〕）。

㉑「消費人類，將自己本身視為被賦予享受義務的存在，以及享受與滿足的實踐。（中略）對於消費者意即現代社會的市民而言，要逃離此種幸福與享受的強制是不值一提的。此種強制力，與在新的倫理關係中勞動與生產等傳統強制力是相同的。現代人勞動的生產時間雖然越來越短，但花在自身的欲求與安樂之上的持續不斷的生產與改良上的時間卻越來越多。他必須留心，不論何時都要動員自己所有的潛力與消費能力。若忘了這件事，他應該會平穩但強烈地領會到自己是如何的幸福。因此，說現代人被動是不正確的。他們經常在行動，也必須是主動的。若非如此，就會變成甘於自己所擁有之物，

而冒著成為反社會存在的風險。」（*Ibid*., pp. 112-113〔同前，九九－一〇〇頁〕）。

㉒例如革命鬥士切．格拉瓦，現在已經完全被當成是一種形象／商品。

㉓這部電影彷彿包含此種概念，描寫了泰勒所組織的破壞工作。破壞的場面流洩著喜劇性的音樂，散發著陳腐的氣氛。最終計畫實踐的場景也是徹底的漫畫化。

此外，還希望指出這部電影不僅描寫了對於痛苦所抱持的欲望，也描寫了對於被組織、被賦予規律這些事情的欲望。組織成員們必須嚴守絕對的保密主義（在組織內也不能提問），在對於自己為何要接受訓練、執行作業皆不知情的情況下，光是執行泰勒的命令就感到喜悅。每天的生活雖然是大恐慌，但既沒有世界大戰也無經濟大恐慌。他們藉由被賦予使命而得以從恐慌中「解放」。繼而，被賦予的使命內容不管是什麼都無妨。只要有自己是在參與什麼重大計畫的感覺就足夠了。請各位讀者回想起第一章所介紹的巴斯卡定理。只要能排遣無聊，消遣是什麼都無所謂。

㉔*Ibid*., p. 306（同前，三〇〇頁）此外，對讀著布希亞頑固古板、某種意義上甚至可以說是保守的消費社會批判論的我們而言，可能有些驚訝，他的理論其實是被視為對於消費社會的擁護。這一點不論是在過去或現在，都無異於論及布希亞的眾人實際上一點都沒讀過他著作的證據。此外，我還希望指出，他的著作被巧妙地導演出消費社會的資本家們視為正面材料，並加以活用。例如堤清二（譯註：西武集團第二代。日本實業家、小說家、詩人）因讀了布希亞的《消費社會的神話與構造》而打造出無印良品是非常有名的故事。

㉕若是如同高伯瑞一般信奉「富裕社會」的一千人等，相對於此種感情，應該會說「要順應富足談何容

易」吧。（*Ibid*., p. 280〔同前，二六八頁〕）把在消費社會中無法適應的人當成笨蛋、建議大家要駕馭記號的論者將不絕於途。但是，他們只是沒有注意到在消費社會之中，自己也在忍耐這一點罷了。

㉖此處希望指出的是布希亞消費社會論的問題點。他看到了消費社會中的「現代的異化」。而且於此同時，也注意到此種「異化」概念所具有的危險性。舉例來說，透過倡議樸素生活來批判消費社會的做法，他將其稱為「道德主義」加以批判。此外，對於讓「因資本主義的波瀾而脫序的人類生存」以及「應該恢復的、穩定的本來人性」此兩者對立的討論也非常感冒。他稱此種討論為「冒牌哲學」。但是，他的警戒心似乎沒有堅持到最後的最後。

為什麼可以說消費社會是帶來異化的社會呢？布希亞是如此回答此一反論的。要說為何消費社會是異化的社會，其理由在於此一社會是「壓抑的社會」之故。在現代社會中，失範（anomie）、不可解的暴力、憂鬱症狀（疲勞、自殺、神經官能症）橫行。而正這是上述主張的證據。（*Ibid*., p. 280〔同前，二六八頁〕）。

這麼說當然沒錯。確實，強制消費者有所謂「選擇的自由」可以說是一種壓抑吧。在消費社會中流通的、被消費的觀念（例如「個性化」），也可以說給了人們莫大的壓力。也許可以說這樣的狀況，比四十年前他的消費社會論問世之際，更加嚴重。

但是，這恐怕不是一個充分的答案。論其原因，因為論點若停在消費社會促使失範、不可解的暴力或憂鬱狀態的產生，等於是說從前的社會不存在這些狀況。而會演變成應該要恢復從前社會狀態的論述。

實際上，好似有讓布希亞被（誤）以為是輕浮的消費社會擁護論者的篇章（到底為什麼），實情是完全相反的；他肯定既有法蘭西的左翼思想與舊有美好秩序的面向非常強大。即便布希亞在八〇年代的日本被如此廣泛地討論，這一點卻沒有完全被解讀，至今也沒有被理解。也因此，他所堅持的消費與浪費之間的區別，沒有被任何人言及。我希望能夠強烈地主張這一點。

其實布希亞有以下敘述。消費社會所帶來的、新的社會強制，「只能以新型態的、解放的要求加以因應」（*Ibid.*, p. 281〔同前，二六九頁〕）。起碼他明示了，不是依憑「應該恢復的、穩定的本來人性」，而是尋求「新型態的要求」的出現。

他提到了解放。因此提出了相對於消費的浪費概念。

問題在於，布希亞並未明示何謂此種「新型態的解放」。他感嘆此種「解放」的要求於今徒然產出了拒絕消費社會此一型態。（*Ibid.*, p. 281〔同前，二六九—二七〇頁〕）若是如此，與此相異的所謂「新型態解放」是可能的嗎？他並沒有打算觸及這個問題。

這也許是癡人說夢的批判。但是，在使用異化此一詞彙時，必須意識到這一點。僅是論究消費社會的否定面，則消費社會之前的社會，會搖身一變成為應該被恢復的、應該回歸的「本來的社會」，悄悄地抬頭。

㉗今村仁司「解說」、帕本海姆《近代人的異化》，栗田賢三譯，岩波書店，同時代圖書館，一九九五年，一七〇頁。

㉘Jean-Jacques Rousseau, *Discours sur l'origine et les fondements de l'inégalité parmi les hommes*, Œuvres complètes, Volume III, coll.《Pleiade》Gallimard, pp. 151-152（盧梭《論人類不平等的起源和基礎》，中山元譯，光文社古典新譯文庫，二〇〇八年，九六—九七頁」）。

㉙此外，霍布斯所稱「萬人對萬人的戰爭 bellum omnium contra omnes」之自然狀態，要附加說明並非二十四小時都是槍聲隆隆的狀態。而是經常性地被「也許會有危險」的疑惑所支配的狀態，而因此容易發生具體的鬥爭、戰爭的狀態，這便是霍布斯所認為的自然狀態。霍布斯還用了另外一個表述自然狀態的語句「人之於他人是狼（即人與人的關係猶如狼與狼的關係，homo homni lupus）」，描寫出他眼中的自然狀態性質。這是與「看到人就覺得是小偷」意義相近的拉丁文警句，霍布斯認為自然狀態正反映了這個警句的狀態。見到誰都覺得可疑。而這是由「希望的平等」所支配的自然狀態。（霍布斯《利維坦》（中文又譯為《巨靈》、《巨靈論》），水田洋譯，岩波文庫，改譯版，一九九二年）。

㉚霍布斯的理論，經常在與社會契約締結相關之處被批評為非現實的理論。換言之，在自然狀態中的人類，大家一起說「預備，起！」後放棄自然權等，是不可能的。關於這一點，霍布斯確實沒有順利將其理論化。但是，突破這一點超越霍布斯的理論後所注意到的，這種說法何嘗不是一種淺見。霍布斯對於自然狀態的描寫是極為寫實的。尤其是利用人類的平等此一事實來說明無秩序這一點，是非常難以反駁的。

此外，也必須注意到，霍布斯並未僅以社會契約來說明國家的成立。霍布斯關注國家成立的過程，區別「設立而成的聯邦（commonwealth）」與「征服而得的聯邦（commonwealth）」兩者的不同（commonwealth在此處單純指「國家」之意）。前者即所謂透過社會契約而成立的國家。相對於此，後者則是某個共同體征服了其他共同體而成立的國家。而霍布斯主張以上兩者之一，都是具有正當基礎的國家。

這代表什麼意義？希望大家回想起自然狀態的討論內容。在自然狀態中，人們相互之間的不信任蔓延，人們集社結黨，還會征服也許對自己有威脅性的其他人類集團。換言之，「征服而得的聯邦」是可以合理地從自然狀態論中引導出來的國家成立理論。

這樣一來必須如此思考。現實中有可能的是「征服而得的聯邦」。人們生存在自然狀態之中，便會重複征服與被征服的過程。若共同體有了一定的規模，導致勢力均衡、但又不是完全安定的狀態，便會產生比較安定的共同體間的秩序。國家由此而產生。

那麼為什麼霍布斯又要主張社會契約論，以及「設立而成的聯邦」呢？其理由也很明白。經由重複征服而形成的國家，在取得相對的安定之後，便必須正當化自身的存在。必須向自己的臣民說明，你們遵從這個國家的權力是正當的。此時被利用的就是「設立而成的聯邦」這個概念，以及社會契約這個幻想（fiction）。

換言之，是企圖擔保既存國家的正當性，而提倡社會契約論，該說果然因為他是哲學家，或是老實人呢？是將實際的國家成立加以理論化。這實在是令人驚訝（也令人微笑）的一件事。

因此我們可以這樣總結。國家在現實世界中是以「征服而得的聯邦」的方式形成的。而此種國家產生之後，再以附加的方式，端出社會契約或「設立而得的聯邦」的概念，來正當化自己的存在。社會契約是近代的概念，在從前的歷史中則由神話等來負擔此正當化的任務。

例如，過去在日本列島，各豪族持續不斷的勢力鬥爭（自然狀態）。其中某個豪族獲得了重大的支配權（「征服而得的聯邦」的成立）。支配權穩定之後，藉由《古事記》等史書來確立自身的正當性（相當於「設立而成的聯邦」的建國神話）。

霍布斯的理論一點也不非現實。而應該視其為寫實而誠實的理論。

㉛ Rousseau, *Discours sur l'orgine*…,p.146（《論人類不平等的起源與基礎》，八四－八五頁）。

㉜ *Ibid.*, p. 161（同前，一一八頁）。

㉝「若有誰將我從至今一直住的樹上趕下來，那我只要從那棵樹上下來，另找一棵樹就好了。即便某個人可以讓我在某個地方感到痛苦，這個人也無法妨礙我移動到他處去吧。即便是遠比我強壯，而且既邪惡又懶惰兇暴的人，也無法自己什麼都不做，要我幫他背負生活的重擔吧！」（*Ibid.*, p. 161〔同前，一八一頁〕）。

在理解這個邏輯之後，馬克思在《資本論》中所舉出的悲喜劇的例子應該可以做為參考。經濟學者E．G．韋克菲爾德在殖民地經濟的研究過程中，發現資本不單單是物質，也是一種以物質為媒介的、人與人之間的社會性關係。「即便擁有貨幣、生活手段或機械，以及其他生產手段的所有（權），若缺乏附帶的薪資勞動者，意即不得不透過自由意志出賣自己的他人，便尚不能將人類烙上資本家的印記證明」。換言之，**單單只是擁有金錢或物質，無法讓人成為資本家**。無法將他人當成勞動者而聽命於自己。

而馬克思所舉出的例子，便是韋克菲爾德所介紹的皮爾先生的例子。他將價值五萬英鎊的生活手段與生產手段，從英國帶到位於西澳的天鵝河（sawn river）。「皮爾先生與其他勞動階級的男女孩子三千人同行，準備的非常萬全。到了目的地之後，『為皮爾先生鋪床、汲取河水的傭人一個也沒有』。雖然什麼都準備了，但就是忘了將英國的生產關係給輸出到天鵝河的、不幸的皮爾先生！」（Karl Max, Das Kapital, Erster Band, Dietz, 1974, p. 793〔卡爾・馬克思《資本論》，向坂逸郎譯，岩波文庫，一九六九年，第三分冊，四二〇頁〕）。

「英國的生產關係」也可以置換為「社會狀態」一詞吧。若是沒有藉由利害關係或法律所構築起來的、固定的社會性關係，奴役從屬或壓制就無法發揮實質的作用（例如，為了要養活家人，即便沒有符合自己身分或資格的勞動條件，也必須工作等等）。在這一層意義上，奴役從屬或壓制是以社會狀態為前提，因此，並不存在於自然狀態中。

㉞當然，若因「自然的發生／遭遇」所造成的被害程度極為巨大，應該也不可能當作「無可奈何」吧。會將自然視為一個「人格」（譯註：如法人格等），而產生憎惡怨恨大自然的心理機制。更有甚者，會開始尋找大自然此一人格對自己抱持惡意的理由，必然是因為自己做錯了什麼，大自然才會懲罰自己，靠這麼想來讓自己接受現狀。這也是（崇敬）自然的宗教的產生機制。

㉟「在自然狀態中不存在利己。（中略）利己，是與自己力所未逮／不及之物事比較時才會產生，很難想像這樣的情感會萌芽於野人的靈魂之中。基於同樣的理由，野人應該也不抱持著憎惡或報復的情感吧。（中略）簡要來說，野人對於他的同胞，只會用與對其他動物同樣的眼光來看待。雖然會有從較弱的對手手中奪取獵物，並對較強的對手獻上獵物的狀況，但只會把此種掠奪行為視為一種自然的循

環。因此，不會感到驕傲或怨恨。」（Rousseau, *Discours sur l'orgine*...,p.146〔《論人類不平等的起源與基礎》，二五七—二五八頁〕）。

㊱更進一步說，即便是在社會狀態中，若在不認為彼此是平等的成員之間，也不會產生同樣的怨恨或驕傲。舉例而言，我們努力工作所賺來的金錢，以「稅金」的形式被國家奪走。這是掠奪。要給這種行為一個理由的話，若說因為牽涉金錢的移轉，便可稱其為掠奪。但是，若認為「無可奈何」，這等於承認國家與自己在社會狀態中，並不是兩個平等的成員。當然不認為是「無可奈何」的人就會有逃漏稅的行為，若不認為是「無可奈何」的人大幅增加的話，便會產生革命。

㊲吉爾．德勒茲解說盧梭的自然狀態而有以下敘述。「若假設處於自然狀態下，人類便不可能是邪惡的。論其原因，因為要讓人類的邪惡與惡行存在的客觀條件，並不存在於自然之中」。他引用了盧梭以下的說法。「人類若是一見面就要相互攻擊的話，他們大概就極難碰到彼此了，所到之處皆是戰爭。但大地卻是和平的。」相對與此，「社會，會不斷地將我們置於邪惡所喜好的狀況中。因為虛榮心作祟，我們會相信自己生性邪惡。但是，實情遠比此更棘手。我們在不知道、甚至毫無警覺的情況之下變得邪惡。當我們成了某人的繼承人的時候，在無意識之間，無論如何不去希望某人死去是很困難的。」（Gilles Deleuze, Jean-Jacques Rousseau precurseur de Kafka, de Celine et de Ponge, *Lile deserte et autres textes*, Minuit, 2002, pp. 73-74〔吉爾．德勒茲〈卡夫卡、塞利納與蓬熱的先驅者——盧梭〉，《無人島 1953-1968》，宇野邦一譯河出書房新社，二〇〇三年，一〇七—一〇九頁〕）。

㊳Rousseau, *Discours sur l'orgine*...p.123（《論人類不平等的起源與基礎》，三六頁）。

⑲《大辭泉》「本來」項下。

⑳簡單說明一下吧。被稱為馬克思的異化論者，主要是指寫於一八四四年的《經濟學．哲學手稿》中所開展的理論。這部分的文字內容，在一九三二的《馬克思．恩格斯全集》才首次公開發表。其後，隨著思想界的存在主義傾向越形顯著，馬克思的異化論引發高度關注，在四〇年代後半至六〇年代具有重要影響力。

例如馬克思在其中有以下敘述。「異化，不僅是在生產的結果，也出現在生產的行為之中，以及生產活動的內部。（中略）那麼，勞動的外化，實質上到底存在於何處。／第一，勞動對於勞動者而言，是外在的；意即，勞動並不屬於勞動者的本質，因此他們在自己的勞動之中不是被肯定而是被否定，感覺到的不是幸福而是不幸。發展不出自由的肉體與精神能量，而是讓自己的肉體被消耗、精神遭摧殘。因此，勞動者在勞動的外部方始感覺到自己的存在，而勞動則是在自己以外的存在。（中略）因此他的勞動不是自發的而是遭強迫的、強制勞動。」（Karl Max, *Okonomisch-philosophische Manuskripte (1844)*, Karl Max Friedrich Engels Gesamtausgabe, Erganzungsband, Erster Teil, Dietx, 1974., p. 514〔馬克思《經濟學．哲學手稿》，城塚登．田中吉六譯，岩波文庫，一九六四年，九一—九二頁〕）

在寫作《經濟學．哲學手稿》之際的馬克思，一般被稱為「初期馬克思」。恩格斯整理概括馬克思的思想，並有正是由他發現了歷史唯物主義此種**歷史法則**的敘述。在此之前，馬克思的思想主要是做為闡釋資本主義法則的內容來解讀。

但是，從上列引用文字我們可以清楚得知，在初期馬克思思想中，著眼於人性的觀點以異化論的形式大大地展現出來。因此，《經濟學．哲學手稿》的思想，被視為呈現出嶄新馬克思面貌的著作而大受歡迎。其結果，《資本論》中原本至當時未受如此重視的以下內容，開始吸引讀者的注意。

「資本主義體制的內部，為了提高勞動社會生產力的所有方法，是以勞動者的犧牲來實現，為了生產發展的所有手段，都轉變為生產者的支配搾取手段；使得勞動者畸形地成為局部人類，將其貶低為機器的附屬品，使勞動者受勞動折磨，破壞其勞動的內容；而且，隨著科學成為獨立的力量並與勞動過程結合，而使得勞動過程中的精神性與勞動者產生異化，這些手段使得勞動者的勞動條件更形惡劣，使其在勞動過程中屈服於最為卑劣的專制，將勞動者的生活時間轉化為勞動時間，並把勞動者的妻子兒女都拋到資本的札格納特車論之下（中略）。」（Karl Marx, *Das Kapital*, Erster Band, p. 674〔《資本論》第三分冊，二三一頁〕）。

資本主義下的工廠勞動者被強制從事特定作業，意即成了工廠設備的一部分，被當成其零件，「畸形地成為局部人類」。馬克思將此稱為被異化的勞動。

㊶Fritz Pappenheim, *The Alienation of Modern Man*, Monthly Review Press 1959（帕本海姆《近代人的異化》，岩波書店，同時代圖書館，一九九五年）。帕本海姆的書在一九五九年於美國出版。因當時在美國《經濟學．哲學手稿》一書還沒廣為人知，帕本海姆嘗試在同書中在本國導入異化論的思想。

㊷但是，帕本海姆所參照的滕尼斯的思考方式未免太過通俗。共同社會與利益社會的思考方式是一種偏見，只要受限於此種偏見，便絕對看不見社會中各類問題的解決方案。安富步指出，中國社會缺乏「共同體」（＝gemeinschaft）等的強固集團，但具有強烈的網絡（network）性，而提案應以所謂共同

體／市場兩者對立的其他架構來思考社會。（安富步《經濟學的啟航》，NTT出版，二〇一〇年，二七頁）。

㊸「馬克思雖然力主被異化的勞動的危險，以及其將威脅到人類的自由，但絕對不僅止於看到異化否定性與破壞性的一面」（*The Alienation of Modern Man*, p. 91〔《近代人的異化》一〇四－一〇五頁〕）。

㊹「他（馬克思）與黑格爾相同，懷抱著人類透過異化的痛苦，與經歷克服異化的戰鬥，便可以回歸自我的確信。據馬克思所言，這**賦予了勞動過程真正的意義**。人類將自身能量投放至外部世界。人類生命滲入生產物中，並被「客體化」。（中略）生產物不僅止步於生命的外側，而是在生命內部被再度統合之際，兩者之間的裂縫將會癒合。」（*Ibid.*, p. 91〔同前，一〇五頁〕）。

㊺Hannah Arendt, *The Human Condition*, University of Chicago Press, 1958; 2nd ed., 1998（漢娜・鄂蘭，《人的條件》，志水速雄譯，筑摩學藝文庫，一九九四年）。

㊻「不論是《資本論》的第三卷，或是青年馬克思的著作中，都出現了某個基本的矛盾。馬克思對於勞動的態度，從而對於其思想唯一的中心概念的態度，始終是模稜兩可的。勞動是『自然的永恆必然性』，是人類的活動中，最具人性、最有生產力者；而據馬克思所言，革命不是要解放勞動階級，毋寧說是要以將人類從勞動中解放出來。」（*Ibid.*, p. 104〔同前，一六〇頁〕）。

㊼在《人的條件》一書中，不僅提到「勞動」（labor）與「工作」（work），還加上了「行動」（action）做為三分法，來討論人類的「行動生活」（vita activa）。以下加以概要說明。

所謂「勞動」，是與生產由人類的肉體所消費的必要之物相關的活動。例如食物或衣料的生產即屬此類。

相對於此，所謂「工作」，指的是與創造獨立於人類個別的生命之外，會在世界中持續存續之物事相關的活動。藝術作品的創造便是其典型。即便不是物理性上存在的物質，創造出如法律制度或經濟體系的活動／過程也屬於「工作」。若考慮獨立於人類的生命之外存續，可以被跨世代運用的物事的話，那麼工具的生產亦屬此類。因此「勞動」與「工作」的分別是相對的。例如即便是同一把椅子，據其是被當成使用的對象或消費的對象，也會決定其是屬於「勞動」的對象，抑或是轉變為「工作」的對象。（*Ibid*., pp. 136-137〔同前，二二四—二二五頁〕）。

最後所謂的「行動」，則指與必須維持多數生存的人類命運相關的活動，換言之即是政治。而這正是鄂蘭想要強調的部分。

據鄂蘭所述，在近代所謂由「行動」據於頂點的金字塔（hierarchy）傾覆倒轉，成了稱頌至今應被輕蔑的「勞動」的時代。此種傾覆倒轉始於洛克（1632-1704）發現勞動是所有財產的來源之時。亞當·斯密（1723-1790）強力倡議相同主張讓勞動的評價持續上升，並在馬克思的思想中達到了頂點。（*Ibid*., p. 101〔同前，一五七頁〕）。

過去勞動是受到輕蔑的對象此一主張，本書也參照了范伯倫著作加以確認。為了確認此一命題，引用數段鄂蘭的文字。

「對於勞動的輕蔑，原本產自於為了從必然（必要）中得到自由的、劇烈的努力，不管是遺跡、紀念碑，或是值得記憶的偉大作品也好，都是因極端無法忍受什麼都不會留下的辛苦勞動的、此種厭惡感而產生的。」（*Ibid.*, p. 81〔同前，一三五頁〕）。

「由於只會由奴隸來執行，所以在古代勞動與工作都是被輕蔑的此一意見，是近代歷史學家的偏見。古代人的想法正好相反，因為負責維持生命所需的必要之物的所有職業，都具有奴隸性格，因此才必須蓄奴。而擁護奴隸制度之所以被正當化，其根據也在於此。」（*Ibid.*, p. 83〔同前，一三七頁〕）。

「古代的奴隸制度，既不是為了取得廉價勞動力的制度，也不是榨取利潤的工具，其實是企圖從人類生活的條件中排除勞動的一種嘗試。」（*Ibid.*, p. 84〔同前，一三七頁〕）。

㊽「他們將工作與勞動等同視之，因此將原本僅有工作所具有的數種能力，也賦予在勞動之上。」（*Ibid.*, p. 84〔同前，一五七頁〕）。

㊾*Ibid.*, pp. 104-105（同前，一六〇頁）。

㊿*Ibid.*, p. 104（同前，一六〇頁）。

(51)（*Ibid.*, p. 87, note 17〔同前，二〇四頁註17〕此外，在《人的條件》的英文原文中，鄂蘭直接以德文，引用了馬克思下面這段文言文：Das Reich der Freiheit beginnt in der Tat erst da, wo das Arbeiten… aufhort.從其中的中略符號，我們可以清楚得知，便是鄂蘭有意圖刪除的部分「由需求與外在目的規定的」。日文譯本並未在翻譯中呈現出中略符號，因此看不出此一事實。

(52)舉另一個例子吧。鄂蘭從馬克思的《德意志意識形態》一書中引用以下文字：「因此問題在於，不是要解放勞動，而是要揚棄勞動。」而這一節又代表著與鄂蘭所述全然相反之意。鄂蘭的目的可說是司馬昭之心了吧？「揚棄」（aufheben）不代表「廢止」之意乃是學習哲學者的常識。（譯註：德文aufheben在哲學領域固定譯為揚棄，為黑格爾哲學鍾愛的詞彙之一，既有頌揚、亦有捨棄。揚棄之意為繼承發揚內部積極合理因素，拋棄否定內部消極與喪失必然性因素，是發揚與拋棄的統合）（*Ibid.*, p. 87, note 17〔同前，二〇四頁，注17〕）。

53 Karl Max, *Das Kapital*, Dritter Band, p. 828（《資本論》第九分冊，一六—一七頁）。

54 Karl Max/ Friedrich Engels, *Die Deutsche Ideologie*, hrsg. von Waratu Hiromatsu, Kawadeshobo-shinsha, 1974, p.34（馬克思、恩格斯《德意志意識形態》，花崎皋平譯，合同出版，改裝版，一九九二年，六八頁）。

55 與馬克思相較，必須說鄂蘭具有更為顯著的本來性志向。當其提到「行動」、「工作」、「勞動」的金字塔在近代傾覆倒轉時，鄂蘭所心儀描繪的是「活動」據於優越地位的古希臘民主制度。此外，鄂蘭稱隨此傾覆倒轉，私領域與公領域的區別消失、出現了社會領域此一新領域。「活動」的、繼而原本屬於政治領域的公領域，被併吞至社會領域一事，便是對於鄂蘭而言的近代。鄂蘭是極為慎重的著述家，《人的條件》的論述在如此摘要的內容下無法讓人易於接受。但是，其稱「行動」、「工作」與「勞動」的金字塔傾覆倒轉，對於「勞動」由輕蔑轉為稱頌，並猛烈批判論及「勞動」的最大思想家馬克思，由這一點看來，我們當然很難否定鄂蘭對此「傾覆倒轉」下了否定的價值判斷。對於鄂蘭而言，近代人的異化，是應該以人類「本來」的樣貌加以克服的。因而，以本來性為基礎來討論異化此一現象的鄂蘭，也認為同樣的模式適用於討論馬克思。

56 **無本來性的異化**的概念，對應到一九六〇年代的法國哲學，意即「法國現代思想」（譯註：指第一次世界大戰前後至二十世紀的法國哲學或思想）中被廣泛討論的、**無同一性的差異性**的概念。通常，我們所稱的差異，是在某物與某物之間所看出的不同。替換為哲學的說法，可以認為是存在著與自己同一（l'identique）的事物，而在其間看出差異（différence）。在這種狀況下，差異是相對於與自己同一的事物的次要概念（secondary）。但是，對於自我同一性的概念抱持疑問的、當時的法國哲學家們，特別是吉爾．德勒茲，企圖考察沒有次要性的、「純粹的差異的概念」。企圖考察先於自我同一性的差異。

我們在考察無本來性的異化的概念時所使用的相同方式，也適用於此。異化，首先是存在著自我同一性的狀態、即本來性的狀態，因脫離這樣的狀態產生偏差，也就是產生了差異。只要局限於這樣的思考模式，在論及異化時必然會訴諸回歸本來性。但是，透過解讀盧梭或馬克思很清楚的是，原本論及異化的哲學家們採取了不同的路徑來思索這個問題。

如同這樣再次檢視無本來性的異化的概念，所謂無同一性的差異的概念，既不是單純的文字謎語，也不是抽象的哲學遊戲，而具有強烈的政治意涵。

其具有開展新的政治觀點與視角的各式各樣可能性，而異化概念的再檢討也是其中之一。但是，關於這一點，在「法國現代思想」的流行之中完全沒有被討論。在日本也特別是如此。本章雖然對當時的哲學家們開了頭，但卻幾乎沒有討論留下來的課題所提出的答案，也是對於沒有著眼於此一課題的當時思潮的抵抗。

關於無同一性的差異概念的哲學基礎，請各位讀者參照以下論文。國分功一郎「譯者解說」（吉爾．

德勒茲《康德的批判哲學》，國分功一郎譯，筑摩學藝文庫，二〇〇八年）。

第五章　閒暇與無聊的哲學

①「哲學就是一種鄉愁。是不管在哪裡，都希望想像待在家裡一樣的一種衝動。（Die Philosophie ist eigentlich Heimweh, ein Trieb überall zu Hause zu sein.）（Martin Heidegger, *Die Grundbegriffe der Metaphysik: Welt-Endlichkeit-Einsamkeit*, Gesamtaus-gabe, Band 29/30, Vittorio Klostermann, 1983; 3. Auflage, 2004〔海德格《形上學導論：世界—有限性—孤獨》，海德格全集第29／30卷，川原榮峰、Severin Muller 譯，創文社，一九九八年，一二頁〕）

諾瓦利斯想說的，大概是如下的內容。哲學是處理具普遍性事物的思想。真理、自然、本性，或是原理。哲學意味著關於**不管到哪裡都通用**的概念的思考。若沉浸在只有在自己故鄉才適用的想法中，譬如那個人離開故鄉到了大都會、在其他的地方生活，應該就會對自己的故鄉抱持著鄉愁吧。因為生活在自己的想法不適用的土地上。而哲學也具有、生活在自己想法適用之處的衝動。但與此同時，哲學思考著具普遍性的事物、不論到哪裡都適用的概念。如此一來，對哲學而言，**所有的土地都成了故鄉**。因此，哲學雖然是鄉愁，與此同時，也可以說是不論處於何處，都希望有如在家一般的情緒。而在此種希望、此種衝動的驅使下，哲學思考具有普遍性的事物。換言之，諾瓦利斯的此一定義，是由「鄉愁」與「不論身在何處都希望像在家一樣的一種衝動」這兩個要素構成，尤其後者在理解前者的意義上，具有決定性的關鍵。

此外，在本文中雖未說明，我不認為海德格充分理解上述要素中的後者。海德格只強調了「鄉愁」。如此一來，哲學就可以被替換成、由故鄉去都會的人懷念故鄉的情緒。我想這脫離了諾瓦利斯對於哲學的定義。

②*Ibid.*, p. 86（同前，九四—九五頁）。

③「**哲學總是由某種根本性的情緒中產生的**〔*Philosophie geschieht je in einer Grundstimmung*〕」（*Ibid.*, p. 10〔同前，一五頁〕）。

④「那麼，喚醒一種情緒吧！如此一來立刻就會產生以下的疑問。到底要喚醒**怎樣**的情緒？又或者說，要讓**怎樣**的情緒在我們之中睜開眼睛？貫通我們根底的、創造我們心緒的情緒是什麼？所謂的**我們**到底是誰？」（*Ibid.*, p. 103〔同前，一一四頁〕）。

⑤*Ibid.*, p. 105（同前，一一五頁）實際上除此之外，路德維格．克拉格斯（Ludwig Klages, 1872-1956）的著作《做為心情敵對者的精神》、馬克思．舍勒（Max Scheler, 1876-1958）的演講〈和解時代中的人類〉，與利奧波德．齊格勒的著作《歐洲的精神》中亦有言及，在此為了不要增加解說的篇幅，僅舉出其中最具知名度的史賓格勒的著作。

⑥*Ibid.*, p. 112（同前，一二三頁）。

⑦「若將其以『流行哲學』之名稱之、視其為愚蠢的話，又能夠因此而克服什麼問題？我們不僅不應該採取此種便宜行事的手段，甚至不該企圖採取此種手段。」（*Ibid.*, p. 115〔同前，一二六頁〕）。

⑧*Ibid.*, p. 115（同前，一二七頁）。

⑨「會有不知道此種無聊的人存在嗎？——即便如此，這種誰都知道的物事的原貌是什麼，又有誰可以單刀直入、斬釘截鐵地說清楚？」（*Ibid.*, p. 119〔同前，一三二頁〕）。

⑩以德語表示，⑴為Gelangweiltwerden von etwas ⑵則為Sichlangweilen bei etwas（*Ibid.*, p. 138〔同前，一五三頁〕）

⑪「因什麼而使得人感到無聊，如同字面所示，我們是被該無聊之物所牢牢攫獲」（*Ibid.*, p. 138〔同前，一五三頁〕）。

⑫「在此狀況下，無聊不是因特定的無聊事物而產生；相反地，此種無聊是被其他諸事物所覆蓋而擴散」。（*Ibid.*, pp. 138-139〔同前，一五三—一五四頁〕）。

⑬*Ibid.*, p. 140（同前，一五五頁）。

⑭「因此在我們現在所舉的例子中，只是等待本身是無聊、是讓我們覺得無聊的物事，但並非指無聊本身就是等待這件事。」（*Ibid.*, p. 141〔同前，一五六頁〕）。

⑮「焦急與無聊所指既非同一，也不是無聊的其中一個特性。既無有耐心的無聊，也無帶著焦急氣息的無聊。」（*Ibid.*, p. 141〔同前，一五六頁〕）。

⑯此處譯為「消遣」的是Zeivertreib這個德文字，在《形上學導論》一書中，則譯為「打發閒暇的消遣」。因其與一般的日語用法有落差，在本書中主要翻譯為「消遣」。

⑰「不僅是如何度過時間的問題。不是如此，而是要如何打發時間，如何讓時間**過得更快**才是問題。換言之，時間是**遲滯**的。」（*Ibid.*, p. 146〔同前，一六二頁〕）。

⑱「遲滯的狀況或物事，正會因為有所顧慮的想法，應該不會造成困擾。這又為什麼會讓人感到困擾呢？」（*Ibid.*, p. 150〔同前，一六五—一六六頁〕）。

⑲「在消遣之中，我們企圖為自己完成一個工作。」（*Ibid.*, p. 152〔同前，一六九頁〕）。

⑳「做工作這件事情本身，而且，唯有這件事情本身才是關心的重點。」（*Ibid.*, p. 152〔同前，一六九頁〕）。

㉑ *Ibid.*, p. 152（同前，一六九頁）。

㉒「這些物事對於我們完全沒有任何行動舉措，我們完全被棄之不顧。」（*Ibid.*, p. 154〔同前，一七一頁〕）。

㉓「眼前的車站，因為附屬於這個車站的列車尚未進站，車站沒有為我們成為聽者（sich versagen），將我們置於空虛之中。」（*Ibid.*, pp. 155-156〔同前，一七二頁〕）。

㉔「但是，也許有人會想要抗議。（中略）這件事情的責任，完全在於看錯時刻表而太早到車站的我們自己身上吧。」（*Ibid.*, p. 156〔同前，一七三頁〕）海德格對於此種反論，是這麼回答的。也許確實如此。「也許太早來是我們的責任。而也許該車站只有這麼少班次的列車運行是德意志國家鐵路公司的問題。」但是，現在所叩問的問題並不是在追究責任。「我們的問題，並不是在追究是原因導致無聊的產生。」論其原因，我們所問的是，在此現身的無聊究竟是什麼……。海德格用此種方式讓這個疑問退場。但是，恐怕這個疑問是很重要的。這一點在之後我們會加以檢討。

㉕「所謂此種特有的時間，以另一個方式來表達便是車站的理想時間。意即**其為列車發車前的瞬間**」

（*Ibid*., p. 159〔同前，一七六頁〕）黑體字為引用者所加。

㉖「很明確地，物事擁有其各自的時間，我們若能隨時剛好在這樣的時間遭遇這些物事的話，恐怕就不會出現無聊的狀況了吧。」（*Ibid*., p. 159〔同前，一七六頁〕）。

㉗*Ibid*., p. 165〔同前，一八二－一八三頁〕。

㉘*Ibid*., p. 165〔同前，一八三頁〕。

㉙*Ibid*., p. 165〔同前，一八三頁〕。

㉚*Ibid*., p. 167〔同前，一八四頁〕。

㉛「企圖回想也想不起來。當天傍晚的始末與過程都能清楚地浮現，但我們卻無法確定其中有什麼是消遣。」（*Ibid*., p. 167〔同前，一八四頁〕）。

㉜「剛好此時雪茄的盒子又再遞轉回來到了手中。」（*Ibid*., p. 169〔同前，一八六頁〕）。

㉝「我們現在不是要沉湎於自己的殼中**才抽雪茄**，而是要一邊抽雪茄一邊積極地參與對話，一整個晚上都難得地有好心情。」（*Ibid*., p. 170〔同前，一八七頁〕）黑體字為引用者所加。

㉞*Ibid*., p. 170〔同前，一八八頁〕。

㉟*Ibid*., p. 174〔同前，一九二頁〕。

㊱海德格稱此種隨波逐流的態度代表兩個意義。「其一，在該處（指宴會）交付自己粉墨登場這個任務的意義（中略）。其二，放棄自己，換言之，意即自己放棄了本來的自己的意義。」（*Ibid*., p. 180〔同前，一九九－二〇〇頁〕）。

㊲*Ibid.*, p. 177（同前，一九六頁）。

㊳「配合在該處上演的狀況，表面上彷彿滿足地人云亦云，在此過程中，某種**空虛是由自己所造成的**」（*Ibid.*, p. 180〔同前，二〇〇頁〕）黑體字為引用者所加。

㊴據海德格所述，「所謂此種空虛，指的即是我們本來的自己遭到放棄一事。」（*Ibid.*, p. 180〔同前，二〇〇頁〕）。

㊵「換言之，時間低調地離場。」（*Ibid.*, p. 180〔同前，二〇〇頁〕）。

㊶「（在無聊的第一形式中）為什麼我們不想失去時間？因為我們視時間為必要，想要加以利用之故。這又是為什麼？因為我們要從事日常的工作。我們從很久之前，就像這樣成了工作的奴隸（sklave）。必然地，我們之所以沒有時間，正好也是因為我們無法放棄配合在此處發生的所有雜事而隨波逐流的緣故。其結果，在第一形式中的『**時間—具備—無**』（沒有時間，Keine-Keit-haben），比起第二形式，容許自己擁有時間而造成的時間浪費，**是更大的自我喪失**〔eine grobere Verlorenbeit des Sellbst〕。大概，在此第二形式的『擁有時間』（Zeithaben）之中，應該存在著更大的在世存有的均質性（Ausgeglichenheit）與安定（Sicherheit）——這是正確意識（ein Bei-sich-selbst）的一種，起碼這會讓我們有所預感，在世存有最為本質之物，無法藉由熱心工作或忙碌來強迫取得。（中略）第一形式的「沒有時間」，若以最嚴格的標準觀之，其實恐怕是淪落為在世存有所具有的種種世俗性（banalitaten）的最大喪失。」（*Ibid.*, p. 195〔同前，二二六—二二七頁〕）。

㊷*Ibid.*, p. 202（同前，二二五頁）。

㊸「我們將前述的無聊的兩種形式，用以下方式加以命名時，便定義了其性格。意即，在某種的特定狀況下，因為某種事物而讓人感到無聊；以及某種特定狀況時，因面臨某種物事而感到無聊這兩者。那麼此種第三形式的深刻無聊又為何？對此我們應該如何加以命名？我們對此進行嘗試，然後希望有以下說法。**沒來由的無聊**（Es ist einem langweilig），我們如此稱呼的狀況；抑或是更適切的說法，當我們默默地知其存在的狀況，此種深刻的無聊使人感到無聊。」（*Ibid.*, p. 202〔同前，二二五頁〕）。

㊹針對「沒來由的無聊」Es ist einem langweilig此一德文簡單地加以說明。主詞是Es。此字相當於英文的It。Es並未指稱任何特定的物事。若以英文來說明，如同It rains（下雨了）中的It（意即非人稱主詞）。Langweilig則是「無聊」、「無趣」或「單調」之意的形容詞。以Es為主詞再加上這個形容詞的組合，是經常使用的表現方式。例如 Es war ihr sehr langweilig，雖然表示「她覺得很無聊」之意，但按照字面上的意義，也可以翻譯為「對她而言，這是非常無聊的」。海德格所使用的此一文句中據有「對……而言」此一位置的，是 einem 這個詞彙。這是稱為不定代名詞的單數中性第三格（譯註：德文文法，亦稱與格，為受詞格），這不是指誰，而是指某個人。換言之，被翻譯成「沒來由的無聊」，按照字面表示以下的意義——「那個 Es」、「是 ist」、「對某個人而言 einem」、「無聊的 langweilig」。因此將其翻譯「沒來由的無聊」。

㊺「所謂沒來由的無聊，是在毫無預期的、我們對此全然沒有期待的時候，而可能產生的。當然，這種根本性的情緒突然炸裂的情況也有各種可能。這些狀況會應運個人的經驗、動機與命運，而有非常個人性的、各式各樣的種種情形。」（*Ibid.*, p. 203〔同前，二二六頁〕）。

㊻ *Ibid*., p. 204（同前，二二六頁）。

㊼「此種無聊缺乏消遣。」（*Ibid*., p. 204〔同前，二二七頁〕）。

㊽ *Ibid*., pp. 204-205（同前，二二七—二二八頁）。

㊾「在第三形式中，我們被強制要以某種方式去聆聽」（*Ibid*., p. 205〔同前，二二八頁〕）。

㊿ *Ibid*., p. 207（同前，二三〇頁）。

51 *Ibid*., p. 210（同前，二三四頁）。

52「沒來由的無聊」將我們「置於一無所餘的完全廣域之中。」（*Ibid*., p. 215〔同前，二三九頁〕）。

53「強迫促使在世存有去面對在世存有一事根源性地成為可能。」（*Ibid*., p. 216〔同前，二四一頁〕）。

54 *Ibid*., pp. 211-212（同前，二三五頁）。

55 *Ibid*., p. 212（同前，二三五頁）。

56「拒絕之中橫亙著往他處去的一個指示（中略）這個指示，是遭到漠視的種種可能性的通知」（*Ibid*., p. 212〔同前，二三六頁〕）。

57「無聊的第一形式與其所屬的獨特消遣，做為其特徵之一的不安定，並不只是此種無聊的心理伴隨現象，而是此種無聊的本質。換言之，在因某種事物感到無聊的過程中——感到無聊的人——在沒有清楚意識到這一點的狀態下——是企圖從此種「沒來由的無聊」逃離。意即（中略）自己從（在廣域與開端中所展現的、在世存有的）可能性中，將自己給帶開。」（*Ibid*., p. 234〔同前，二六頁〕）。

⑱實際上，第一形式與第二形式，並未網羅因第三形式所引起的、所有無聊的形式。海德格提到「無聊的各種形式是流動的。具有多種多樣的中間形式」這一點，也希望各位讀者注意（*Ibid.*, p. 235〔同前，二六一頁〕）。此二者在這個階段，是做為分析的入門指引而被提出。話雖如此，也帶有範例的意味。透過此二者來進行分析的話——如同至今所見——能夠迫近無聊的本質。此外，在所謂「中間形式」這一層意義上，海德格也提到此種第二形式佔有獨特的地位。關於第二形式的特殊性，將在第七章詳加檢討。

⑲「受到束縛限制這件事本身、意即隨著被告知時間到了而被解放得到自由一事，這無異於代表著在世存有的自由。」（*Ibid.*, p. 223〔同前，二四八頁〕）。

⑳「所謂在世存有的自由，僅存在於在世存有讓自己自由的過程中。但是，在世存有讓自己自由這件事，每次都只會發生在在世存有面對自己本身、下決斷的時候；意即，只有在在世存有為了做為在世存有的自己，而將自己打開的時候。」（*Ibid.*, p. 223〔同前，二四八—二四九頁〕）。

第六章　閒暇與無聊的人類學

①「蜥蜴雖然打橫躺在石板上，但確實對於蜥蜴而言，石板並不是石板，蜥蜴無法去提問石板的礦物學性質這樣的問題。蜥蜴雖然曬著太陽，但確實對於蜥蜴而言，太陽並不是太陽，蜥蜴無法設定並回答關於太陽的、宇宙物理學的問題。（中略）當我們說蜥蜴橫躺在石板上時，我們其實應該要刪除『石板』這個字。蜥蜴在其上打橫躺著的東西，雖然**藉由某種方式**被提供給了蜥蜴，但是蜥蜴並未認知

到其為石板。」（*Die Grundbegriffe der Metaphysik*, p. 291〔《形上學導論》，三二〇—三二一頁〕）。

②但是若搶先在這裡說，在此處出現「石頭」，恐怕正是這三個分類項目中，存在著某種矛盾或是不合理的證據。

③Jacob von Uexküll, Georg Kriszat, *Streifzuge durch die Umwelten von Tieren und Menschen*, Fischer, 1992〔魏克斯庫爾、克里沙特《由生物所見的世界》，日高隆敏，羽田節子譯，岩波文庫，二〇〇八年〕。

④此種壁蝨是在（發育）不完全的狀態下從卵中出生。肢體只有一對足，也沒有生殖器官。但是在這種狀態下已經能夠襲擊如同蜥蜴這樣的冷血動物。而後重複數度脫皮之後，發展出欠缺的器官。

⑤膠卷不是順暢地轉動，而是重複停止、放映這兩個動作的過程。此稱為間歇運動。放映機的快門，多數是取自迴轉中圓盤的一部分的形狀。例如以圓盤的一半為其形狀，則以半圓來迴轉。在透過半圓來擋住光源遮住光的時候，也就是在快門關閉的時候移動膠卷，當光沒有被遮住的時候，也就是快門打開的時候停止膠卷。放映機一直發出卡達卡達的聲音，就是因此種間歇運動之故。此外，拍攝電影的攝影機也是同樣的構造。只差沒有為了投影而設置的燈具。發明電影的時候，攝影機與放映機是同一部機器。

⑥「我們經常被以下幻想所囿：人類以外的主體與其環境界的事物的關係，與我們人類與人類世界的事務所締結的關係，是存在於同一空間與同一時間之中。這個幻想，是被世界只有一個、所有的生物都填鴨在這個單一世界中的信念所培養出來的。所有的生物都僅具有單一空間與單一時間，此種一般所抱持的確信則由此而生。到了最近終於在物理學者之間出現了、對於可以讓所有生物都通用的宇宙是

否存在的疑問」（*Ibid.*, p. 16〔同前，二八—二九頁〕）。

⑦*Ibid.*, p. 14（同前，二四頁）。

⑧魏克斯庫爾提到，此種環境界的思考方式，與康德將空間與時間視為直觀感性形式的學說一致。康德所提的一個問題是，為何自然現象能夠以數學方式加以說明。換言之，即為何外界與我們的認知是一致的此一問題。康德如是想。人類，對於自然、宇宙等外界的事物本身，無法有所認知。其物事的展現，意即現象，是被人類藉由時間與空間的形式、以感性加以接收，而再將所接收到的現象，這一次以悟性整理成各式各樣的概念。外界與我們的認知之間的一致並非是事先存在的；是以時間與空間此種感性形式，人類將外界的現象塑造為、可以被我們所處理的認知對象。

⑨「若將此（魏克斯庫爾所說的動物環境界）以同樣的方式用於指稱人類的世界，這件事整體在哲學上是令人存疑的。與動物相關聯的事物，是被以對人類而言不同的方式而加諸在動物身上，確實魏克斯庫爾在生物學者之中，是重複極度尖銳地強調此事的人。但重要的是，這裡潛藏著決定性的問題，而應該把這個問題舉出來才行。換言之，因為重要的是，不單單與人類的世界相較，動物的世界在質上有著相異之處，意即不是遠近、深淺、廣狹此種數量上的不同——而是被加諸在己身上的事物，動物與人類是否以不同的方式加以接受；此外，不是如何接受這些事物，重要的是原本動物是否能夠將某物，做為某物的表象、做為存在者來加以領會接受。」（*Die Grundbegriffe der Metaphysik*, pp. 383-384〔《形上學導論》，四一五—四一六頁〕）。

⑩*Ibid.*, p. 416（同前，四五二頁）。

⑪ *Ibid.*, p. 350（同前，三八二頁）。

⑫ *Ibid.*, p. 352（同前，三八四頁）。

⑬ *Ibid.*, p. 352（同前，三八四頁）。

⑭ *Ibid.*, p. 347（同前，三七九頁）。

⑮ 這兩個詞彙中所包含的價值判斷，透過其英語翻譯便容易理解。「被捕獲」（Benommenheit）被譯為代表「麻痺狀態」之意的 benumbment。另一方面，「被驅動」（Hingenommenheit）則被譯為 being taken 此種表現方式。

⑯ *Streifzuge durch die Umwelten von Tieren und Menschen*, p. 101（《由生物所見的世界》，一五五頁）。

⑰ *Ibid.*, pp. 65-66（同前，一〇一—一〇三頁）。

⑱ 達爾文《物種起源》，渡邊政隆譯，光文社古典新譯文庫，二〇〇九年，上卷，第七章。

⑲ 達爾文研究在夜裡會挖洞讓自己隱身其中、並用葉子把洞口遮住習性的蚯蚓。不管是至今沒有見過的葉子，或是達爾文所準備的碎紙片，蚯蚓會找到使用這些材料的最佳方法，執行遮蓋洞穴的作業。由此達爾文有以下敘述。「簡要來說，將物體拖入地道／隧道不是偶然巧合所決定的方式，也無法認定在個體不同的狀況下存在著特異的本能，因此，首先最自然的推測，便是蚯蚓在到達最終的成功之前，嘗試過了所有方法。但是多數的徵兆，都是違反此項推測的。那麼就只剩下另一個替代方案了。意即，即便蚯蚓在生物界被歸類為低等，仍然具有某種程度的智能。不論是誰，應該都覺得這樣的事非常不可能吧。但是我懷疑我們是否具備、正當化對於此種結論自然產生的可疑念頭、關於低等動物

神經系統的相關知識。關於腦神經節大小的問題，應該要想起具有一定能力可以適應目的需求的遺傳知識量，是否能夠存入工蟻那樣小小的腦袋中一事」（達爾文《蚯蚓與土》，渡邊弘之譯，平凡社圖書館，一九九四年、九三－九四頁）。

在此雖然無法開展這個題目，但由此能夠進一步加深關於知性與理性的發生此一題目的考察。知性是在對應某種課題時發揮的生物能力。大概人類是將此種能力發展到極致。其結果，人類的知性呈現其他生物所無可比擬的特殊狀態，因而過去一直將其稱之為理性吧。換言之，與其說理性是人類預先就被安裝的能力，應該是生物固有的知性此種能力在某個條件滿足的時候所發生的狀態，而且在人類的狀況還具有某種程度的恆常性。所謂在某種哲學中看出的「理性信仰」，難道不是因將此種狀態，理解為具有絕對的恆常性而產生的嗎？其實，「理性」很容易崩壞，如同精神分析的論述結果所顯示的，在理性的基礎中可以看出無意識的強烈影響。

⑳即便是同樣的動物，也可能呈現出全然相異的生態。大猩猩研究者山極壽一介紹了這樣的小故事。關於日本猴的群體，至今曾有過各式各樣的行動法則學說，但研究者所說的皆不相同。「為此我走遍了日本列島全部的猴子棲息地。（中略）因此我所得知的是，不論是哪個研究者所言，針對特定那一個棲息地的猴子都是正確的。／例如，箱根地區猴子的研究者說，屬於一個群體的猴子，不會全員都集中在一個地方。確實如其所言。但是，若是高崎山地區的猴子，超過一千頭的猴子集團，卻會集中在一個地方。」（立花隆，《猴子學的現在》，平凡社，一九九一年，二一一－二一二頁）換言之，日本猴會對應自己群體所處的環境，以及群體隨時間變化所處的階段，而形成獨自的環境界。若時間流

逝、環境變化的話，這個環境界也會隨之變化。猴子會因應此種變化，移動到新的環境界去。

㉑世界首次成功以「共居」方式（共同生活並加以觀察的研究方式）研究黑猩猩的珍・古德博士曾說，這種生物「熱中於幻想」。（《黑猩猩：大自然的動物家族1》，松澤哲郎監譯，Kumon 出版，一九九四年）當然，這也許是古德的妄想。但同書所收錄的各式照片充分顯示出有此種可能。

㉒哲學史中笛卡兒對於人類與動物之間的區別非常有名。笛卡兒將動物描述成缺乏靈魂的機械。另一方面，人類則是被賦予靈魂的機械。據笛卡兒所述，若有製作精巧的、猴子的機械，該機械與真正的猴子之間將無法加以區別。（Descartes, *Discours de la methode*, GF-Flammarion, 1992, pp. 74-75〔笛卡兒《方法序說》，落合太郎譯，岩波文庫，一九九三年，六九頁〕）。據喬治・阿甘本所言，近代分類學之祖林奈曾說「笛卡兒沒見過猴子這件事必然是千真萬確的」。（喬治・阿甘本《敞開：人與動物》，岡田溫司・多賀健太郎譯，平凡社，二〇〇四年，四〇頁）。

第七章　閒暇與無聊的倫理學

①*Die Grundbegriffe der Metaphysik*, p.195（《形上學導論》，二一六頁）。

②「繼而，在歷史終結中的人類消滅並不是宇宙的崩壞。意即，自然的世界既是永遠的存在，也會如此存續下去。因而，這不是生物的崩壞。人類會做為與自然、抑或是被給予的存在和諧共處的動物持續生存下去。消滅的是本來的人類。意即會否定被給予之物的行動或謬誤，抑或是一般會與對象對立的主觀。實際上，人類時代的終結或說歷史的終結，意即本來的人類、或說自由的且歷史的個體之決定

性的毀滅，僅是在用語上強調行動一詞在完全意義上的停止。**而在實踐意義上**，意味著血腥的戰爭與革命的消滅，也包括哲學的消失。論其原因，既然自此人類自身不再有任何本質上的改變，因此不再有任何理由去改變建立在人類對於世界和自身理解基礎之上的真正原則。其他的一切則可能被無止境地保留與維持。藝術、愛情與遊戲等等……簡言之，就是讓人類感到幸福的事物全部都將被保留與維持。」（Alexandre Kojeve, Introduction a la lecture de Hegel: lecons sur la Phenomenologie de l'esprit, Gallimard, coll.《Tel》, 1985, pp. 436-437（科耶夫《黑格爾導讀》，上妻精、今野雅方譯，國文社，一九八七年，二四四—二四五頁註6）黑體字為引用者所加）。此外，本章所引用的部分僅有此註，之後並無參照此書之處。

③按照年代順序整理一下吧。如同前述，科耶夫講授黑格爾是在一九三〇年代。在一九四七年講課內容出版之際，在原稿中加入了大幅的增筆修正。關於歷史終結的此一註腳據說是寫於一九四六年。緊接在出版後的一九四八年至一九五八年這段期間，科耶夫至美國與蘇聯旅行，如同其後本章正文所說明的，得到了關於「歷史的終結」的認知。更在其後，一九五九年科耶夫至日本旅行，同樣如本章正文所說明的，得到了關於日本的認知。基於以上的經驗所寫的新註腳，則收錄於一九六八年所出版的同書第二版中。科耶夫於同年過世。

④在日本過去曾有淺田彰積極地處理日本人的紳士主義此一主題（《超越「歷史的終結」》中公文庫，一九九九年）。近年東浩紀在《動物化的後現代》（講談社現代新書，二〇〇一年）一書中，則將被稱為「宅男」的次文化愛好者集團，視為歷史的終結之後，「後現代」期的「動物化」人類形象。在

連結海德格的《形上學導論》與科耶夫的黑格爾解讀這一點上，不能說與本書毫無關聯的喬治・阿甘本的《敞開：人與動物》也處理了關於動物化的內容，並論及與喬治・巴代伊所稱的「無頭」生物之間的關聯性。德希達《馬克思的幽靈》（Jacques Derrida, *Spectres de Marx*, Gallimard, 1993〔增田一夫譯，藤原書店，二〇〇七年〕）則言及科耶夫的歷史終結論，以及將其修正之後，將冷戰後的世界視為此種歷史終結的實現的法蘭西斯・福山，指出「歷史的終結」此種討論乃是屢次重複的、陳腔濫調式的討論。

⑤ *Ethics of the Real*, p. 5（《真實的倫理》，二〇頁）。

⑥ 為什麼會有此種誤會？那是因為像科耶夫這樣的哲學家，認為屬我族類者是人，其他的大眾則是動物之故。他們瞧不起別人。因此，針對自己能夠看不起的狀況進行分析、瞧不起，而且外表看起來還要表現的像是在哀嘆這樣的「狀況」。從如此的分析中我們所看到的，不過只是自我肯定的欲望罷了。

⑦ 吉爾・德勒茲曾敘述本能與制度是為了獲得滿足的、兩種相異的手段。動物在演化的過程中，會得到某種本能。這是為了要滿足各種動物所具備的傾向性的能力。相對於此，人類是本能會逐漸衰敗的動物。因此人類會藉由創造出制度來獲得滿足。舉例來說，婚姻制度對於滿足性欲有所助益，所有制度則對於滿足貪欲有所助益（Gilles Deleuze,《Instincts et institutions》, *Lile deserte et autres textes*, Minuit, 2002〔〈本能與制度〉《哲學的教科書：德勒茲初期》，加賀野井秀一譯，河出文庫，二〇一〇年〕）。

⑧ 最近的研究中，判明了自閉症患者生存於獨特的環境界一事。例如，淋浴的每一道水柱都感覺像是在

刺著肌膚。會特別注意周圍認為無關緊要的資訊，而不進入正題等等。他們經常被認為強烈地執著於習慣。自閉症與無聊之間的關係雖然無法在本書的註釋中加以叩問，但我認為是非常重要的問題。關於自閉症患者的世界，希望各位讀者參照村上靖彥的《自閉症的現象學》（勁草書房，二〇〇八年）。此外，以村上的記述為參考來說，也許可以將本章所持續討論的、所謂「艱辛的人類的生存」，代換為定型發展者的生存。這個問題因超越本書的課題範圍而無法在此加以討論，但我認為自閉症與無聊的關係是應該合併思考的、重要的問題。

⑨「所謂思考是一種能力的自然作用、此種能力具有良善的本性或良善的意志，完全無法將此種說法做為事實來理解。人類實際上是極少思考的，即便是思考了，與其說是因為思考的意欲高張，不如說是因為受到了某種衝擊。這是『所有人』都非常清楚的。」（Gilles Deleuze, *Différence et repetition*, PUF, 1968, p. 173〔德勒茲《差異與重複》，財津理譯，河出文庫，二〇〇七年，上卷，三五四頁〕）。

⑩*Ibid.*, p. 181（同前，上卷，三七二頁）。

⑪請參照小林康夫〈大地論序說〉（《表象的光學》，未來社，二〇〇三年）一文。

⑫Sigmund Freud, *Jenseits des Lustprinzips, Gesmmelte Werke*, XIII, Fischer, 1999（弗洛依德〈快感原理的彼岸〉《弗洛依德全集》第17卷，岩波書店，二〇〇六年）。

⑬Sigmund Freud, *Das Ich und Das Es, Gesammelte Werke*, XIII, Fischer, 1999, p. 276（弗洛依德〈自我與本我〉《弗洛依德全集》第18卷，岩波書店，二〇〇六年，四六頁）。

⑭德勒茲解說快感原則，提到不是因為某種事物是快感來源，因而不斷反覆進行；而是因為反覆進行，

某種事物才成為快感。「習慣是拘束（興奮）的被動總和，先行於快感原則之前，不如說是因有習慣，此原則的可能性才得以成立。（中略）快感的觀念，是由習慣而生的。快感原理的創設可以被視為此種拘束的結果，但（此種拘束）並未以成為此原則的前提為目標。（中略）當然，根據經驗的程度不同，我們是可能反覆體驗屬於既得的、或應該獲得的快感的。但是，在目前所述的條件程度下，事態發展是相反的。（興奮的）拘束此種總和，無法以企圖支配興奮的意圖或是努力加以說明。」（*Difference et repetition*, p.129〔《差異與重複》上卷，二六六—二六七頁〕）。

結論

①*Spinoza Opera*, Carl Winters Universitatbuchhandlung, 2. Auflage, 1972, 4 Bande, p. 15（史賓諾莎《知性改進論》，畠中尚志譯，岩波文庫，二〇〇三年，第三八節，三四頁）。

②史賓諾莎關於認知的思考，希望各位讀者參考以下書籍，特別是其中的第一部。國分功一郎《史賓諾莎的方法》（美篶書房）。

③史賓諾莎的哲學也是如此。他寫作《倫理學》一書，闡釋人類為了要自由地生存應該如何做才好。但是如同關於「理解」，從他的想法很容易想像出來的一般——在《倫理學》一書所論及的，**並不是只要服膺便能夠自由生存的規則**。論其原因，因為順從其內容便不是自由了。

④"Education used to be a conceived very largely as a training in the capacity for enjoyment." *The Conquest of Happiness*, p.44（《幸福論》，五六頁）內文黑體字則為引用者所加。

⑤此處希望提出可以做為思考「食」這個例子時，做為線索之一的概念。近年為了對抗速食，出現了慢食（slow food）一詞。指的是慢慢吃飯。但是，在筆者的想法中，這個詞彙是以**哲學上錯誤的定義**為基礎。

為什麼速食可以讓人快速進食？那是因為這樣的速食餐中所含資訊量很少的緣故。舉例而言，品質低劣的漢堡除了番茄醬與牛油以外沒有其他的味道。因為資訊量很少，在嘴巴中的種種處理也很簡單。完全不需要花時間。因此可以快速（fast）進食。

相對於此，值得品味的食物中含有大量的資訊。舉例來說，如果是漢堡的話，混合的絞肉有著特殊的味道。牛肉強烈的風味與豬肉清爽的口感（很遺憾的，在日本國內很難吃到有強烈氣味的牛肉）。再加上洋蔥的甜味。因為洋蔥已經先炒過了，其中不是只有甜味，還有香氣。光是這些要準備起來就很費工夫。漢堡的各種材料若混合的好，當牙齒咬開漢堡的時候，漢堡表面的抵抗力與內部的柔軟形成對比，嘴巴也會感到開心。在咀嚼的時候會無數次感到愉快。

因為值得品味的食物含有大量的資訊，身體在處理這樣的食物的時候非常耗費時間。換言之，享用值得品味的食物，最終結果就會變得慢慢（slow）進食。

那麼我們可以這麼說。快或慢的性質，是由食物內所含的資訊量多寡來決定。換言之，快／慢，其實是結果而不是原因。其結果取決於食物內所含的資訊量。

史賓諾莎曾提過，在定義事物之際，必須由其原因加以定義。若遵守其敘述，速食是資訊量少的食物，意即應該被稱為資訊貧乏食物（info poor food），慢食則是資訊量多的食物，意即應該被稱為資訊豐富食物（info rich food），這才是既不是根據結果也不是性質，而是根據原因正確定義下兩者的名稱。

這絕對不是文字遊戲。慢慢吃資訊量少的食物是一點意義都沒有的。提供資訊量豐富的食物，即值得品味的食物是很重要的。如同史賓諾莎告訴我們，正確地定義物事，能夠開啟正確的實踐之道。

⑥性的樂趣，以其中的性行為為例，甚至都是需要訓練的。與對方的身體如何配合、要花多少時間、要如何反應對方的反應，這些事情若不加訓練也無法得到性的滿足與快樂（因此性的初體驗經常都被描寫成微苦的回憶）。

⑦*Labecedaire de Gilles Deleuze,* realise par Pierre-Andre Boutang, DVD, Editions Montparnasse.《C Comme Culture》的章節。

⑧Gilles Deleuze, Felix Guattair, *Quest-ce que la philosophi?* Minuit. 1991, p. 103（德勒茲、瓜塔里《何謂哲學》，財津理譯、河出書房新社、一九九七年、一五四頁）。

〈附錄〉

傷與命運——《閒暇與無聊》增補新版寄語

其實，《閒暇與無聊》，這本書在沒有處理與此主題相關基本問題的狀態下結束了。為什麼人會感到無聊？——這正是那個基本問題。

本書以人類會感到無聊此一事實為前提，並集中心力在論述此種無聊究竟是何物上。因此，無聊本身的發生基礎與或存在理由並未被充分解釋與驗證。

話雖如此，這個問題殘留下來未被處理所代表的意義，以目前狀態只會持續在五里霧中吧。繼而，首先要將這個問題本身加以變形，試著將其重組成應該提出的問題形式。

在本書中，敘述人會建立習慣、並將周圍的環境轉換成一定的記號體系藉以生存（第七章）。這意味著保護自己抵禦新的外在刺激、蝸居在自己的世界之中是生存的條件。人類若不斷暴露在不習慣的刺激中是無法生存的。

但是，理所當然地，人若缺乏刺激會感到無聊。如同羅素所述（第一章），無聊的反義語是興奮，若缺乏令人興奮的刺激，人將會陷入不快狀態。

如此一來，此處將出現一個單純的矛盾。人會企圖保護自己不受刺激影響。但是，若持續企圖保護自己不受刺激影響，又會導致不快狀態。明明承受不了持續不斷的刺激，但也忍受不了缺乏刺激。一邊以一定會導致無聊的方式生活，同時又想避免無聊。

那麼我們應該如何說明這兩個貫穿人類生存的、正相反的兩個方向性？明明可以光靠遵從保護自己免受周圍環境影響（傷害）此種自然傾向而生，但為什麼又會因此產生無聊此種不快狀態？換言之，人類**為什麼**會感到無聊？

此處，我們想要進行為了回答這個問題的準備作業。以下，將叩問名為無聊的此種不快狀態的存在本身，並針對「閒暇與無聊的存在論」提出一個假說。

來導入一個新概念吧。那就是「顯著性」（saliency）。這個詞彙的意義是「突出物」或「顯眼」，但做為精神醫學上專業用語，則指稱對於精神生活而言新的強烈刺激，意即帶來興奮、又或者是尚未習慣的刺激。

人類在一開始，對於世界上存在的所有事物、世界上發生的所有事物，應該都是不習慣的。繼而，這個世界充滿了顯著性，更有甚著，可以認為原則上所有存在於這個世界上的物事皆是顯著性。若更廣義地思考什麼是建立習慣，所謂的生存，應該就是持續不斷地更新習慣，並持續習於顯著性的過程吧。我們透過建立習慣，保護自己不受顯著性影響而藉以生存。

所謂藉由習慣來習於顯著性，具體而言是怎麼一回事？我們要如何才能習於顯著性？帶來慣習的是重複。即便是同樣的顯著性現象，透過重複體驗，該現象的突出性也會轉弱。原本是顯著性的現象／事物，也會逐漸變得不再是顯著性。

但是，截至目前為止的說明應該不夠充分吧？所謂藉由重複體驗同樣的現象，顯著性將漸次轉弱消失，具體而言是怎麼一回事？

環境或是物質中，存在著「如果這麼做，就會產生這樣的結果」的重複構造。舉例而言，轉動門把就能打開門。在自動販賣機投入硬幣按下按鈕，商品就會掉下來。在特定的時間與地點搭乘交通工具，就能夠被帶到特定的地點。這些我們視為理所當然所體驗經歷的現象，原本也皆為顯著性。

不僅是環境或物質，可以說與他者之間的關係也是如此。不知道剛見面的人，會如何回應自己的動作。也許是連一點點失禮都無法忍讓的人，也或許是對他人幾乎毫不關心的人。透過重複自己的動作，數度體驗經歷對方的反應，從而看出「這個人，如果我這麼做他會這樣反應」的重複構造。而後，在無意識的狀態下**預測**此種重複構造，建立起與對方的人際關係。

如此一來，所謂重複體驗經歷相同現象並藉此習於該現象的過程，可以認為是發現該現象所具有的**重複構造**、並能夠針對該構造加以**預測**的過程。所謂習於顯著性，代表著**形成預測模型**（model）之義。

此處之所以必須稱其為「預測」，是因為不論是環境、物質或是他人的重複構造，其再現性都是有界限的。完全相同的事物不必然會再現。若內部的鎖心壞了，轉動門把也打不開門，人也會因為當天的心情或身體狀況，而經常出現與平常不同的反應。

繼而，雖說是重複構造，重複出現的事態現象的再現性仍有程度上的限制。既有難以建立預測模型、又或是不時背叛預測模型的現象；也有具備高度再現性的現象。而能夠建立起精準的預測模型的現象，應該就會讓我們感覺是切身的現象吧。因為這是讓人感覺與自己緊鄰接壤的現象之故。相反地，預測模型不穩定的現象，應該就會讓人感覺疏遠吧。根據狀況不同，也許還是會讓人感覺不舒服。

如此一來，我們理解到可以運用預測模型的再現性程度，針對「現象」與體驗經歷該現象的「自己」這兩項圖解進行「再定義」。此話怎解，應該可以透過此種再現性的程度，來決定自己與非自己的分界線。大概在能夠建立預測模型的現象之中，持續被我們所體驗經歷的、**再現性最高的現象**，會做為自己的身體出現。小兒科醫師熊谷晉一郎，針對此點有以下說明。「世界體驗中所接續發生的事件現象內，正是再現性最為高度重複的事件現象系列群，產生形成了『身體』的輪廓①。」

這不是什麼特別困難的說法。例如，小嬰兒在剛開始的時候，無法順利控制自己的身體。想要吸吮的東西就算能拿到手上，也無法順利送到口中。因為告訴自己應該怎麼動作的、關於「自己」手臂重複構造的預測模式，尚未形成之故。在這種狀態下，「自己」的身體具有高度的顯著性。

若說「自己的身體」是生成習於顯著性的機制之中，我們應該也可以說，對應「自己的身體」的「自己」，也是生成於同樣的機制之中。針對此點，我們就簡單地點到為止吧。作為參考的，是德勒茲將弗洛依德的精神分析理論加以修正並發展後，所提出的自我模型。

弗洛依德的精神分析，描繪出以本我／自我／超我三個構成要素所形成的精神樣貌。粗略地說，本我代表生命的能源、自我則是以由本我解析出來的型態呈現，代表意識；而超我則負責監視自我，代表良心或理想。此處沒有必要檢討這些詞彙的嚴密定義。問題在於德勒茲對其具批判性的再檢討。

德勒茲認為弗洛依德的精神分析不過是用全局、換言之總體（macro）的觀點來理解與掌握精神生活時，所發現的模型。②意即，這不過是將在總體水準無數所發生的事情，粗略地彙整在一起所得出的傾向。

那麼，所謂在總體水準發生之事所指為何？根據德勒茲的說法，在早於所謂的自我被視為由本我生成的階段，在本我之中，只存在著由**複數的刺激所帶來的複數的興奮，以及企圖「拘束」此種興奮的複數的作用**。雖然所述的內容稍微變得有點專業，但所謂「拘束」是精神分析的用語，指的是限制興奮溢出的精神作用。把它當成是抑制興奮的作用力就可以了。若將該內容置換為本文的脈絡，可以對應為「習於顯著性」。此外，根據精神分析的權威事典，壓抑興奮的「拘束」作用，指的是「與表象相互結合，構成與維持相對安定的型態」之行為。③而所謂構成／維持相對安定的型態，則相當於本文中所述的、預測模式的形成。

據德勒茲所述，如此被拘束的興奮，一個一個地會成為從根本驅動人類的欲望。換言之，在早於單數形的**所謂**自我生成的階段，存在著**無數**因拘束由刺激所產生的興奮而發生的欲望。換言之，不是存在著一個自我，而是無數個總體性（macro）的自我。德勒茲將此複數的總體性自我，稱為「局部的自我」。意即眾多顆粒狀的自我群。在這些顆粒被總體性地統合狀態下，所謂的自我才存在。

體驗經歷環境、物質與他人關係的自己以及自己的身體，並不是從最初開始就存在的。並不是先有自己，自己再去體驗經歷環境、物質或他人關係的顯著性。自己本身，是出現在習於顯著性的過程之中。若使用「自他」這個詞彙來說明，上述內容等同於意味著**「自（己）」是完成習於「他（者）」的過程之中**。習於顯著性此種「他（者）」的過程，生成了「自（己）」。

因為世界就代表的顯著性，因此構成習慣世界的過程是沒有終點的。所謂的生存，繼而就應該是持續形成相對安定的預測模式的過程。但是，不僅如此。顯著性是有（再現性）程度區分的。若是如此，那麼也就存在著難以習慣、只能不斷重複著企圖習慣它的顯著性吧？當遭遇到此種、無論如何不可能習慣它的顯著性時，人們又會變得如何呢？讓我們再度參考剛剛所言及的、熊谷醫師的看法吧。

近來急速發展的「疼痛研究」，即針對「痛」的研究已經逐漸解開了慢性疼痛的謎團，熊谷在論及「痛」的上述論考中，介紹了這一點。

我們平常所說的「痛」，指的是被稱為急性疼痛的痛（專門用語則為「侵害受容性疼痛」）。割傷的痛、喉嚨發炎的痛等，所謂的急性疼痛因為成因明確，只要能夠排除病因就能夠消除疼痛。

相對於此，所謂的慢性疼痛，指的是雖然沒有身體組織上的原因，但卻無法壓制的疼痛。其機制與成因不明，這個現象本身就有難以被接受與理解的歷史（患者除了疼痛以外，還必須抱持他人無法理解自身疼痛的煩惱）。

在最近的研究中，據稱慢性疼痛似乎與記憶有所關聯。④據疼痛研究的權威阿普卡利安所言，所謂的慢性疼痛，可以認為是在損傷或發炎等導致疼痛的刺激消失之後，神經系統中仍殘留著「痛的記憶」的狀態。換言之，是痛的記憶無法順利消除的狀態。

這意味著，不僅是損傷或發炎等身體組織上物理性的變化，記憶也可能是疼痛的成因。痛的記憶，又或是說作為記憶的疼痛，會帶來實際上的痛楚。但是，痛的記憶為何會作痛？熊谷將這個應該被回答的問題，重組成以下內容：「為什麼某種記憶完全不會疼痛，但其他的記憶卻不論何時都在作痛？⑤」

提到「記憶疼痛著」，也許大家會想起的是因為強烈的精神衝擊所導致的創傷（trauma）。若順著熊谷的討論內容，並置換為本文的用語；所謂的創傷，是大幅侵害了希望自己的世界變成這樣、應該會變成這樣的預測的，意料之外的事件的知覺或記憶。

那麼，世界本來就是顯著性的集合體，此外，顯著性也有（再現性）程度的差異。如此一來，我們可以得知，留下創傷的事件之知覺或記憶，絕非什麼特殊之物。只要是無論如何體驗經歷都無法習慣的顯著性，就具有會成為創傷的可能。而預測被大幅侵害的狀況，就會成為創傷。「創傷」一詞原本在希臘語中代表「傷」之義（τραύμα）。若說所有的經驗都是顯著性，或多或少都是具有創傷性的，可以認為所有的經驗都會留下傷痛，而所謂的記憶就是其傷痕。一邊努力習慣絡繹不絕的顯著性而生存著的我們，是傷痕累累的。⑥不，更正確地說，是傷痕累累的。

如此一來，必須有如下思考。不是某種記憶作痛，其他的記憶不會疼痛。記憶原本都是會疼痛的。⑦因為與顯著性接觸的經驗，或多或少都是帶著創傷。但是，抑制緩和疼痛興奮量的生命傾向，會不斷製造出習於顯著性經驗的習慣。透過此種機制，我們即便負傷，也能夠幾乎不覺疼痛地過日子。這等同於過著日常生活的身體，即便持續承受著無數眼睛看不見的小傷口，為了要自動治癒這些傷口，也幾乎不會意識到傷口一樣。

體驗經歷到難以習慣的顯著性，背負著難以治癒的創傷，人們會為創傷後壓力症候群（PTSD，以受創時的情境再現、迴避行動、感情麻木與過度警覺為特徵的重大疾病）與情境再現（flashback，一回想起時間就會回到當時的特殊記憶）等症狀所困。此外，也可認為慢性疼痛是因某種原因所發生的疼痛記憶的持續。先前，我們敘述所謂的記憶便是傷痕，但我們也可認為其概念是：記憶正是統一地去理解心理與身體的疼痛的關鍵。⑧

那麼，為了回答本文最初的提問所需要的概念，已經大致都齊備了。差不多該是我們討論最初叩問的時候了。

熊谷醫師介紹了與慢性疼痛相關的有趣事實。處於慢性疼痛狀態的患者，對於由外部所給予的急性疼痛的痛苦刺激，會感受到「快感」。呈現這一點的是阿普卡利安所進行的實驗。在進行給予慢性疼痛患者與一般健康人同樣的疼痛刺激的實驗時，在受試者主觀的回報中，不論是哪一組都會對於疼痛刺激表達程度不一的不快感；但若觀察其腦部活動，慢性疼痛患者與一般健康人完全不同，呈現出宛如將急性的疼痛刺激視為「報酬」的腦部活動模式。而更令人驚訝的，詢問患者本人關於其慢性疼痛的變化，「相同地以吃驚的樣子回報（慢性疼痛）的自發性疼痛減輕了⑨」。

如同熊谷醫師所言，「這件事暗示著，慢性疼痛患者在潛意識中，尋求急性疼痛的可能性⑩」。實際上，這樣的事態絕非難以想像。一方的刺激，會讓對於另一方刺激的感覺麻痺，這種事態是很容易想像的。那麼，這個見地該如何應用到代表傷痕的記憶上？

再導入一點點新概念吧。據熊谷醫師所言，我們得知腦中有以下三個網絡（network）。⑪

(1) 預設模式網絡（default-mode network: DMN）
(2) 額頂葉控制網絡（front-parietal control network: FPCN）
(3) 顯著性網絡（salience network: SN）

網絡一詞在此上下文中，指的是腦部在某種特定狀態時，相互協同一起活動的部位群。今後，伴隨著腦神經科學的發展，也許會再定義上述這些網路。但是，應該注意的是，這三個網絡之間的關係；以及這三者的關係，在每個人的身上都會有所不同的事實。

(1)的預設模式網絡（DMN），是在安靜或什麼也不做時發揮作用的部位群。可以視為是主宰自我參照的過程，或是為了未來的行為而參考所儲備的過去知識的網絡。換言之，有閒暇而平穩度日時，發揮作用的是DMN。

(2)的額頂葉控制網絡（FPCN），則負責短期的行動控制與無意識的錯誤檢查。當做為行動基礎的預測模型出現微小誤差時，人在無意識之間能夠對此有所反應，此際進行調整的就是此一網絡。舉例來說，即便向來慣常走的路上堆放東西，人們通常會幾乎不加思索地繞過去。此際發揮作用的就是此一網絡。

(3)顯著性網絡（SN）則是對應顯著性的部位群（saliency 與 salience 相同，都是 salient 的名詞形）。換言之，這個網絡在偵測到預測模式產生重大差異／誤差之際會發揮作用，進行對應長期目標的行動控制，以及有意識的預測誤差認知。⑫

腦神經科學是目前以突飛猛進速發展的學問領域，因此這些說明只不過是暫定的內容。但是，關注這三者之間的關係，可以看出關於疼痛的新事實。其實，PTSD 或慢性疼痛，關於疼痛的慢性化可以確認以下的事態：

(1)SN 的活動異常。換言之，對於顯著性產生了過度反應。

(2)SN 與 DMN 的結合亢進。意即反省作用的激化。

(3) SN 與 FPCN 結合低下的傾向。意即自動作用的低下。

將這三者進行彙整後會有如下結果。在發生疼痛慢性化的狀況下，人們易於對顯著性產生反應，而無法在無意識中自動完成物事；過度地回顧過去的記憶，陷入重複不斷反省自己的狀態。

尤其應該加以注意的是，DMN 的活動。疼痛的慢性化，與自我的反省作用有著強烈的關聯性。而 DMN 所參照的資料（data），當然就是每一個人至今為止所積蓄下來的記憶。而所謂的記憶，是過去體驗經歷顯著性的痕跡，意即傷痕。換言之，疼痛的慢性化，伴隨著名為記憶的傷痕的過度參照。

此外，請各位讀者回想起之前所介紹的實驗結果。慢性疼痛患者，會感覺急性疼痛可以緩和慢性疼痛的痛苦。為什麼？DMN 是在譬如閒暇或安靜等時刻，即警覺程度低下之際會發揮作用的網絡。在先前所提的實驗狀況下，可以認為急性疼痛的痛苦，會提高患者的警覺程度。換言之，當警覺程度低時，因為會參照記憶此種傷痕，所以會感覺到痛苦；但一旦警覺程度提高，便不會參照記憶，而產生自動性的網絡運作，疼痛的感覺因此被緩和下來。

那麼，關於一開頭時所提出的叩問，我想我們已經達到可以提出一個假說的境地了。

如同本書已經數度強調的，我們耐受不了無事可做的狀態。換言之，一旦有閒便會感到痛苦。此種痛苦其實非常強烈，甚至超越了身體的物理性痛苦。人們為了要逃離無事可做的狀態、不知道該做什麼才好的狀態，甚至會開心地置身苦境。

為什麼？難道不是因為此種苦境，能夠停止我們參照名為記憶的傷痕嗎？反過來說，若沒有此種苦境、又或是沒有此種精神上的熱中，便會開始感到痛苦；難道不是因為存在著帶來此種不快感的記憶之故嗎？此外，相對於無事可做狀態的痛苦耐受程度，有非常顯著的個人差異。有人連一個小時的有閒都忍受不了，也有人可以受得了一兩天、或是一月半載的有閒。難道這不是因為記憶此種傷痕存在著極大的個人差異之故嗎？

透過以上的內容，我們可以針對雖然人們會避免刺激、卻又會追求刺激的矛盾，進行整合說明。整理一下吧。

人是以避免顯著性的傾向生存，當遭逢顯著性時，人們會設法做點什麼來習慣顯著性。但是，此種建立習慣的作業當然是**不會完全的**。某些顯著性，因其強度的緣故，無法充分地完成習慣的作業，而會成為疼痛的記憶沉澱在身心之中。平常，人們是透過意識的覺醒來壓抑此種疼痛記憶。

那麼，因為人們是迴避顯著性而生存的，可能會認為沒有顯著性、安定而安靜的狀態，換言之，**什麼都不會發生的狀態才是理想的生活環境**。但是，實際上當此種狀態來臨時，因為無事可做導致覺醒程度低下，DMN 便會啟動。如此一來，**確實周圍不存在著顯著性**，但心中所沉澱的痛苦記憶便會**以顯著性之姿，從內在讓人們感到痛苦**。這難道不正是無聊的真面目嗎？之所以明明受不了持續不斷的刺激，但也耐不住缺乏刺激；難道不是因為若外在的顯著性消失，則痛苦的記憶便會由內在以顯著性之姿，讓人們感到苦惱之故嗎？

人們當變得無事可做之際，會找工作做、尋求興奮，可以被視為是針對內在所發生的顯著性的反應。此外，遭逢任何的顯著性時，能夠習慣這些顯著性到何種程度，是有個人差異的。因此，習於顯著性過程的積蓄，便會創造出個人的性格。正因為如此，耐受無聊的程度，才會有如此大的個人差異。

經常被置於顯著性的狀態中，不得已而沒有片刻安寧過日子的人，因為要習於自己所面對的種種顯著性是很困難的，當無事可做的時候立刻就會感到痛苦。⑬反過來說，在習於顯著性的過程中、有著時間上餘裕的人，應該能夠把無事可做的時間視為餘暇，而更長久地、更舒服地度過。

如此一來，所謂的無聊，便**不是**與「悲傷」或「歡喜」相同而**一定的感情**，而是指一種想要從某種不快感逃離卻又無法如願的心理狀態。這一點，也許又再次確證了無聊不是一種感情，而是以「空虛**放置**」與「**絆腳**石」等動作要素來定義無聊的海德格理論的妥適性。

我想將以上的假說，做為對最初叩問的暫定答案來提出。

人們即便想要避免刺激，但若缺乏刺激又會陷於不快狀態。這個矛盾的謎團，可以藉由關注每個人的心理傷痕來回答。我認為這個回答，亦迫近了哲學上的一種態度變更。最後我們來討論這一點吧。

圍繞著無聊的矛盾，單是論及人類、或是人類本性（human nature）是無法解釋分析的。因為我們若假設某個人雖然想要避免刺激卻又尋求刺激，是讓這個人去背負強迫此種事態發生的個人史。換言之，為了要回答先前的這個矛盾，必須考慮的是延續生存至今，**具有單一固有歷史的人類**才行。換個說法，會因為變得無事可做的狀態而感到痛苦的，並不是過去如白紙的、全新的人類。因此，從先前的假說可以推論出來的，雖然是絕對不可能存在的狀況，若是沒有遭逢過顯著性、全然沒有傷痕的全新人類，那麼這樣的人在處於無事可做的狀態中，也不會感到痛苦吧。

現在我們說「絕對不可能存在的狀況」，而這樣的全新人類在過去已經被論及了。當然正是我們在第四章提到的盧梭的自然人概念。盧梭所描繪的自然人，生存在自然狀態中。他們不受任何束縛。因此他們可以自由自在地、隨心所欲地生活。不論誰與誰相遇共度一晚之後，第二天早上也沒有一定要在一起的理由。自然人可以興之所至，往自己喜歡的地方去。

盧梭的自然人概念，確實地描繪出了**人類本性**的某一面。確實，在全無權力、拘束力或所有制度都不存在的自然狀態中，人們應該可以這樣行動吧。自由自在地生活著。但是，這種樣態，與我們所知道的具體人類，或說我們自己這樣的具體人類，是全然不同的。為什麼？因為盧梭的自然人，並不是延續生存至今，具有單一固有歷史的人類之故。因為它是一種抽象的模型，是捨棄了所有人類表象要素，被哲學稱為「人類本性」加以無限上綱的抽象存在。

但是，請注意。盧梭的自然人概念的抽象性，並不意味著這個模型就不值得考察研究。舉例而言，在自然人之間不可能存在著支配關係。在自然狀態中，要從我們這裡奪取物品、或是要求我們服從都是不可能的。因為支配關係是以所有關係為前提之故。這是因為有經抽象化的自然人模型，才終於開始被理解的真理。這個模型告訴我們這樣的真理。第四章所舉出的「自愛」與「利己」的區別也是同樣的道理。換言之，自然人雖是一種抽象概念，但也確實是**人類本性**的其中一面。

但是，理所當然地，也有抽象的模型無法加以描繪的事物。盧梭所描繪的自然人，不具有記憶。完全沒有受過傷、像是光滑無瑕的玉石一般的存在。若是如此，便無法描寫以記憶此種傷痕為基礎所發生的現象。

此處應該注意的是，負傷是只要生存著，便必然會體驗到的經歷。只要生存著便必然會負傷。這是普遍的現象。但是，這完全是後天的。換言之，對於人類而言負傷雖然是普遍的，但這並非本性。甚至不如說，應該稱其為人類絕對無法避免的命運。而且此種命運，由於過於普遍，經常會和根本性搞混。

哲學具有悠長的思考「人類本性」的歷史。但是，與此並行地，同時思考「人類的命運」（human fate）難道沒有其必要性嗎？即便是奠基於命運而發生的現象，由於其被觀測到具有高度普遍性，而被視為成因來自於本性；如此一來，當上述狀況發生時，我們就能夠將這樣的現象或特性，與本性加以區別。舉例而言，圍繞著無聊的矛盾謎團，在關注人類的命運後，方始能加以理解。

透過關注人類的命運才能夠理解的，當然不僅止這件事。將盧梭的自然人當成出發點，再提出另一個其他的論點吧。

盧梭的自然人此種模式，具有強烈的說服力與一貫性。但是，即便如此，也有讀了之後無法接受採納的論點。其中之一，便是盧梭的自然人並不期待與某人在一起這一點。自然人不會企圖停留在某個人身邊。既不會陷入熱戀，也不會形成社群。但是，我們並不是這樣的。幾乎所有的人，都會希望能夠跟誰在一起，陷入熱戀，或是形成社群。

由此，我們確實可以引導出以下的矛盾論點。意即，人類這種生物，到底是會想要跟誰在一起，還是不會？人類既會想要跟誰在一起，又嚮往著隨心所欲自由自在的生活。到底哪一邊才是人類的**本性**？

沒錯，若我們只關注本性的話，這個論點就是矛盾的。因而針對這個問題，端賴人類本性（human nature）的概念無法回答。要回答這個問題，換言之，要消除這個矛盾的話，必須考慮人類的命運（human fate）。那麼，要如何進行此一思考才好？

記憶是痛苦。但是，透過習於顯著性的過程，能夠緩和此種疼痛。而無法順利建立起習慣的記憶，則會持續保持是痛苦記憶。做為痛苦記憶的例子，我們先前舉出了嚴重背叛預測模型的創傷記憶。但是，應該還存在著其他的模式吧？

再度參照熊谷醫師的考察分析吧。熊谷醫師關注被稱為「當事者研究」，做為精神病患者的恢復療法而開發出來的某項實作，同時敘述了非常有趣的內容。某些重複構造，應該是必須以他者為媒介，才能夠形成預測模型的。⑭

所謂的當事者研究，是由具有某種症狀的當事者、即患者本人，來進行關於自身症狀的研究活動。至今為止，患者不過是對於醫學或醫生而言的客體。但是，不論是憂鬱症、亞斯伯格症，或是自律神經失調症等，醫學或醫生所知的不過是一般性的症狀。相對於此，當事者研究所研究的則是個別具體的、患者自身的症狀。舉例而言，當從事問題行動之際，自己到底是處於怎麼樣的精神狀態中？自己是如何認知這個世界？所謂的當事者研究是企圖解明這些問題的嘗試。

話雖如此，這才只是這個實作的一半內容。當事者研究的重點在於，經常性地與**他者一起完成研究**這一點。當事者研究的成果，必定會向**複數的受眾進行發表**。此為這個實作的要點。當事者研究不是自我反省，而是一定要以他者為媒介。而後，不可思議的是，透過反覆操作此一實作，帶來了減輕症狀的治癒效果。

為什麼當事者研究會具有治癒效果？當事者研究的實作活動才剛剛開始，研究也是現在進行式，因此還有許多狀況不明的地方。但是，熊谷所提出的「可能存在著需要由他者為媒介，才能夠發現的重複構造」假說，是非常具有說服力的。意即，存在著需要經由他者，方能獲得／建立的習慣。

人類在延續生存的過程中，記憶也將持續。換言之，將會持續負傷。但是，其間有著光靠自己無法賦予意義，換言之無法消化的記憶。之所以光靠一個人無法順利盡其消化記憶，其理由可以想見是五花八門。也許可能因為這樣的經驗是一次性的，又或者也許是因為不存在著理解者的緣故。假如，能夠幫忙消化該記憶的幫手出現在眼前的話，人難道不會希望跟這個人在一起嗎？而因為習於顯著性的作業是不可能完全的，幾乎所有的人都會抱持著光靠自己無法消化的記憶，而尋求能夠對這個作業伸出援手的人。若是如此，人類應該不是基於本性、而是本於命運，會尋求他者的慰藉。

盧梭所描繪的自然人不會負傷，也沒有記憶。正是因為如此，不會懷抱著想要與誰在一起的心情。但是，擁有記憶、亦即負傷累累的具體人類，會希望能夠跟誰在一起。若不針對人類的本性與人類的命運加以區別，便會產生「到底什麼才是人類真正的欲望」這樣沒有建設性的討論。而若我們區分了命運與本性，就能夠避免這個問題。

圍繞著人類此一主題的各式哲學學說，經常產生對立的狀況。搞不好，也許其中有不少對立是透過區別命運與本性，就能夠加以解決的。在這個意義上，命運此一概念應該具有一定的有效性吧。

附錄註釋

①熊谷晉一郎〈由疼痛開始當事者研究〉，石原孝二編，《當事者研究的研究》，醫學書院，二〇一三年，二三五頁。此外，本篇「附錄」的基本概念，涵蓋了大部分做為對於《閒暇與無聊》一書的回應，由熊谷醫師所拋出的各式各樣的反饋，以及筆者與熊谷醫師以這些反饋為基礎的共同研究。《閒暇與無聊》其實得到了許多的反響與回饋意見，其中熊谷醫師的回應，對筆者而言具有決定性的意義。目前正在準備彙整上述成果的共同著作。

②「本我中聚集了複數的局部自我」（moi locaux）（Gilles Deleuze, Difference et repetition, PUF, 1969, p.129〔《差異與重複》，財津理譯，河出文庫，二〇〇七年，上卷，二六五頁〕）。『主動地』統合這些『集約複數的細微的被動自我』，希望生成與本我有所區別的所謂自我，以單數形『廣域的自我』（moi global）稱之」（p.133〔上卷，二七三頁〕）。詳細內容請參照國分功一郎著作《德勒茲的哲學原理》（岩波書店，二〇一三年）。

③J. Laplanche + J. -B. Pontalis, *Vocabulaire de la psychanalyse*, PUF, 3e edition, coll.《Quadrige》,2002, p. 221（拉普朗虛 + 彭大歷斯《精神分析用語辭典》，村上仁監譯，美篶書房，一九七七年，一三六頁）。

（譯註：本書繁體中文版《精神分析辭彙》由行人出版社於二〇〇一年出版）。

④熊谷，〈由疼痛開始當事者研究〉，二二八頁。

⑤同前。

⑥「若稱此痕跡為傷，則我們如同字面之義，稱之為傷痕累累亦可吧。這些傷之中，會持續殘留一定期間以上，並對生命軌跡有所影響者，我們稱之為記憶。若是如此，傷／記憶累累的我們，不會每天感到疼痛而生存的此一事實，反而讓人感到不可思議。」（同前，二三〇頁）。

⑦同前，二二九頁。在此雖然沒有列出，但熊谷醫師也提出了賦予記憶「意義」亦可緩和其痛楚的假說（二三〇頁）。在此狀況下，所謂的「意義」，可以認為是透過對於如同A↓B↓C之連鎖事件現象的預測所賦予之物。

⑧「也許記憶是聯繫心理與身體的疼痛的一種樞紐（hinge）概念」（熊谷晉一郎〈關於疼痛與依存症的試論〉，東京藥物依存症復健中心編，《針對依存症與其家族之「依存症顧問」培育事業研修報告書》）二〇一二年三月。

⑨熊谷，〈由疼痛開始當事者研究〉，二五五頁。

⑩同前。

⑪熊谷晉一郎，〈預期的喪失：連結創傷·疼痛·依存證之物〉，《醫學之步》二四七卷，十二號，二〇一三年十二月。

⑫針對以上三個網絡的關聯性，熊谷有以下簡明易懂的說明。「在只有微小預測誤差的時候，FPCN僅

是在無意識的狀態就能夠檢測出預測誤差並進行適當的控制加以因應，但若預測誤差超過某種程度的話，意識就會作用，SN 會以右 AIC 為中心啟動；必須在以下選項擇一：選擇啟動停止的DMN，開始檢索過去的自傳記憶並擬定計畫，或是選擇持續運轉沒有停止的 FPCN。」（熊谷〈預期的喪失〉）。

⑬許多苦於藥物依存或酒精依存的人，在幼少期都有受虐的經驗，這是事實。在這樣的家庭環境，小孩經常會碰上緊急狀態。小孩暴露在難以想像的顯著性狀態中，最後終於連平穩安靜的時間都讓他們難以忍受。因為只有痛苦的記憶佔據腦海，只有痛苦的記憶會立刻浮現之故。希望各位參照以下的著作。上岡陽江+大嶋榮子《其後的障礙：活過「風暴」的人們》，醫學書院，二〇一〇年。作者之一的上岡在某次研討會中向筆者提到，《閒暇與無聊》所描繪的、變得可以生存在海德格的「無聊第二形式」中的狀態，是脫離依存症的康復。依存症的患者，則是生存在「無聊的第一形式與第三形式的迴圈」中。因此變得稍微「雖然沒來由的無聊、沒來由的寂寞，就是如此啊……」的狀態，才正是脫離依存症的康復。期待著針對「無聊的第二形式」與脫離依存症的康復之間的關係，能有更進一步的研究。

⑭熊谷，〈由疼痛開始當事者研究〉，二六〇頁。

內容簡介

「閒暇與無聊」在哲學與社會學上是經常被討論，且富有「時代意義」的題目。甚至對人類而言，更是過去一萬年以來恆長存在的問題，且至今懸而未決。本書正是試圖處理這個問題的過程記錄，亦是針對人性、消費社會、閒暇與無聊四者之間關聯性的哲學叩問。

隨著資本主義的全面展開，社會變得富足有餘裕——一是經濟上的餘裕，二是時間上的餘裕，亦即閒暇。當代部分發達國家的人們生活富裕、閒暇時間增多，但並沒有使人更能好好享受生活，正如英國哲學家羅素所指出的：反而有人因此變得無聊，陷於無事可做的不幸之中。豐足的生活反而招致不幸？似乎有哪裡不太對勁？

當人們陷入因餘裕所產生的無聊中，資本主義便有機可乘。二十世紀的資本主義特徵之一，便是文化產業的巨大化，把文化視為新的經濟活動來看待，將既有的娛樂以及有利產業發展的娛樂，提供給人們填補閒暇。過去，經濟的發展來自搾取生產者的勞動力；今日，搾取閒暇則已成為牽動資本主義發展的莫大力量。為何閒暇會被搾取？為什麼人身在閒暇中會感到無聊？而更基本的問題：所謂的無聊是什麼？

本書作者國分功一郎為日本新世代代表性的哲學研究者，從閒暇生活的視角對資本主義社會進行深刻探討。全書從基本原理、系譜學、經濟史、異化論、哲學、人類學等不同領域的理論基礎與觀點，對「閒暇」和「無聊」的內涵進行全面分析，並透過羅素、海德格、巴斯卡、史賓諾莎、盧梭、馬克思、尼采、范伯倫、霍克海默、阿多諾、漢娜・鄂蘭、高伯瑞、拉斯・史文德森等思想家的相關論述，勾勒出閒暇與無聊的清晰輪廓，再以倫理學將之串連總結，說明身處有餘裕社會的我們，除了每日的勞動之外，最終應該將目光投向何處？

作者簡介

國分功一郎（Kokubun Kouichirou）

一九七四年生。東京大學綜合文化研究所博士修畢。博士（學術）。高崎經濟大學經濟學系副教授。專攻哲學。著作包含《史賓諾莎的方法》（美篶書房）、《哲學的自然》（與中澤新一合著，太田出版）、《德勒茲的哲學原理》（岩波書店）、《該來的民主主義：小平市都道328號線與近代政治哲學的諸問題》（幻冬社新書）、《社會的脫離之道》（與古市憲壽合著，小學館）、《與哲學老師談人生》（朝日新聞出版）、《統治新論：民主主義的管理》（與大竹弘二合著，太田出版）等。譯著包含德希達《馬克思與兒子們》（岩波書店）、科爾布魯克《吉爾．德勒茲》（青土社）、德勒茲《康德的批判哲學》（筑摩學藝文庫）、翁福雷《尼采》（筑摩學藝文庫）。合譯作品包含德希達《每次獨一無二，世界的終結》（岩波書店）、傅柯《傅柯全集4》（筑摩學藝文庫）、瓜塔里《反伊底帕斯草稿》（美篶書房）等。

部落格：http://ameblo.jp/philosophysells/　推特：http://twitter.com/lethal_notion

譯者簡介

方瑜

慶應義塾大學藝術管理碩士。任職於表演藝術領域，兼職譯者。熱愛閱讀、電影、看戲看舞與旅行。譯者《社會為何對年輕人冷酷無情》（立緒）。

文字校對

馬興國

中興大學社會系畢業；資深編輯。

責任編輯

王怡之

東吳大學中文系畢業；資深編輯。

立緒文化事業有限公司　信用卡申購單

■信用卡資料

信用卡別（請勾選下列任何一種）

□VISA　□MASTER CARD　□JCB　□聯合信用卡

卡號：________________

信用卡有效期限：______年______月

訂購總金額：________________

持卡人簽名：________________（與信用卡簽名同）

訂購日期：______年______月______日

所持信用卡銀行________________

授權號碼：________________（請勿填寫）

■訂購人姓名：________________ 性別：□男□女

出生日期：______年______月______日

學歷：□大學以上□大專□高中職□國中

電話：________________ 職業：________________

寄書地址：□□□

____

■開立三聯式發票：□需要　□不需要（以下免填）

發票抬頭：________________

統一編號：________________

發票地址：________________

■訂購書目：

書名：________、______本。書名：________、______本。

書名：________、______本。書名：________、______本。

書名：________、______本。書名：________、______本。

共______本，總金額________________元。

⊙請詳細填寫後，影印放大傳真或郵寄至本公司，傳真電話：(02)2219-4998

大旗文化 閱讀卡

姓　名：

地　址：□□□

電　話：(　　)　　　　傳　眞：(　　)

E-mail：

您購買的書名：________________

購書書店：________市（縣）________書店

■您習慣以何種方式購書？

□逛書店 □劃撥郵購 □電話訂購 □傳真訂購 □銷售人員推薦

□團體訂購 □網路訂購 □讀書會 □演講活動 □其他________

■您從何處得知本書消息？

□書店 □報章雜誌 □廣播節目 □電視節目 □銷售人員推薦

□師友介紹 □廣告信函 □書訊 □網路 □其他________

■您的基本資料：

性別：□男 □女　婚姻：□已婚 □未婚　年齡：民國________年次

職業：□製造業 □銷售業 □金融業 □資訊業 □學生

□大眾傳播 □自由業 □服務業 □軍警 □公 □教 □家管

□其他________

教育程度：□高中以下 □專科 □大學 □研究所及以上

建議事項：

愛戀智慧 閱讀大師

廣告回信
北區郵政管理局登記證 北臺字8448號
免貼郵票

立緒文化事業有限公司　收

新北市 2 3 1

新店區中央六街62號一樓

請沿虛線摺下裝訂，謝謝！

立緒文化 閱讀卡

感謝您購買立緒文化的書籍

為提供讀者更好的服務，現在填妥各項資訊，寄回閱讀卡（免貼郵票），或者歡迎上網http://www.facebook.com/ncp231即可收到最新書訊及不定期優惠訊息。

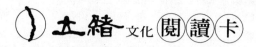

國家圖書館出版品預行編目（CIP）資料

閒暇與無聊 / 國分功一郎著；方 瑜譯 .
-- 新北市：立緒文化， 民 107.05
面； 公分 . --（新世紀叢書）
譯自：暇と退屈の倫理学
ISBN 978-986-360-106-7（平裝）

1. 人生觀

191.92 107004516

閒暇與無聊（日文書名：暇と退屈の倫理学）

出版——立緒文化事業有限公司（於中華民國 84 年元月由郝碧蓮、鍾惠民創辦）
作者——國分功一郎
譯者——方 瑜

發行人——郝碧蓮
顧問——鍾惠民

地址——新北市新店區中央六街 62 號 1 樓
電話——(02) 2219-2173
傳真——(02) 2219-4998
E-mail Address——service@ncp.com.tw
Facebook 粉絲專頁——https://www.facebook.com/ncp231
劃撥帳號——1839142-0 號 立緒文化事業有限公司帳戶
行政院新聞局局版臺業字第 6426 號

總經銷——大和書報圖書股份有限公司
電話——(02) 8990-2588
傳真——(02) 2290-1658
地址——新北市新莊區五工五路 2 號
排版——菩薩蠻數位文化有限公司
印刷——祥新印刷股份有限公司

法律顧問——敦旭法律事務所吳展旭律師

分類號碼——191.92
ISBN——978-986-360-106-7
出版日期——中華民國 107 年 5 月～ 108 年 12 月初版 一～二刷（1 ～ 2,500）
中華民國 110 年 6 月初版 三刷（2,501 ～ 3,000）

定價◎ 450 元